L'École en France

Illustration de couverture : © Bertau C./Urba images : école d'architecture de Nancy.
Maquette d'après François Féret

L'École en France

Crise, pratiques, perspectives

Sous la direction de Jean-Pierre Terrail

Stella Baruk, Jérôme Deauvieau,
Geneviève Krick, Christian Laval,
Laurence Ould Ferhat, Colette Ouzilou,
Tristan Poullaouec et Jean-Pierre Terrail

Collection « états des lieux »
La Dispute

DANS LA MÊME COLLECTION :

Isabelle Baszanger, Martine Bungener, Anne Paillet (sous la direction de), *Quelle médecine voulons-nous ?*, octobre 2002.

Paul Bouffartigue (sous la direction de), *Le Retour des classes sociales, Dominations, inégalités, conflits*, mai 2004.

Jean-Michel Denis (sous la direction de), *Le conflit en grève ?*, septembre 2005.

Jean-Yves Mollier (sous la direction de), *Où va le livre ? Édition 2002*, février 2002, épuisé.

Jean-Pierre Terrail (sous la direction de), *La Scolarisation de la France, Critique de l'état des lieux*, septembre 1997, épuisé.

ISBN : 2-84303-117-6

Les auteurs

Les thèmes traités par les auteurs dans cet ouvrage sont développés plus longuement dans les références bibliographiques indiquées ici.

Stella Baruk, enseignement et rééducation des mathématiques, formation d'enseignants et recherche pédagogique :

Comptes pour petits et grands, volume I : *Pour un apprentissage du nombre et de la numération fondé sur la langue et le sens* ; volume II : *Pour un apprentissage des opérations, des calculs et des problèmes fondé sur la langue et le sens*, Magnard, Paris, 2003.

Si 7 = 0, quelles mathématiques pour l'école ?, Odile Jacob, Paris, 2004.

Jérôme Deauvieau, sociologue, maître de conférences à l'université de Versailles-Saint-Quentin-en-Yvelines, laboratoire Printemps-CNRS :

Enseigner dans le secondaire. Les nouveaux professeurs face aux difficultés du métier, La Dispute, à paraître.

Geneviève Krick, psychanalyste.

Christian Laval, sociologue, chercheur à l'Institut de recherches de la FSU et au laboratoire Sophiapol de Paris-X Nanterre :

L'école n'est pas une entreprise, La Découverte/Poche, Paris, 2004.

Laurence Ould Ferhat, sociologue au Conseil général de Seine-Saint-Denis, chercheure au laboratoire Printemps-CNRS.

Colette Ouzilou, orthophoniste :

Dyslexie, une vraie fausse épidémie, Presses de la Renaissance, Paris, 2001.

Tristan POULLAOUEC, sociologue, attaché temporaire d'enseignement et de recherche à l'université de Dijon, laboratoire Printemps-CNRS.

Familles ouvrières, école, insertion professionnelle, La Dispute, à paraître.

Jean-Pierre TERRAIL, professeur de sociologie à l'université de Versailles-Saint-Quentin-en-Yvelines, laboratoire Printemps-CNRS :

De l'inégalité scolaire, La Dispute, Paris, 2002.

École, l'enjeu démocratique, La Dispute, Paris, 2004.

Introduction
L'école unique et sa crise

Pour désigner l'école française dans son organisation actuelle, le terme usuel d'« école unique » paraît tout à fait pertinent, s'agissant d'une institution ouverte à tous, proposant à chaque élève les mêmes programmes, les mêmes principes d'enseignement, les mêmes possibilités de parcours, et des maîtres formés à l'identique.

De tous ces points de vue, l'école unique se présente comme celle de l'égalité des chances. Son dispositif a été mis en place entre 1959, quand le décret Berthoin porte l'obligation scolaire à seize ans, invitant ainsi tous les élèves à prolonger leur parcours au-delà de l'enseignement élémentaire, et 1975, lorsque la réforme Haby institue le collège unique.

L'ambition égalitaire de l'école unique, particulièrement en ce qu'elle implique un traitement identique des jeunes au niveau du collège, fait aujourd'hui l'objet d'un large débat public. Une majorité d'enseignants, nombre d'experts et de responsables politiques n'hésitent pas à la remettre ouvertement en cause. Parler de crise de l'école unique, à cet égard, ne paraît guère discutable.

L'on pourrait objecter, pourtant, que l'idée d'une seule école pour tous a toujours fait problème, que le consensus à son sujet n'était qu'apparent, que jamais, notamment, une majorité d'enseignants ne l'a faite sienne. Le débat, de fait, n'a pas cessé depuis les années 1960, et il s'est accompagné d'une succession incessante de réformes concernant les parcours et les programmes. L'état de crise, en ce sens, ne caractériserait pas spécialement le moment présent, il serait consubstantiel à l'école unique, affectée comme par nature d'une sorte d'instabilité permanente.

Trois régimes de scolarisation

Pour comprendre en quoi l'école unique fait problème, rien ne vaut sans doute un minimum de recul historique. La raison d'être de l'institution scolaire, on aurait parfois tendance à l'oublier, a toujours été d'introduire à la fois au maniement de base des signes graphiques, littéraires et numériques, le lire-écrire-compter, et aux savoirs élaborés de l'écriture : cette entrée dans la culture écrite permettant une éducation religieuse, civique, physique, artistique, professionnelle, ou s'en accompagnant, le cas échéant. En cinq millénaires d'existence historique, l'éducation scolaire n'a pas toujours été destinée aux mêmes publics.

Elle a d'abord été réservée à une élite restreinte de lettrés, catégorie sociale proche du pouvoir et marquée d'une forte propension à l'autoreproduction. Ce *premier régime de scolarisation*, qui s'installe de façon durable dans les anciens empires (Mésopotamie, Égypte des pharaons, Chine notamment) et les royaumes traditionnels, laisse ainsi la masse de la population à l'écart de tout accès à la culture écrite. Un *second régime de scolarisation* émerge dans l'antiquité grecque et romaine, mais ne connaîtra son plein développement qu'au cours des derniers siècles en Europe occidentale. Il assure l'alphabétisation de la plus grande partie de la population, tout en continuant à l'écarter des formes les plus élaborées des savoirs lettrés. En France, l'école de la troisième République en représente une forme particulièrement aboutie. D'un côté, l'alphabétisation de masse est assurée par le réseau des écoles communales ; de l'autre, les enfants d'une petite élite sociale, qui compte au plus cinq pour cent de la population, sont accueillis dans les lycées où ils bénéficient, après les petites classes de l'enseignement élémentaire, d'une scolarisation secondaire susceptible de les mener, via le baccalauréat, vers l'enseignement supérieur et les fonctions dirigeantes. L'enseignement primaire dispensé par les écoles communales débouche quant à lui sur les emplois d'exécution ou, pour les meilleurs élèves, sur l'enseignement primaire supérieur et les emplois d'encadrement intermédiaire ; mais il ne permet qu'exceptionnellement une entrée dans l'enseignement secondaire et l'accès au bac.

C'est ce cloisonnement très largement étanche entre deux réseaux de scolarisation, qui s'adressent à des catégories différentes de la population, que fait sauter l'instauration de l'école unique. De ce point de vue, celle-ci représente un *troisième régime de scolarisation*, fondé sur le principe de l'unicité de traitement de la population. Sa mise en place correspond au besoin, ressenti dans l'ensemble des grandes nations développées au cours de la forte croissance d'après-guerre, et explicitement formulé comme tel par le patronat français à la fin des années 1950, d'une élévation massive du niveau de formation générale et de qualification professionnelle des jeunes générations. La réponse à cette exigence ne sera pas partout la même : les systèmes anglo-saxons font une place beaucoup plus importante à l'enseignement privé et à la sélection par l'argent ; et l'école unique à la française est tout aussi différente de celle des pays scandinaves, où l'orientation des élèves est plus tardive et le redoublement quasi inexistant. Ce qui fait sa singularité, c'est sans doute la conjonction entre la forte affirmation égalitaire d'une école publique gratuite et dont la centralisation étatique garantit l'homogénéité territoriale ; et la mise en œuvre dès les débuts du parcours d'un dispositif rigoureux d'évaluation et de sélection des élèves, qui les ventile très rapidement entre enseignement normal et enseignement spécialisé, entre classes de niveaux différenciés, entre filières longues et filières courtes, etc. Les nécessités du développement économique conduisent partout à ouvrir les voies longues du système éducatif aux catégories sociales qui en étaient exclues jusque-là: mais nulle part peut-être ailleurs qu'en France le paradoxe n'est aussi vif d'une institution qui se donne comme celle de l'égalité des chances tout en maintenant des mécanismes stricts et précoces de ségrégation des élèves. Les conséquences de l'instauration de l'école unique sont à la mesure de ce paradoxe.

L'ÉCOLE UNIQUE : UNE ÉCOLE DÉMOCRATIQUE ?

D'un côté, la levée des obstacles qui s'opposaient à l'entrée de la masse des jeunes dans l'enseignement secondaire produit en quelques décennies un bouleversement de la scolarisation des jeunes générations. La scolarité obligatoire à seize ans, la suppression de l'examen d'entrée en sixième, la construction de collèges dans les zones qui en étaient jusque-là dépourvues s'accompagnent dans les années 1960 d'un développement très rapide des scolarités secondaires. À cette première explosion scolaire qui assure, jusqu'au début des années 1970, la massification du collège, va faire pendant, entre 1985 et 1995, une seconde explosion scolaire déclenchée par le mot d'ordre des 80 % au niveau bac, le retardement de l'orientation, la prolongation jusqu'au bac de l'enseignement professionnel court. Celle-ci provoque la massification du lycée et de l'université. La proportion de bacheliers n'était encore en 1945 que de 4 % d'une génération. Elle passe à 13 % en 1965 et 35 % en 1985. Depuis 1995, elle s'est stabilisée à un peu plus de 60 % ; plus d'un jeune sur deux sort de formation initiale après au moins une première inscription dans l'enseignement supérieur ; en 2005, la proportion de sortants détenteurs d'au moins une licence atteint 22 %. Cet essor considérable et spectaculairement rapide bénéficie à toutes les catégories sociales : le taux de bacheliers parmi les élèves d'origine ouvrière double entre les années 1960 et les années 1990. L'école unique a donc eu des effets profondément démocratiques.

Mais l'école unique ne se contente pas de favoriser la prolongation des scolarités, elle met en place un nouveau dispositif de gestion des flux d'élèves. Les parcours possibles sont organisés en filières hiérarchisées (enseignement général, technologique, professionnel), entre lesquelles les élèves sont distribués selon leur valeur scolaire. La création de nouvelles filières accompagne systématiquement – la coïncidence historique est frappante – l'ouverture de nouveaux seuils de scolarisation à des catégories sociales qui en étaient exclues jusque-là. La filière M' correspond à la première ouverture du secondaire, dans les années 1940-1950; l'ouverture des filières technologiques et professionnelles accompagne la massification du collège; la création du bac professionnel signale la généralisation de l'accès au lycée. Et de fait on voit, avec le recul historique, que les nouvelles filières ont absorbé l'essentiel des nouveaux publics. Ainsi, des années 1960 à aujourd'hui, le taux de bacheliers d'enseignement général est passé de 11 à 22 % chez les enfants d'ouvriers, et de 55 à 72 % chez les enfants de cadres. Il a doublé chez les premiers, où il reste cependant très minoritaire. Sa progression est moindre en proportion chez les seconds, où il devient cependant très largement majoritaire. Et l'écart entre les pourcentages de chances des uns et des autres passe de 44 à 50… La progression des scolarités populaires s'est donc principalement réalisée dans les filières les moins valorisées de l'enseignement secondaire; et en quatre décennies l'inégalité des chances de réussir un bon parcours scolaire n'a pas été le moins du monde affectée par la création d'une école unique. Comment, à cet égard, pourrait-on qualifier celle-ci d'école démocratique?

Le différentiel de réussite des apprentissages de la culture écrite est au principe de ces inégalités et de leur persistance historique. De ce point de vue, on peut distinguer trois grands flux d'élèves. On peut considérer que le gros tiers de ceux (35 %) qui obtiennent un bac d'enseignement général se sont approprié à peu près correctement les bases de la culture écrite. Leur bagage cognitif et leur diplôme leur ouvrent un large choix de cursus d'enseignement supérieur et de destinées professionnelles. À l'autre pôle, près de 15 % d'élèves ont raté assez radicalement leur entrée dans la culture écrite: ils vont sortir de l'école sans diplôme, et connaître à la fois les souffrances d'un illettrisme plus ou moins prononcé et les destinées socioprofessionnelles les plus malheureuses. Ce sont ceux-là qui attirent généralement l'attention, à juste titre, mais il importe de remarquer qu'ils ne sont pas les seuls dont les apprentissages scolaires ne sont pas satisfaisants. Entre les deux pôles opposés, en effet, il reste environ 50 % de jeunes dont l'échec est moins prononcé, ou qui se sont moins facilement laissé décourager, mais qui ont buté sur les mêmes obstacles, et qui finiront par être orientés vers les voies professionnelles ou technologiques en raison de leurs résultats insuffisants dans les matières fondamentales de la culture écrite : la maîtrise lettrée de la langue parlée, et celle du langage mathématique. Même s'ils finissent par obtenir un bac, ils n'auront acquis que ce que l'on pourrait appeler une culture écrite restreinte, témoignant tout autant que les précédents d'une efficacité limitée de l'action scolaire entreprise à leur égard.

En termes de débouchés sur le marché du travail, un découpage des flux d'élèves un peu différent s'impose. Du bas vers le haut de l'échelle des positions socioprofessionnelles, on pourra distinguer, au moins tendanciellement : le groupe, principalement recruté dans les catégories populaires, de ceux qui, des sorties sans diplôme aux diplômes de l'enseignement professionnel court, jusqu'au bac, vont alimenter l'essentiel des emplois d'exécution plus ou moins qualifiés, et représentent un peu plus de quarante pour cent des jeunes ; les titulaires d'un bac technologique ou d'un bac général peu valorisé, qui seront recrutés dans les emplois semi-qualifiés et d'encadrement intermédiaire, soit un peu moins de quarante pour cent de jeunes issus des fractions supérieures des classes populaires et des couches moyennes ; enfin les détenteurs d'un bon bac d'enseignement général, particulièrement d'un bac scientifique, majoritairement issus des milieux d'intellectuels et de cadres, qui alimenteront l'essentiel des quinze à vingt pour cent d'emplois de conception et de commandement. La sélection qu'assure le dispositif des filières, autrement dit, est très comparable au rôle que jouait sous la troisième République le système des réseaux de scolarisation séparés : l'enseignement primaire qui formait des paysans, des ouvriers, des soldats ; l'enseignement primaire supérieur, les détenteurs d'emplois intermédiaires ; l'enseignement secondaire, l'élite des professions libérales et supérieures. Dans les deux cas l'institution scolaire contribue à la reproduction des classes sociales en favorisant le maintien de chaque lignage dans son milieu propre. L'école unique n'aurait-elle alors que les apparences d'une école différente ?

La spécificité de l'école unique

Il faut d'abord rappeler à cet égard, à l'encontre de ceux pour qui l'école unique est celle par nature de l'égalité des chances, que les conséquences historiques de son instauration sont très largement conformes aux intentions de ses promoteurs. Pour le président de Gaulle et son ministre Berthoin, à la fin des années 1950, l'ouverture du secondaire aux classes populaires n'était que la condition de l'élévation moyenne des scolarités réclamées par le patronat : les nouveaux publics n'avaient certainement pas vocation à envahir les meilleurs parcours scolaires. La chose est clairement dite dans les attendus du décret Berthoin, et de Gaulle entendait bien instaurer une barrière difficilement franchissable à l'entrée du lycée. Le système des filières a répondu efficacement, en ce sens, aux attentes des élites politiques et économiques de la nation.

L'on ne saurait cependant s'en tenir à ce type de considérations. Si l'école unique est bien l'école de « La Reproduction », pour reprendre le titre d'un ouvrage célèbre de Bourdieu et Passeron de 1970, on ne peut ignorer sa profonde spécificité historique. Sous la troisième République, la sélection scolaire et professionnelle opère en amont : tout dépend du type d'établissement auquel on peut accéder, école communale ou petit lycée. Comme aujourd'hui pour le système des grandes écoles, une fois que le parcours est engagé, il se déroule normalement sans anicroche : l'essentiel se joue à l'entrée. L'école unique pour sa part accueille tout le monde : le problème n'est plus d'y entrer, mais de réussir à en sortir le plus correctement possible.

Avec l'école unique, donc, l'institution scolaire prend en charge la sélection sociale. Cette transformation a de fortes conséquences. La professionnalité enseignante s'en trouve très significativement modifiée : les maîtres n'ont plus pour seule mission de former les élèves, ils sont également sommés de consacrer leur temps et leur talent aux opérations, particulièrement envahissantes, d'évaluation et d'orientation. L'impact sur les familles est tout aussi considérable. La destinée scolaire des enfants, et au-delà leur destinée professionnelle, se joue à chaque moment du parcours, imposant aux parents une vigilance sans faille, et les incitant dans tous les milieux sociaux à organiser la vie familiale en fonction de cette exigence de mobilisation permanente.

L'expérience scolaire des élèves, enfin, se trouve elle-même profondément affectée. Le déroulement de la scolarité s'opère sous contrôle permanent, de la maternelle jusqu'à un parcours secondaire désormais tramé d'embûches. L'enfant risque sa vie socioprofessionnelle à chaque instant, appréhension et stress font partie du quotidien. Il est sans cesse renvoyé à sa responsabilité propre : on peut l'encourager, l'aider ou le consoler, personne ne peut faire à sa place, tout dépend de son attention et de sa mobilisation. S'il échoue, il restera convaincu qu'il ne peut s'en prendre qu'à lui-même, à son manque de motivation et de travail. Il ne devra qu'à lui-même l'insuffisance de sa qualification et de ses diplômes : il ne sera pas ouvrier parce que son père était ouvrier, mais parce qu'il n'a pas compris assez tôt l'importance de l'école.

L'école unique et la prolongation des scolarités ont donc eu des effets de grande portée historique. Elles ont favorisé le développement des capacités individuelles, élargi la vision du monde, ouvert le champ des destins sociaux envisageables. En faisant de chacun le maître apparent de sa destinée effective, en privatisant les biographies, en quelque sorte, elles ont contribué à affaiblir le sentiment d'appartenance de classe et puissamment incité à l'auto-organisation des trajectoires personnelles.

Elles ont placé la question scolaire, du même coup, au cœur de la vie sociale. Composante décisive des biographies, la scolarité peut être source de grandes satisfactions, mais aussi d'amères frustrations. Bien des élèves ne réussissent pas à nouer une relation de plaisir à l'appropriation des savoirs, et ceux d'entre eux qui se sont péniblement convaincus de la nécessité malgré tout de faire du mieux possible leur métier d'élève obtiendront, au bout du compte, un diplôme dont les employeurs se plairont à rappeler la modestie. On voit mal, dans ces conditions, comment l'école pourrait cesser d'être l'objet de très fortes préoccupations. Le « grand débat sur l'école » lancé à l'automne 2003 par le ministre Luc Ferry a confirmé le caractère massif de l'aspiration à ce qu'elle joue pleinement son rôle dans la transmission des savoirs et la réussite de tous. L'identification de l'école unique à une école de l'égalité des chances va de soi pour la masse de la population, et la persistance d'un taux d'échec élevé, et des inégalités sociales de réussite qui l'accompagnent, ne paraît guère acceptable.

On comprend mieux, dans ces conditions, ce qui fait de l'école unique une école qui serait naturellement « en crise », et particulièrement instable. D'un côté elle ouvre à chacun, dans le principe, le droit aux meilleurs parcours scolaires ; et compte tenu du poids croissant des diplômes dans la vie professionnelle, elle suscite et encourage une demande massive de scolarités longues pour tous. Ses promoteurs et ses responsables, par contre, n'attendent d'elle rien d'autre que la fabrication, au moindre coût, des compétences jugées indispensables au marché du travail. Elle devient ainsi l'enjeu d'une lutte sourde et permanente : les réformes succèdent aux réformes, les programmes comme les modalités d'évaluation et de parcours faisant l'objet de compromis, d'ajustements et de réajustements incessants.

Donner les bonnes réponses ou poser les bonnes questions ?

Dans cet affrontement, cet ouvrage prend le parti de la démocratisation scolaire. Plusieurs raisons animent en ce sens ses auteurs. La volonté d'une part de prendre au sérieux le droit égal à l'appropriation des savoirs et à la formation affiché par nos sociétés développées et démocratiques, droit dont la mise en œuvre est confiée à l'institution scolaire. La répulsion, conjointement, pour le mal-vivre scolaire supporté par les jeunes générations et, par contre-coup et bien au-delà, par les parents et par les enseignants, et le souhait qu'un peu plus de place soit faite au développement de toutes les intelligences potentielles et à la « joie à l'école »[1]. Le constat, enfin, qu'à l'heure de la « société de savoir » et de la lutte pour le drainage mondial des cerveaux, l'échec persistant de tant de jeunes à entrer normalement dans la culture écrite devient de moins en moins supportable.

Prendre parti n'est pas nécessairement le faire de façon doctrinaire. Il est vrai qu'une grande part de la littérature spécialisée consacrée à l'école relève du registre normatif (pédagogique ou didactique) du : « C'est comme ça qu'il faut s'y prendre », sans s'arrêter une seconde sur ce qui fait problème dans les fonctionnements concrets de l'institution scolaire. Nous considérons à l'inverse, ici, que le débat pertinent n'est pas celui des solutions et des grands principes pédagogiques, mais celui de l'identification des obstacles à la démocratisation scolaire. Il n'est de bonne réponse qu'aux questions bien posées, et les bonnes questions procèdent de la pratique elle-même, de ses contradictions et de ses blocages.

Partant du principe que l'interaction maître/élève est conduite par le maître, dans des conditions largement définies par l'institution scolaire elle-même, la première partie de l'ouvrage interroge les transformations contemporaines du monde de l'école : qu'il s'agisse des dispositifs institutionnels de scolarisation qui visent à piloter à distance l'activité des maîtres, des évolutions du corps enseignant, des pratiques effectives d'enseignement, de la mise en concurrence aujourd'hui des établissements et de ses effets.

La seconde partie examine les conséquences de ces transformations sur les parcours et les pratiques des élèves et des familles, s'arrêtant notamment sur la question souvent débattue de la « motivation » (ou l'absence de motivation) des uns et des autres. On s'intéresse également ici au devenir des diplômés sur le marché du travail : la réussite scolaire mérite-t-elle tant d'investissements et d'acharnement, la « course au diplôme » n'a-t-elle pas quelque chose d'absurde, l'école ne forme-t-elle pas trop de diplômés, les

1. *Cf.* Georges Snyders, *La Joie à l'école*, Presses universitaires de France, Paris, 1986.

élèves d'origine populaire ont-ils vraiment raison de vouloir prolonger à tout prix leurs études ?

Si l'examen critique de la situation donne des raisons d'agir, il peut aussi, approfondi et précisé, suggérer les voies d'un dépassement possible. Pour avancer dans cette direction, tandis que les deux premières parties de l'ouvrage procèdent d'enquêtes et d'analyses proprement sociologiques, la troisième fait leur place à différentes spécialistes des apprentissages lettrés et mathématiques, qui partagent l'essentiel du diagnostic proposé ici, et donnent à voir les principes essentiels de pratiques d'enseignement différentes qu'elles ont pour leur part longuement expérimentées.

Première partie

Les transformations de l'institution scolaire

Nous aurions pu choisir de consacrer cet ouvrage aux élèves, à leur rapport à l'école, à leur confrontation aux apprentissages scolaires. Cela aurait pu apparaître de bon sens. Quand on s'intéresse aux processus sociaux et cognitifs qui engendrent les inégalités scolaires, sachant que ces inégalités se produisent au sein d'une école qui est la même pour tous, quoi de plus naturel que de tourner son regard vers les élèves, pour interroger la diversité de leur ressources socioculturelles et les singularités de leurs biographies ?

On ne saurait certes rendre compte des inégalités scolaires en faisant l'impasse sur ce qu'elles doivent aux élèves : s'il en allait autrement, leurs chances de réussir à l'école ne seraient pas aussi étroitement mesurées à leur appartenance sociale. L'inégalité socioculturelle des élèves fait nécessairement partie de l'explication, et les contributions de cet ouvrage ne l'oublient pas. Encore faut-il savoir quelle place lui donner dans l'explication. Tourner le regard vers les élèves en le détournant du même coup de l'institution, c'est lui faire toute la place. C'est considérer que les inégalités scolaires que nous connaissons aujourd'hui sont la traduction inéluctable des inégalités sociales. Nous ne partageons d'aucune manière cette représentation extrêmement courante des choses: car elle oublie que les élèves ne sont pas les seuls acteurs de leurs apprentissages.

Nous commençons en ce sens par examiner, dans cette première partie de l'ouvrage, les fonctionnements et transformations de l'institution scolaire. Le choix de ce point de départ n'obéit pas seulement à l'exigence de décrire le contexte de l'action avant de s'intéresser à l'action elle-même. L'école ne peut être conçue comme un lieu où l'on regroupe les enfants pour les confronter directement aux savoirs de l'écrit, tels qu'ils sont constitués et pratiqués dans la vie sociale. Elle est en réalité le premier protagoniste des apprentissages, dont elle définit les contenus, les étapes, la façon dont ils doivent être conduits, qui les conduit effectivement, qui recrute et qui forme des maîtres à cette fin.

Interroger les pratiques de l'institution scolaire, c'est donc déjà engager l'analyse des apprentissages eux-mêmes. C'est même, à notre sens, un moment essentiel pour comprendre comment s'engendrent, dans leur déroulement, la réussite des uns et l'échec des autres.

Dans l'institution, ce sont évidemment les enseignants qui conduisent les apprentissages: mais ils le font dans des conditions et selon des modalités qui leur sont très largement prescrites de l'extérieur, en mobilisant les ressources professionnelles qui leur sont, au moins au départ, transmises par l'institution. Aussi interrogeons-nous en premier lieu les politiques scolaires qui définissent les dispositifs institutionnalisés de scolarisation et encadrent ainsi l'activité des enseignants (chapitre I). Pour comprendre les pratiques enseignantes, il faut encore se demander qui sont les enseignants, quelles déterminations biographiques les disposeront à interpréter de telle ou telle façon les consignes de l'institution (chapitre II). On pourra alors interroger les principes et les variations de leurs pratiques (chapitre III). Sous l'impulsion des grandes organisations internationales (de l'OCDE à la Commission de Bruxelles), les politiques scolaires modifient depuis les années 1990 le visage de l'école unique à la française, introduisant progressivement une logique de marché au sein même du service public d'éducation nationale. Ces politiques n'ont pas la responsabilité fondamentale des inégalités scolaires, qui leur étaient bien antérieures ; mais en accentuant les fonctionnements concurrentiels et ségrégatifs de l'institution, elles ne peuvent que les aggraver (chapitre IV).

CHAPITRE PREMIER

LES DISPOSITIFS DE LA SCOLARISATION DE MASSE

AUTONOMIE DES MAÎTRES ET POLITIQUES SCOLAIRES

Parce que l'enseignant est seul dans sa classe avec ses élèves, il apparaît seul maître à bord. L'unique intrusion extérieure, en temps normal, celle de l'inspecteur, est ponctuelle et épisodique. La profession semble ainsi conférer à ses membres un degré particulièrement élevé d'autonomie et de responsabilité individuelle. Les enseignants eux-mêmes adhèrent volontiers à cette image de leur métier, et défendent jalousement leur autonomie. Et bien au-delà de leurs rangs, pour tout un chacun, la qualité et l'efficacité de l'enseignement relèvent au premier chef de la responsabilité des maîtres et dépendent donc de leur compétence spécifique.

Comme toute représentation durable et prégnante, celle-ci tire sa force de son adéquation à la réalité. Le degré effectif de leur autonomie professionnelle n'est d'ailleurs certainement pas pour rien dans le regard très positif que les enseignants portent sur leur métier. Ce degré n'épuise cependant pas, très loin de là, toute la réalité. Comme les autres salariés, les enseignants louent leur capacité de travail : ils ne sauraient par principe prétendre à une pleine maîtrise des conditions de leur activité. Ils le sauraient d'autant moins qu'ils consacrent leur talent à la formation des jeunes générations. Nul, autrement dit, ne saurait se désintéresser de ce qu'ils transmettent. À commencer par ceux, Églises ou États, qui ont en charge la régulation de la vie sociale, et pour qui il s'agit d'un point particulièrement sensible.

Au-delà d'un certain seuil dans l'essor historique de la scolarisation de masse, une tendance à la standardisation des conceptions et des fonctionnements de l'école s'affirme inéluctablement. Ainsi du modèle d'organisation que l'on voit émerger en France à la fin du XVIIe siècle, à travers différentes initiatives, et dont Jean-Baptiste de La Salle a laissé la codification la plus explicite et la plus aboutie[1] : vouée à devenir une vaste entreprise d'ordre public accueillant tous les enfants, l'école doit être conçue sur un modèle rationnel et standardisé, reproductible à l'identique sur l'ensemble du territoire national. Les espaces et les temps scolaires y sont soigneusement pensés et décrits, de façon à laisser le moins de place possible à l'incertitude et à l'aléa. La standardisation affecte tout aussi bien les contenus d'enseignement et les manuels utilisés. Les relations maître/élève sont elles-mêmes dépersonnalisées autant que faire se peut, le maître étant soumis aux mêmes règles que les écoliers. Dans la logique de ce modèle il est inévitable que les enseignants – en l'occurrence les frères des écoles chrétiennes – deviennent des professionnels exclusifs de l'enseignement, spécifiquement formés à cette fin.[2]

La Révolution française marque les débuts d'une implication directe de l'État dans la scolarisation des jeunes générations. Les débats et les politiques scolaires, dès lors, porteront simultanément sur les populations à scolariser, les

1. Jean-Baptiste de La Salle, *Conduites des écoles chrétiennes. Introduction et notes comparatives avec l'édition princeps de 1720*, Procure générale, Paris, 1951.

2. Voir Guy Vincent (sous la direction de), *L'Éducation prisonnière de la forme scolaire ?*, Presses universitaires de Lyon, 1992.

connaissances à transmettre, les modalités de la transmission, le recrutement et la formation des maîtres. Pour ses représentants, l'État devient de plus en plus l'organisateur naturel du procès d'ensemble de la formation des nouvelles générations. Estimant que « le grand problème des sociétés modernes est le gouvernement des esprits », Guizot (ministre de l'Instruction publique de Louis-Philippe) attribue une importance de premier plan à la politique scolaire, et aux savoirs et aux valeurs que celle-ci peut contribuer à diffuser chez les élèves. On comprend dès lors que la loi de 1833 ne se contente pas de faire obligation aux communes d'assurer l'enseignement primaire, mais qu'elle affirme du même coup l'autorité de l'État en matière de pédagogie et de contenus d'enseignement, instituant le principe de manuels officiels, et créant à l'appui une inspection primaire d'État ainsi qu'un dispositif centralisé d'écoles normales d'instituteurs. Dans cette perspective, l'autonomie des enseignants tend à être conçue comme un mal inévitable mais dangereux (Falloux, dont la loi de 1850 réintroduisait le financement public de l'enseignement privé, n'attribuait-il pas aux instituteurs républicains la responsabilité des émeutes ouvrières de 1848 ?), qu'il convient de circonscrire au mieux.

Jules Ferry, et le groupe autour de lui des républicains modérés qui sont à l'origine des lois instaurant dans les années 1880 l'école primaire obligatoire de la troisième République, ne concevront pas autrement leur mission. Par les lois et règlements l'État définit les contenus à enseigner (ceux de l'enseignement primaire comme ceux de l'enseignement primaire supérieur sont conçus en fonction du rôle que devront jouer leurs élèves dans la vie sociale, économique et politique), mais aussi les modes de transmission des connaissances, ainsi que les conditions du recrutement et de la formation des enseignants. On touche là aux limites de l'autonomie réelle des enseignants : la définition de ce qu'ils ont à transmettre comme de la façon de le transmettre leur échappe ; mieux encore, les savoirs professionnels qu'ils peuvent mobiliser, en tout cas ceux qu'ils acquièrent en formation initiale, sont eux-mêmes déterminés par leur employeur.

Si donc les enseignants sont seuls dans leur classe, leur activité est pilotée à distance par des *dispositifs de scolarisation* qui ne dépendent pas d'eux, dispositifs institutionnels dont, en France, l'État s'est ainsi historiquement arrogé la définition. Ces dispositifs résultent de la mise en œuvre matérielle ou intellectuelle des politiques scolaires : instructions officielles, circulaires d'application, consignes transmises par l'inspection, programmes, manuels, cahiers d'exercice, modalités des épreuves d'évaluation, formation des maîtres, définition des emplois du temps scolaire, structuration des espaces d'enseignement, mise en place de classes et de filières d'enseignement spécialisé et consignes concernant leur usage, etc. Ces dispositifs définissent la dimension plus proprement *pédagogique* de l'action scolaire, en imposant un enseignement plutôt simultané, ou plutôt différencié voire individualisé, ou en encourageant un enseignement de type mutuel, en définissant les modes de contrainte applicables aux élèves, en favorisant le cours magistral ou le cours dialogué, etc. Ils en définissent aussi bien la dimension plus spécifiquement *didactique*, en identifiant les savoirs à transmettre et en imposant tel ou tel système d'apprentissage (indiquant par exemple de quelle façon il convient d'enseigner, dans le primaire, la lecture ou l'arithmétique), en privilégiant un enseignement de type plutôt sériel (dans lequel les disciplines scolaires sont enseignées de façon indépendante) ou plutôt intégré (par « séquences » thématiques qui font intervenir plusieurs domaines de savoir), etc. L'impact de ces dispositifs sur l'efficacité des pratiques enseignantes apparaît peu discutable.[3]

Ils puisent eux-mêmes leur inspiration à deux types de sources. Ils procèdent d'un côté de préoccupations de socialisation des jeunes, et au premier chef de principes de réalisme professionnel : débouchant sur le marché du

3. Menée dans quarante-trois pays différents, l'enquête « Programme international pour le suivi des acquis des élèves » (PISA) de l'Organisation de coopération et de développement économiques (OCDE) conclut que l'influence des systèmes nationaux d'apprentissage peut être plus essentielle « pour les résultats scolaires que la richesse du pays ou de la famille ».

travail, l'école doit préparer ses publics à occuper tel ou tel type d'emploi et de position sociale. Ils sont redevables, tout aussi bien, à des convictions d'ordre pédagogique.

Les préoccupations de socialisation sociale et professionnelle sont agissantes au-delà même de l'enseignement technique, tout entier organisé pour sa part autour des compétences correspondant à un type d'emploi précisément déterminé. Elles affectent évidemment les contenus d'enseignement. Ainsi la loi de 1882 justifie-t-elle l'introduction de travaux manuels dans l'enseignement primaire de la troisième République par la nécessité de « préparer et prédisposer, en quelque sorte, les garçons aux futurs travaux de l'ouvrier et du soldat, les filles aux soins du ménage et aux ouvrages de femme ». Les classes moyennes, qui ont besoin d'une qualification intermédiaire, recevront dans l'enseignement primaire supérieur « une culture un peu plus relevée », comme le souhaitait déjà Guizot. Quant au latin et aux théories scientifiques, ils sont réservés au lycée car, comme le souligne Goblot en 1925, « le bourgeois a besoin d'une instruction qui demeure inaccessible au peuple »[4]. Ce souci de préparer chacun à son destin affecte également, de façon sans doute moins ostensible, les formes mêmes de la transmission des savoirs. Pour la période contemporaine, Lucie Tanguy observe ainsi l'opposition entre deux temps d'importance globale comparable : celui de l'enseignement professionnel, court et concentré, et celui de l'enseignement général, long et dilué. Le premier est celui de la transmission d'informations et de consignes, il favorise une attitude passive et prépare à l'occupation d'emplois d'exécution ; le second correspond à un enseignement qui sollicite le travail personnel et l'autonomie intellectuelle, il favorise une attitude active et prépare à des emplois de responsabilité, de conception, de commandement.[5]

4. Edmond Goblot, *La Barrière et le niveau*, Alcan, Paris, 1925. *Cf.* également, Claude Lelièvre, *Histoire des institutions scolaires (1789-1989)*, Nathan, Paris, 1990.

5. Lucie Tanguy, « Savoirs et rapports sociaux dans l'enseignement secondaire en France », *in* Jérôme Deauvieau et Jean-Pierre Terrail (édité par), *Les Sociologues et la transmission des savoirs*, La Dispute, Paris, à paraître.

La montée en puissance des pédagogies nouvelles

Les dispositifs de scolarisation empruntent également à telles ou telles conceptions pédagogiques. Sur ce plan, l'éducation scolaire a été très longtemps conçue comme l'apposition d'une empreinte sur une cire molle. Elle supposait l'exercice de la contrainte : comme le note Émile Durkheim, l'enfant étant « naturellement dans un état de passivité [...] l'éducation doit être essentiellement chose d'autorité »[6]. Le degré et les formes de la contrainte peuvent changer, on peut rechercher ou pas le consensus des élèves, l'enseignement reste ici fondamentalement compris comme un processus d'inculcation d'un savoir. Dominantes depuis les temps les plus reculés de l'institution scolaire, ces représentations ont connu une inflexion majeure dans les dernières décennies. Les dispositifs de scolarisation dont la mise en place accompagne le développement de l'école unique, depuis les années 1960, puisent en effet largement dans un tout autre univers de pensée, celui des « pédagogies nouvelles », du puérocentrisme et du non-directivisme. L'élève n'est plus pensé comme un objet passif qu'il s'agit de « former », mais comme le sujet actif de ses propres apprentissages. Sa « motivation » à apprendre est considérée comme le ressort essentiel de sa scolarisation, un ressort fragile qu'il s'agit d'entretenir en évitant tout ce qui pourrait rebuter, décourager, ou tout simplement ennuyer. Les politiques scolaires des dernières décennies, couronnées par la loi d'orientation de 1989, qui place « l'élève (ce terme étant généralement entendu comme "l'enfant") au centre de l'école », ont ainsi cherché leur légitimité dans la mise en œuvre de pédagogies *actives*, *douces*, *concrètes* et *ludiques*. Comment comprendre une transformation aussi profonde des conceptions pédagogiques dominantes ?

Le contexte historique rendait inévitable, de toutes façons, une refonte des dispositifs de scolarisation. L'effervescence intellectuelle des années 1950-1960, les bouleversements intervenus dans l'ensemble des branches du savoir

6. Émile Durkheim, *Éducation et sociologie*, Presses universitaires de France, Paris, 1968 (1922).

devaient bien finir par affecter les contenus de la formation initiale. Le développement scientifique et technique de la production industrielle et des services, les débuts de la révolution informationnelle réclamaient par ailleurs un élargissement constant du nombre de jeunes qualifiés, et une amélioration significative de leur qualification. Enfin si la mise en place de l'école unique s'était faite par les structures, par la modification des parcours sans vraiment soulever la question des contenus (à la différence des réformes des années 1880), cette question des contenus ne pouvait que faire rapidement retour. La transformation des parcours appelait inévitablement celle des formes de scolarisation. Ainsi de l'enseignement primaire. Il constituait un cycle terminal pour la masse de ses élèves. Intégré dans l'école unique, il en devient le cycle initial, une propédeutique du collège. Or, l'entrée en masse au collège de publics qui n'y avaient pas accès auparavant va révéler les insuffisances de l'enseignement élémentaire tel qu'il était pratiqué jusque-là. On sait peu sur l'efficacité de l'école primaire de la troisième République. En 1939 seule la meilleure moitié des élèves obtient le certificat d'études : qu'en est-il des autres ? Dès la fin des années 1950, en tout cas, nombre de professeurs de collège manifestent leur inquiétude quant à la capacité d'une partie des nouveaux élèves qu'ils accueillent en 6e à répondre aux exigences de l'enseignement secondaire : la nécessité de réformer l'enseignement élémentaire est dès lors fortement posée.

Le recours à tel ou tel principe inspiré des pédagogies nouvelles[7], dans ce contexte, ne saurait quant à lui s'expli-

7. La rénovation des dispositifs de scolarisation entreprise dans le cadre de l'école unique ne saurait être considérée, faut-il le préciser, comme la mise en œuvre de telle ou telle doctrine se réclamant des « pédagogies nouvelles ». Aucune d'entre elles ne se reconnaît pleinement dans les dispositifs d'aujourd'hui. Ces derniers n'en procèdent pas moins d'une inspiration commune : une critique radicale du rapport maître/élève traditionnel, la valorisation de l'activité de l'élève, la préoccupation omniprésente de sa « motivation », le souci de son bien-être psychique et la crainte de l'ennui, la valorisation de pédagogies « concrètes » qui feraient immédiatement sens pour lui, etc. Ce qui nous intéresse ici n'est pas de prendre parti à l'égard des pédagogies nouvelles, mais d'examiner la façon dont ces principes ont été mis en œuvre et quelles en sont les conséquences pratiques en matière de démocratisation scolaire.

quer sans référence à la révolution culturelle qui opère à partir des années 1960. Celle-ci affecte en particulier les normes de la vie familiale, le modèle patriarcal de relations intrafamiliales cédant la place à une conception beaucoup plus empreinte de contractualisme. Les rapports entre les hommes et les femmes bougent en profondeur, il en va de même des rapports entre les parents et les enfants. Ces derniers deviennent des sujets à part entière, dotés de droits et de capacités raisonnables : les parents doivent dorénavant négocier et justifier ce qu'ils se contentaient auparavant d'imposer en vertu d'une autorité naturelle. Comment les rapports maître/élève auraient-ils pu rester à l'écart d'une telle transformation des relations entre jeunes et adultes ?

L'impact de cette transformation sur les pédagogies scolaires a d'ailleurs été favorisé et accéléré par les modifications du corps enseignant, notamment dans l'enseignement primaire. Les femmes des classes moyennes salariées, les premières à s'être orientées vers la prolongation des études et l'accès à l'emploi qualifié, ont joué un rôle moteur dès la fin des années 1950 dans la transformation des styles de vie familiaux. Or, le recrutement des maîtres de l'enseignement élémentaire leur a fait une place croissante dès les débuts de l'école unique. Comment n'auraient-elles pas contribué à importer et imposer dans l'école des dispositions et des convictions si bien ancrées qu'elles en ont assuré la diffusion dans l'ensemble du tissu social ?[8]

La rencontre entre ces exigences de rénovation éducative et l'offre de services des pédagogies nouvelles était peu évitable. Bien que les politiques scolaires les aient relativement tenues à l'écart jusque-là, celles-ci pouvaient arguer d'une longue accumulation, depuis Jean-Jacques Rousseau, de réflexions et d'expériences au moins locales ; ainsi que de la caution scientifique, depuis l'entre-deux-guerres, des travaux de la psychologie génétique, notamment ceux de Jean Piaget. Elles exhibaient par ailleurs un éventail, où bien des protagonistes des années 1960-1970 pouvaient se recon-

8. Rappelons que la traduction française de l'ouvrage d'Alexander S. Neill, *Libres enfants de Summerhill*, Maspero, Paris, publiée en 1973, s'est vendue à 300 000 exemplaires...

naître, de finalités modernistes/progressistes : des plus individualistes aux plus démocratiques, les unes privilégiant l'épanouissement de la personne de l'élève, d'autres la formation de citoyens libres et responsables, d'autres enfin la plus grande démocratisation scolaire possible. Visant de façon générale à améliorer l'efficacité de l'acte éducatif, et à assurer la réussite de tous (sans pour autant donner nécessairement le même contenu à cet objectif), les pédagogies nouvelles apparaissaient à beaucoup comme pré-adaptées par nature au principe égalitaire de l'école unique.[9]

La modernisation des apprentissages élémentaires

On s'intéressera particulièrement, ici et dans la suite de l'ouvrage, aux modalités des apprentissages élémentaires. Ces derniers sont en effet aux avant-postes de la sélection scolaire : les réussir est une forte garantie d'un bon parcours ultérieur ; y échouer condamne quasi irrémédiablement. Qu'on en juge. Si l'on répartit les entrants en 6e en quatre quarts dans l'ordre croissant des résultats qu'ils ont obtenus aux évaluations en français et en maths, leurs chances de se trouver cinq ans après en seconde, sans avoir redoublé ni été orientés en BEP, passent, d'un quart à l'autre, de 7 % (6 % quand le père est ouvrier) à 29 %, 62 %, puis 89 % (85 % quand le père est ouvrier).[10] L'impact déterminant du parcours en primaire est avéré dans tous les milieux sociaux : les enfants d'ouvriers qui ont fait une bonne primaire ont plus de quatre chances sur cinq de traverser le collège sans encombres. La démocratisation scolaire passe donc, de façon absolument incontournable, par une très forte amélioration des apprentissages élémentaires pour les élèves d'origine populaire. Or, c'est effecti-

9. Coauteur du fameux plan Langevin-Wallon (1947), et fondateur en même temps du Groupe français d'éducation nouvelle (GFEN), Henri Wallon est une figure emblématique de cette affinité entre école démocratique et pédagogies nouvelles.

10. Données établies par Tristan Poullaouec à partir du suivi par la DPD-MEN du panel des entrants en 6e en 1995. *Cf. La Grande Transformation. Familles ouvrières, école, insertion professionnelle (1960-2000)*, doctorat de sociologie, université de Versailles-Saint-Quentin, 2005.

vement l'enseignement primaire qui a connu depuis les années 1960 les transformations les plus profondes, sous l'effet à la fois des politiques dites de « lutte contre l'échec scolaire » et des modifications du recrutement des maîtres. On ne peut plus aujourd'hui éviter d'interroger de près la logique et la pertinence de ces transformations.

De 1887 aux années 1960, les instructions officielles concernant l'enseignement primaire appuient de façon très constante leurs recommandations sur deux principes : le développement de l'enfant va du connu à l'inconnu, du concret à l'abstrait ; et sa motivation pour la tâche scolaire étant pour le moins incertaine, son éducation repose entièrement sur l'activité du maître, seul véritable moteur de la relation pédagogique.[11]

Seul le second de ces principes se verra remis en cause par la critique contemporaine des « pédagogies traditionnelles ». Les pédagogies nouvelles professent en effet elles aussi non seulement que le développement de l'enfant va du connu à l'inconnu, indiscutable truisme, mais également, avec Jean-Jacques Rousseau, Jean Piaget, et quelques autres, qu'il va ce faisant du concret à l'abstrait. Il va tout autant de soi pour elles que pour les pédagogies traditionnelles que le jeune enfant ne saurait saisir que ce qui est « concret ». La bonne démarche d'enseignement consiste à « contextualiser » les savoirs à transmettre dans l'univers familier, « concret », de l'enfant, pour ensuite les « décontextualiser ». Les pédagogies nouvelles conjuguent cette conviction, pour leur part, au souci central de mettre l'élève en activité. Et pour elles une pédagogie « active » est une pédagogie constructiviste, dans laquelle l'élève est mis en posture de mener lui-même ses apprentissages, de « construire ses savoirs » par lui-même. Quant à l'enseignant, il devient un « co-apprenant », qui « co-construit » les connaissances : c'est un facilitateur plutôt qu'un pourvoyeur de savoir, et il n'y aurait rien de pire pour lui qu'imposer à ses élèves un savoir prédigéré.

11. *Cf.* Jacqueline Chobaux, « Les instructions officielles dans l'enseignement élémentaire français », *Revue française de sociologie*, volume VIII, numéro spécial, 1968.

Parmi toutes les modifications que ce souci a conduit à introduire dans les formes de l'action scolaire, évoquons brièvement celles qui concernent l'apprentissage de la lecture. Elles apparaissent cruciales puisqu'elles sont au cœur de cette mission la plus essentielle de l'école : la formation d'un rapport lettré à la langue parlée.

L'ENTRÉE DANS LE LIRE-ÉCRIRE

Les instructions officielles de 1923 demeurent jusqu'aux années 1970 la référence majeure de l'apprentissage de la lecture. Évoquant les différentes méthodes possibles, dont la méthode globale formalisée par Decroly au début du siècle, elles laissent aux maîtres la liberté de choix, tout en validant celui de la méthode syllabique, pratiquée depuis 1835. L'apprentissage initial doit être rapide : trois mois pour déchiffrer, un an pour lire normalement. Il ouvre sur l'approfondissement de la connaissance de la langue (grammaire, orthographe), ainsi que sur l'entrée dans différents savoirs spécialisés (histoire naturelle, géographie, etc.). Vers 9 ou 10 ans seulement, sur la base des capacités techniques désormais acquises, l'attention est centrée sur la compréhension des textes, sur « les rapports de l'idée et de l'expression », sur les questions du sens donc.[12]

Les instructions officielles de 1972 et de 1985 en prennent le contre-pied sur chacun de ces points. Elles installent l'apprenti lecteur dans la posture du lecteur averti, et se refusent dès lors à séparer la lecture comme déchiffrage de la lecture comme compréhension : *lire, c'est comprendre*. L'accès au sens n'est plus suspendu à l'acquisition de la maîtrise technique du déchiffrage, il doit présider aux tout premiers pas de l'apprenti lecteur. Comment celui-ci pourrait-il être actif s'il n'en allait pas ainsi ? Cette posture nouvelle a plusieurs conséquences essentielles. Sur le choix de la méthode d'abord. La méthode syllabique part des lettres et de leurs combinaisons en syllabes pour en dire les sons. Mais si elle est conforme à la nature alphabéti-

12. *Cf.* Anne-Marie Chartier et Jean Hébrard, *Discours sur la lecture (1880-2000)*, Fayard, Paris, 2000.

que de notre système d'écriture, dont les vingt-six lettres notent les sons de la langue et non les idées, elle l'est moins à un accès immédiat au sens : l'unité élémentaire du sens ce n'est pas la lettre, mais le mot. Conformément au dogme du « lire c'est comprendre », les nouvelles instructions valorisent donc la méthode globale qui repose, elle, sur le déchiffrage (l'identification visuelle) du mot et non de la lettre. Non point la globale pure, qui a connu plusieurs tentatives d'introduction avortées, depuis 1938, mais la « mixte » (ou semi-globale, idéovisuelle, etc.). Celle-ci associe la mémorisation visuelle des mots (dont le principe ne saurait être abusivement étendu) et l'apprentissage du décodage grapho-phonologique ; et elle encourage l'apprenti lecteur à deviner les mots qu'il ne reconnaît pas en prenant appui sur le contexte de la phrase et/ou sur le décodage des premières syllabes.[13]

Seconde conséquence du « lire c'est comprendre », l'apprentissage du déchiffrage ne se fait plus désormais en trois mois mais en trois ans, et bien plus si nécessaire (à vrai dire, comme on n'a jamais tout compris, on n'a jamais vraiment fini d'apprendre à lire) : ce qui a l'avantage de permettre à chaque élève de progresser à son rythme. Troisième conséquence : puisque la lecture adulte doit sa rapidité à l'absence d'oralisation, un apprentissage efficace se doit de bannir le déchiffrage à voix haute en introduisant d'emblée l'élève dans la lecture silencieuse.

La politique ainsi portée par les instructions de 1972 et de 1985 s'est accompagnée d'une régression sensible des ambitions ministérielles en matière de connaissance et de maîtrise pratique du maniement de la langue. L'horaire spécifiquement consacré à son étude a été réduit de près de moitié depuis les années 1920, au bénéfice pour une part

13. Avec la contribution des éditeurs – le dernier manuel de syllabique édité, le « Boscher », l'a été dans les années 1960 –, le triomphe de la méthode « mixte » a été quasi total : en 1994, elle était pratiquée par 95 % des instituteurs, *cf.* Éliane et Jacques Fijalkow, « Enseigner à lire-écrire au CP : état des lieux », *Revue française de pédagogie*, n° 107, 1994. Bien que plusieurs textes ministériels au tournant des années 1990-2000 aient pris quelques distances avec le principe idéovisuel, la « conférence de consensus sur la lecture » organisée par Claude Thélot début 2004 a unanimement confirmé la pertinence de la méthode mixte.

d'enseignements « transversaux » qui doivent « familiariser » l'élève, à l'occasion de tel ou tel objet d'étude particulier, avec un aspect ou l'autre des fonctionnements de la langue : ce qui bien sûr réduit considérablement les possibilités d'en organiser l'enseignement de façon systématique et progressive. Les programmes de grammaire et de conjugaison ont d'ailleurs été sérieusement allégés, et leurs objectifs pour partie reportés au collège.

PÉDAGOGIES NOUVELLES : LA NÉCESSITÉ DU BILAN

Qu'il s'agisse de l'apprentissage de la langue écrite ou de l'entrée dans les mathématiques, les dispositifs de scolarisation actuellement en vigueur étaient censément les plus aptes à assurer un enseignement de masse efficace. Ils ont eu tout loisir de faire leurs preuves. Il est temps désormais d'affronter la réalité des faits : les pédagogies actives, douces et concrètes qui devaient démocratiser l'accès aux savoirs se sont avérées particulièrement élitistes.

Comme on l'a rappelé en introduction, en effet, et comme on y reviendra plus précisément ci-après (chapitre V), l'explosion des scolarités, que la mise en place de l'école unique et de nouveaux dispositifs de scolarisation ont rendue possible, ne s'est en rien accompagnée d'une réduction des inégalités sociales. Il y a plus : l'allongement des parcours scolaires semble bien s'être réalisé sans que l'efficacité de l'action scolaire se soit vraiment améliorée. Qu'on en juge. La décennie 1985-1995, qui voit s'opérer une massification considérable des effectifs de lycéens et d'étudiants, correspond à une sensible réduction des redoublements en primaire, qui chutent de 36 % à 24 %. Or, sensiblement dans la même période (1987-1997), on observe qu'à l'issue du primaire la valeur scolaire des élèves, mesurée par un test de lecture-compréhension, n'a en rien progressé.[14]

Cette stagnation du rendement de l'action scolaire n'est pas contestée, ce serait difficile, mais la responsabilité en est exclusivement imputée aux élèves et à leurs familles.

14. *Cf.* Note d'information n° 98.39 du ministère de l'Éducation nationale.

Dès qu'il est question de difficulté d'apprentissage le regard se tourne vers l'élève et vers lui seul. Le diagnostic se fait tantôt médical (désignée comme « dyslexie » ou « dysorthographie », la difficulté de lecture ou d'écriture devient ainsi le signe d'un « trouble fonctionnel du langage »); souvent psychologique (comment tel élève pourrait-il apprendre à compter puisqu'il ne compte pas pour ses parents? comment tel autre pourrait-il investir son travail scolaire puisque son père chômeur a désinvesti le sien? etc.); et toujours sociologique (comment les jeunes des cités et des quartiers populaires, qui grandissent dans un environnement culturel et langagier si pauvre, pourraient-ils connaître une scolarité satisfaisante?). À l'instar des théories philanthropiques prônant aux États-Unis, dans les années 1950, la nécessité d'un enseignement de compensation préalable à l'alphabétisation des enfants des ghettos, le consensus finit pas se faire sur l'idée que les difficultés qui se manifestent au CP révèlent un déficit langagier antérieur: déficit que la maternelle, depuis vingt ans, a pour mission de combler, sans résultats très perceptibles.

Il suffit cependant, pour admettre que l'école n'est pas condamnée à enregistrer purement et simplement les inégalités sociales, de rappeler que tous les enfants qui entrent au CP ont appris à parler, quels que soient et leurs usages langagiers spécifiques (« pauvres » ou « riches »), et leur propension à prendre la parole en classe. Or, l'accès au langage humain s'accompagne dans tous les cas de la formation de cette capacité d'abstraction et de raisonnement logique qui est la condition, nécessaire mais aussi suffisante, d'un apprentissage normal de la culture écrite. Le bagage culturel et langagier avec lequel les enfants des milieux populaires arrivent à l'école, moins proche de la culture écrite, les désavantage dans la compétition avec les rejetons de parents longuement scolarisés. *Mais ce désavantage relatif n'est donc pas, par lui-même, de nature à leur interdire une appropriation normale des savoirs scolaires.*

Si l'on veut comprendre comment ce désavantage se transforme en échec de masse, il reste alors à déplacer le regard de l'élève vers l'institution, et procéder à un examen réfléchi, prenant appui sur l'expérience et débarrassé des a priori doctrinaux, des dispositifs de scolarisation tels qu'ils se sont structurés depuis trente ans autour des principes essentiels des « pédagogies nouvelles ». Non seulement ces dispositifs se sont avérés très peu démocratiques, mais leurs fondements théoriques apparaissent particulièrement fragiles, notamment par leur méconnaissance des caractéristiques essentielles du langage humain. Tout se passe en effet comme si la thèse d'un développement de l'enfant qui irait du concret à l'abstrait, thèse qui domine tout l'enseignement élémentaire actuel, oubliait que l'enfant parle, et qu'on ne peut être à la fois dans le langage et dans le « concret ».

L'on sait, depuis les travaux de Saussure et les prolongements que leur a donnés Émile Benveniste, que le langage humain n'est pas un instrument de communication. Il permet il est vrai de communiquer ; mais cela n'en dit pas grand-chose : c'est déjà le cas des langages animaux. Ce qui fait la différence spécifique du langage humain, c'est le caractère arbitraire du signe linguistique. Les mots ont coupé tout lien avec les objets auxquels ils réfèrent, ils tirent leur valeur de leur relation aux autres mots de la langue : ce sont des *concepts*. Ce ne sont pas de simples signaux, ils ne se contentent pas de signaler les objets qu'ils désignent, ils en proposent une *idée*. Ces objets peuvent d'ailleurs se réduire, tels la fierté ou la foi, à l'idée que le langage en propose, et n'avoir aucune existence matérielle. Le langage humain, en ce sens, est une *pensée* du monde, c'est une façon de le mettre à distance, à la distance de l'examen et de la réflexion. Parler, c'est manier les signes linguistiques, et donc les significations dont ils sont porteurs. C'est là le propre de la pensée humaine, qui en ce sens n'est jamais « concrète ».[15]

L'école a pour mission première d'assurer l'entrée dans la culture écrite, de conduire le passage de l'oral à l'écrit. Ce cheminement se fait dans le langage et par le langage, en mobilisant les capacités d'abstraction et de raisonne-

15. On se reportera à l'ouvrage fondateur (1922) de Ferdinand de Saussure, *Cours de linguistique générale*, Payot, Paris, 1972 ; et aux *Problèmes de linguistique générale*, d'Émile Benveniste, Gallimard, Paris, 1966.

ment logique dont la pratique du langage dote tous les êtres humains. Cela n'a rien à voir avec un soi-disant passage du concret à l'abstrait.[16]

16. J'ai longuement traité ces questions *in* Jean-Pierre Terrail, *De l'inégalité scolaire*, La Dispute, Paris, 2002.

Chapitre II

Le monde enseignant

Près de 750 000 professeurs enseignent dans le primaire et le secondaire aujourd'hui en France. Il s'agit incontestablement d'un monde en soi qui, au-delà même de son importance numérique, est porté par ses groupements mutualistes (dont le trio MAIF, CAMIF, MGEN), a une forte visibilité sociale (« les profs »), des comportements de consommation ou politiques marqués, un syndicalisme encore puissant. Mais peut-on sans autre forme de procès parler ainsi d'un seul monde enseignant ? Il y a ne serait-ce que quarante ans, la réponse aurait été clairement négative. L'idée même de réunir sous le même vocable de « professeurs » les enseignants du primaire et du secondaire aurait paru saugrenue. Ce n'est plus le cas aujourd'hui, du fait d'un rapprochement évident des deux corps. Pour en prendre la mesure, il suffit de jeter un regard sur leur histoire respective.

Dans les années 1930, professeurs et instituteurs ne vivent ni ne travaillent dans le même monde.[1] Les premiers

1. *Cf.* Viviane Isambert-Jamati, « Instituteurs et professeurs dans la France d'aujourd'hui : continuités et discontinuités avec ceux de l'entre-

sont à peine quelques milliers, quasi exclusivement des hommes. Titulaires d'une licence, ils appartiennent sans conteste à l'élite intellectuelle et enseignent d'ailleurs exclusivement auprès de l'élite sociale qui fréquente l'enseignement secondaire. Les seconds sont plus de 100 000, en majorité des femmes. Ils enseignent au « peuple » dès l'âge de 18 ou 19 ans et ont une origine sociale notablement plus populaire que les professeurs du secondaire.

Dans les années 1960, le paysage a déjà évolué. Le début de la massification de l'enseignement secondaire exige de recruter des professeurs. Ils sont dorénavant autour de 100 000 (pour 200 000 instituteurs environ), plus souvent des femmes, et avec la relative ouverture des scolarités ils n'enseignent plus seulement auprès de l'élite. Même si des différences subsistent entre instituteurs et professeurs – les premiers ont toujours un bagage universitaire que n'ont pas les seconds – un rapprochement relatif entre les deux corps est perceptible.

C'est au cours des trois décennies suivantes que les choses changent radicalement. L'école en France devient progressivement, du fait de la disparition des réseaux séparés de scolarisation, un système éducatif unifié. Les enseignants du primaire et du secondaire n'ont plus en charge des publics différents, mais le même public à des âges différents. C'est dorénavant l'ensemble d'une génération que forment successivement les professeurs du primaire et du secondaire : les premiers de 6 à 10 ans, les seconds de 11 à 18 ans. Le primaire devient donc la propédeutique du secondaire. Les liens entre ces deux ordres d'enseignement en sont évidemment renforcés : l'un ne peut plus fonctionner sans l'autre, et réciproquement.

Pour mener à bien l'ouverture des scolarités, il faut recruter du personnel enseignant dans le secondaire. L'effectif des professeurs du secondaire explose, quadruplant entre 1960 et 1980. Résultat : un changement essentiel dans la composition du monde enseignant puisque les professeurs

(*Suite de la note 1 de la page 41*) deux-guerres », *in* Éric Plaisance (sous la direction de), *Permanence et renouvellement en sociologie de l'éducation*, INRP-L'Harmattan, Paris, 1992.

du secondaire y sont aujourd'hui majoritaires (400 000 pour les premiers et 340 000 pour les seconds).

Il faut également former ces enseignants aux défis posés par la massification de l'enseignement secondaire. C'est l'un des objectifs affichés des instituts universitaires de formation des maîtres, créés en 1989 à l'occasion de la loi d'orientation sur l'école. Les IUFM viennent en quelque sorte parachever le mouvement de rapprochement institutionnel des ordres d'enseignements du primaire et du secondaire. On y forme en effet depuis 1992 l'ensemble des professeurs du primaire et du secondaire, réunis pour l'occasion sous l'appellation de « maîtres » et tous maintenant recrutés au niveau licence.

On a donc assisté en l'espace d'un demi-siècle à une unification formelle des deux corps enseignants, autorisant sans nul doute à les envisager comme les deux éléments d'un même monde. Pour autant ces évolutions statutaires et institutionnelles ne peuvent en elles-mêmes préjuger du degré d'unité réelle de ce monde enseignant. Celui-ci reste malgré tout constitué de deux continents, et les voyages intercontinentaux restent rares. Se ressemblent-ils totalement ? Quelles sont leurs relations diplomatiques ? Pour mesurer l'unité du monde enseignant, regardons d'abord d'un peu plus près sa morphologie.

Un métier de femmes ?

L'enseignement est souvent considéré comme un métier de « femmes ». On vante sa proximité avec l'éducation dans la sphère familiale, on met en avant les vacances scolaires et les horaires de travail qui permettent de concilier vie professionnelle et vie familiale. Ces stéréotypes sexués construisent un argumentaire associant enseignement et « qualités » ou « conditions » féminines. La situation est cependant contrastée selon l'ordre d'enseignement et la période considérée. Au début du siècle un instituteur sur deux est une femme, et le secondaire est quasiment entièrement masculin. Dans les années 1930 on compte environ 65 % de femmes dans le primaire et 20 % dans le secondaire. Trente ans plus tard la féminisation du secondaire a fait un véritable bond en avant, puisque un professeur sur deux est maintenant une femme. Deux éléments ressortent de ces données: le primaire a toujours été plus féminisé que le secondaire; la féminisation du professorat du secondaire est précoce comparée à celle de l'ensemble du salariat moyen et supérieur.

Qu'en est-il aujourd'hui, alors que la féminisation de ce salariat moyen et supérieur est l'une des grandes évolutions de ces trente dernières années ? Le monde enseignant compte 65 % de femmes en 2002: moins que la catégorie des professions intermédiaires de la santé et du travail social, aux trois quarts féminisée, mais plus que les professions intermédiaires de la fonction publique et du privé (50 % de femmes), et beaucoup plus que les cadres du public et du privé qui comptent seulement 35 % de femmes.[2] L'enseignement est aujourd'hui une activité professionnelle toujours très féminisée dans cette région du salariat.

La situation est cependant encore contrastée à l'intérieur du monde enseignant: on compte en moyenne six femmes sur dix dans le secondaire[3] pour huit sur dix dans le primaire. L'écart tend d'ailleurs à se creuser. Depuis vingt ans la féminisation est restée stable dans le secondaire alors qu'elle a progressé de dix points dans le primaire. Cette tendance semble d'ailleurs se maintenir, les dernières générations de professeurs des écoles étant encore plus féminines que leur aînées. Sous cet angle les différences au sein du monde enseignant demeurent prégnantes, et tendent même à se renforcer: le secondaire est un univers mixte, le primaire un univers de plus en plus féminin

Le recrutement social

Pendant la première moitié du XXe siècle le recrutement social des instituteurs et des professeurs ne puisait pas aux mêmes sources: les premiers avaient une origine sociale

2. Source: INSEE, enquête Emploi de 2002.

3. Il s'agit ici d'une moyenne qui cache bien entendu de fortes disparités selon la discipline, le secteur ou le grade. Les femmes représentent par exemple 76 % des professeurs de lettres et 46 % des professeurs de mathématiques.

TABLEAU I. L'ORIGINE SOCIALE DES ENSEIGNANTS EN 1984 ET 2002

	Professeurs du secondaire						Professeurs du primaire					
	2002			1984			2002			1984		
	Homme	Femme	Ensemble	Homme	Femme	Ensemble	Homme	Femme	Ensemble	Homme	Femme	Ensemble
Agriculteur	7	7	7	12	8	10	6	8	8	12	13	12
Commerçant	10	14	12	16	17	16	9	11	10	10	14	13
Cadre	18	23	21	13	22	18	11	18	16	10	10	10
Prof. interm.	23	22	22	21	22	22	27	24	25	28	23	25
Employé	16	16	16	15	13	14	16	17	16	14	15	15
Ouvrier	26	19	22	24	18	21	32	22	24	26	25	26
Total	100	100	100	100	100	100	100	100	100	100	100	100

Lecture : En 2002, 7 % des professeurs du secondaire ont un père agriculteur.
Champ : professeurs des écoles et du secondaire public/Source : INSEE, enquête Emploi 1984 et 2002.

notablement plus populaire que les seconds. Cette différence de milieu social d'origine tenait bien entendu au fait que le primaire et le secondaire étaient alimentés par des réseaux de scolarisation distincts, au recrutement social étanche. Les instituteurs étaient pour l'essentiel recrutés parmi l'élite du primaire supérieur, puis, à partir des années 1960 parmi les bacheliers. Les professeurs du secondaire ont été dès l'origine recrutés parmi les étudiants de l'enseignement supérieur, ce qui, jusqu'à récemment, ne concernait qu'une certaine élite sociale. Qu'en est-il aujourd'hui, alors que le recrutement s'opère à l'université dans les deux cas ?

Le rapprochement du recrutement social des professeurs du primaire et du secondaire est manifeste. Au début des années 1980, 40 % des professeurs du secondaire sont issus du salariat moyen et supérieur, 35 % du salariat populaire, le quart restant étant constitué d'enfants d'agriculteurs, d'artisans et de chefs d'entreprises. Ce profil de recrutement social était, dans ses grandes lignes, identique à celui des cadres. Les instituteurs, quant à eux, étaient plus souvent issus du salariat populaire, et un peu moins du salariat moyen et supérieur. C'est cette différence-là qui tend à se résorber au cours des vingt années suivantes, le léger embourgeoisement des professeurs du primaire rapprochant le recrutement social des deux corps. Les femmes jouent le rôle principal dans ce rapprochement. Elles sont en effet beaucoup plus souvent que les hommes issues du milieu des cadres (18 % contre 11 %) et nettement moins souvent de père ouvrier (22 % contre 32 %).[4] Cette dynamique globale d'homogénéisation du recrutement social des deux continents du monde enseignant est en passe de s'achever. Dans les générations recrutées depuis le milieu des années 1990, l'origine sociale des professeurs du primaire et du secondaire est dorénavant similaire.[5]

Stabilité du recrutement social pour le secondaire, embourgeoisement pour le primaire. Pourquoi une évolu-

4. L'origine sociale des femmes professeures ou institutrices a toujours été moins populaire que celle des hommes.

5. 46 % des professeurs des écoles ou du secondaire recrutés depuis le milieu des années 1990 ont un père cadre ou profession intermédiaire. Source : INSEE, enquête Emploi 2002.

tion dans un cas et pas dans l'autre? Essentiellement parce que le niveau d'études à l'entrée dans la profession est progressivement modifié dans le primaire et non dans le secondaire. Dans les années 1960 on entrait à l'école normale à l'issue de la classe de troisième; dans les années 1980 il fallait un DEUG pour devenir instituteur et une licence au début des années 1990. Or, posséder un diplôme de niveau licence reste aujourd'hui l'apanage du salariat moyen et supérieur: chez les trentenaires de 2002, plus d'un enfant de cadre sur deux est titulaire d'un diplôme supérieur ou égal à la licence pour seulement... 8 % des enfants d'ouvriers. Seule l'élite scolaire des milieux populaires peut ne serait-ce qu'accéder au concours de professeur des écoles. C'est cette élévation continue du niveau de diplôme requis à l'entrée dans le métier qui a mécaniquement élevé l'origine sociale des professeurs des écoles.

Est-ce à dire pour autant que le monde enseignant est une profession socialement fermée? Oui, dans la mesure où la barrière du niveau scolaire à l'entrée fonctionne, du fait de l'inégalité scolaire, comme un filtre social. La répartition des origines sociales des enseignants est pour cette raison beaucoup moins populaire que celle de l'ensemble de la population.[6] Non, si l'on observe le recrutement social une fois cette barrière scolaire franchie. Parmi les sortants du système éducatif à un niveau supérieur ou égal à la licence, la destinée enseignante est parmi les plus ouvertes socialement. Son recrutement social est ainsi plus populaire que celui des cadres et même des professions intermédiaires du public.[7] Le métier enseignant, connu de tous et valorisé notamment dans les milieux populaires, attire sélec-

6. Cette différence entre le recrutement social des professeurs et instituteurs et la répartition sociale de l'ensemble de la population est d'ailleurs historiquement très stable. *Cf.* Louis-André Vallet et Annick Degenne, « L'origine sociale des enseignants par sexe et niveau d'enseignement. Évolution entre 1964 et 1997 », *Éducation et formations*, n° 56, 2000.

7. On vérifie cette spécificité en observant l'origine sociale des nouveaux entrants sur le marché du travail. Ainsi, parmi les sortants du système éducatif de 1998 au niveau licence et plus, ceux qui sont devenus enseignants sont 40 % à avoir un père ouvrier ou employé, pour seulement 25 % de ceux qui sont devenus cadres du public et 30 % de

tivement une forte proportion de la minorité des enfants d'ouvriers et d'employés qui ont réussi à décrocher une licence universitaire.

Le savoir et le métier

Équivalence statutaire (la carrière d'un professeur des écoles est aujourd'hui à peu près la même que celle d'un professeur certifié), même dénomination des deux corps, équivalence formelle du niveau de recrutement, origine sociale identique. Il serait tentant de plaider la thèse de l'unification en marche du monde enseignant. La seule différence résiduelle – de taille certes – serait la féminisation toujours plus forte dans le primaire que dans le secondaire. Il manque pourtant un aspect au tableau : le métier. On ne peut en effet déduire directement de la morphologie d'un groupe professionnel son degré d'unité sans regarder les activités de travail et notamment la manière de définir le métier.

Si l'on veut bien admettre que la mission du monde enseignant est d'abord de transmettre des savoirs et des connaissances aux jeunes générations, alors la massification de l'école, en cours depuis les années 1960, met à l'épreuve cette dimension centrale du métier enseignant. En décrétant que tous les enfants doivent être scolarisés dans le secondaire jusqu'à 16 ans et en poursuivant l'objectif de 80 % d'une classe d'âge au niveau du bac, on demande en effet à l'institution, et donc à son personnel enseignant, d'élever massivement le degré de maîtrise des savoirs savants de ces jeunes générations. Les difficultés rencontrées pour y parvenir pèsent lourd dans le vécu des enseignants. Cette question du rapport au métier et aux missions de l'institution est donc cruciale dans la période actuelle, source de divergences voire de conflits au sein du monde enseignant. Il convient d'examiner comment profes-

(*Suite de la note 7 de la page 47*) ceux qui sont devenus professions intermédiaires du public. Source : *Enquête Génération 98* du Céreq. Pour une analyse du lien entre origine sociale et choix du métier enseignant, *cf.* Jérôme Deauvieau, « Devenir enseignant du secondaire : les logiques d'accès au métier », *Revue française de pédagogie*, n° 150, 2005.

seurs du secondaire et du primaire prennent en charge le processus historique d'ouverture des scolarités.

Le rapport des enseignants à leur métier, puisqu'il s'agit de transmettre des connaissances, engage nécessairement la relation qu'ils entretiennent eux-mêmes à ces connaissances. On ne saurait dès lors penser l'identité professionnelle des enseignants sans examiner ce qu'il en est de leur propre rapport au savoir. Dans le primaire comme dans le secondaire, celui-ci se construit au long du parcours scolaire et universitaire. L'unification formelle du niveau de recrutement des enseignants, on va le voir, n'implique pas la formation d'un rapport identique au savoir chez les professeurs du primaire et chez les professeurs du secondaire.

Chez les professeurs des écoles

Interroger le rapport au savoir des professeurs des écoles confronte à un paradoxe inattendu. D'un côté, le niveau de formation s'est considérablement élevé dans les jeunes générations, dont les membres disposent désormais d'une licence universitaire, parfois même d'une maîtrise. Mais ce n'est là qu'un aspect de la question. S'ils font partie des 20 % de jeunes qui parviennent aujourd'hui à ce niveau d'études supérieures, le parcours qui les a amenés jusque-là n'est pas des meilleurs : une scolarité secondaire moyenne ; et une trajectoire universitaire nettement moins brillante que celle de leurs collègues du secondaire.[8] Ils ont redoublé une fois sur deux dans l'enseignement supérieur, ils ont fait une fois sur trois le choix d'un cursus de sciences humaines et non d'une licence d'enseignement. Nombre d'entre eux arrivent ainsi à l'IUFM avec une maîtrise incertaine des savoirs de base qu'ils auront à enseigner, qu'il s'agisse des codes de la langue écrite ou des connaissances mathématiques élémentaires.

8. Parmi les enseignants recrutés en 1999 et 2000, 5 % des professeurs des écoles sont passés par une classe préparatoire pour 18 % des professeurs du secondaire, et un quart seulement des professeurs des écoles ont un niveau d'étude supérieur à la licence pour la moitié des professeurs du secondaire. Source : Céreq, *Enquête Génération 98.*

Leur décision de s'orienter vers le professorat des écoles a pu procéder d'un désir précoce de s'occuper d'enfants, qui ne les a pas incités à surinvestir dans des études ambitieuses. Pour d'autres, à l'inverse, c'est le parcours scolaire qui a détourné d'objectifs professionnels plus exigeants : soit qu'après des résultats juste suffisants dans le secondaire ils aient choisi dans le supérieur une discipline perçue comme peu académique voire facile, par exemple la psychologie ou la sociologie, où leurs prestations sont restées sans brio particulier ; soit qu'après avoir suivi une filière d'enseignement (lettres, maths, etc.) ils n'aient pas trouvé la motivation suffisante pour préparer le CAPES ou l'agrégation.[9]

Ainsi, dans bien des cas, les professeurs des écoles d'aujourd'hui se distinguent non seulement des professeurs du secondaire, mais aussi des instituteurs d'autrefois, par un rapport d'intensité limitée, nettement moins impliquant, aux savoirs qu'ils devront enseigner. Les instituteurs de la troisième République avaient été doublement sélectionnés : à l'entrée dans l'école primaire supérieure, et au concours de l'école normale ; et à chaque fois grâce à des résultats scolaires qui en avaient fait les meilleurs élèves de leur promotion. Quelles que soient les limites de leur culture générale, ce parcours de réussite ne pouvait nourrir qu'une conception du métier privilégiant spontanément la transmission des savoirs.

Le contraste est manifeste avec la propension des recrues d'aujourd'hui à se définir comme des éducateurs autant ou plus que comme des enseignants titulaires d'un savoir, des éducateurs ayant à faire à des « enfants » ou à des « gamins » autant qu'à des « élèves ». Ils savent bien, certes, que c'est la transmission des connaissances qui différencie leur métier de ceux du service social.[10] Il reste que l'écart se creuse entre leur rapport plus « faible » aux savoirs lettrés et les exigences plus fortes auxquelles l'enseignement primaire doit satisfaire (puisqu'il introduit désormais à des études

9. *Cf.* Frédéric Charles et Jean-Paul Clément, *Comment devient-on enseignant ?*, Presses universitaires de Strasbourg, 1997.

10. Martine Kherroubi et Marie-France Grospiron, « Métier d'instituteur et références à l'enfant », *Revue française de pédagogie*, n° 95, 1991.

longues). Les modalités aujourd'hui de leur recrutement favorisent une méconnaissance des enjeux et de la difficulté de la transmission des savoirs élémentaires.[11]

Leur conception de leurs propres missions est souvent contradictoire. D'un côté ils savent très bien que leurs élèves seront fortement pénalisés au collège en cas d'acquis préalables insuffisants. En même temps ils relativisent volontiers l'importance de la transmission des connaissances. Parce qu'ils considèrent, d'une part, qu'il leur revient d'aider les « enfants » dont ils s'occupent à grandir, et pas seulement de les instruire. Mais aussi, et même lorsqu'ils sont très conscients de l'importance des apprentissages proprement scolaires, parce qu'ils sous-estiment l'ampleur et la difficulté de la tâche. La déclaration d'un enquêté, qui réduit l'entrée dans la culture écrite à l'acquisition de techniques, et en mésestime la portée et l'exigence réflexives, est tout à fait symptomatique à cet égard : « Je pense que notre tâche principale, au primaire, c'est de faire de futurs collégiens, de les préparer au savoir, à apprendre, de leur donner les techniques, les bases, et les bases c'est pas très compliqué, c'est lire, écrire, compter. »[12]

Chez les professeurs du secondaire

À regarder les données de l'évaluation des élèves à l'entrée en sixième, cela semble quand même plus compliqué. Seul un tiers des élèves entrant en sixième ont une maîtrise de la culture écrite leur permettant de suivre sans encom-

11. Il est frappant à cet égard que plus de 86 % des instituteurs stagiaires enquêtés à Strasbourg dans les années 1990 indiquent qu'ils attendent de l'IUFM « un apprentissage des techniques pour animer une classe » plutôt qu'« une formation disciplinaire et didactique » (*cf.* Frédéric Charles et Jean-Paul Clément, *Comment devient-on enseignant ?, op. cit.*). Ces attentes vis-à-vis de l'IUFM sont en forte cohérence avec les attentes vis-à-vis du métier : d'après un sondage FSU-SOFRES de septembre 2000, 70 % des jeunes professeurs des écoles ont d'abord choisi leur métier pour travailler avec des enfants ; 49 % donnent la priorité à l'épanouissement des enfants contre 19 % à la transmission des connaissances ; *et seuls 16 % accordent une priorité absolue au lire-écrire-compter...*

12. *Cf.* Yves Labbé, *Enseigner à l'école primaire*, DEA de sociologie, université de Versailles-Saint-Quentin-en-Yvelines, 2003.

bre au collège. À l'opposé 15 % des élèves ont de graves difficultés sur ce registre et ne maîtrisent pas les compétences requises pour suivre une scolarité dans le secondaire. La moitié des élèves restant pourront probablement suivre au collège, mais ont des compétences mal assurées.[13] Une part très significative des élèves scolarisés dans le secondaire ont donc un niveau scolaire qui n'est pas suffisant pour poursuivre correctement leur scolarité.

Face à cette situation, les enseignants du secondaire restent malgré tout très attachés à la fonction de transmission des connaissances. Les missions de « socialisation », telles que former les élèves à l'exercice de la citoyenneté ou apprendre aux élèves à se « comporter » en collectivité, font partie du métier mais n'en constituent pas des objectifs centraux. En 1996, lorsqu'on proposait une liste d'objectifs du métier, six enseignants sur dix ne citaient aucun objectif de « socialisation » parmi leurs trois premiers choix. Se révèle ici une matrice centrale du métier d'enseignant : malgré la massification et l'irruption de la difficulté scolaire dans l'enseignement scolaire, les enseignants continuent à penser leur métier comme une mission de transmission de connaissances.[14]

Cette permanence dans la définition du métier s'explique par les procédures de recrutement. Le concours d'entrée dans la profession est essentiellement basé sur la maîtrise d'un savoir universitaire et sélectionne donc les étudiants qui entretiennent un rapport élevé au savoir savant. La majorité des enseignants ont décidé de se former à l'université par attachement pour une discipline universitaire et un tiers d'entre eux déclarent être devenus enseignants parce que c'était le débouché « naturel » de leurs études ou

13. *Cf.* note d'évaluation du ministère n° 04 du 10 octobre 2004.

14. Cette particularité est de plus très stable : agrégé ou certifié, homme ou femme, jeune ou vieux, enseignant en collège ou en lycée, ces caractéristiques ne font dévier qu'à la marge de cet objectif principal. Certes, le fait d'enseigner dans un établissement « difficile » le fait significativement baisser, ce qui atteste que dans les établissements les plus populaires les missions de transmission des connaissances cèdent tendanciellement le pas aux missions de « socialisation », mais cet objectif reste malgré tout majoritaire.

parce que ce métier permettait de continuer à pratiquer une discipline universitaire.[15]

Il en va d'ailleurs toujours de même en ce qui concerne les nouvelles générations. Malgré l'augmentation évidente du nombre de licenciés parmi les générations récentes qui entrent sur le marché du travail – un jeune sur cinq sort aujourd'hui avec un niveau licence, ce qui était le cas de moins d'un sur dix il y a trente ans – le cœur de la logique d'accès au métier reste l'attachement à une discipline universitaire.[16] Quand on observe par exemple les trajectoires d'accès des femmes au métier d'enseignant du secondaire, l'importance du rapport à la discipline saute aux yeux. Lorsque dans les biographies féminines l'enseignement primaire a fait partie d'une destinée professionnelle envisagée, c'est très nettement le rapport positif noué au fil du parcours universitaire avec une discipline donnée qui transforme ce penchant pour l'enseignement primaire en orientation vers l'enseignement secondaire. La définition de la compétence enseignante comme relevant avant tout de la maîtrise d'un savoir savant et l'idée que l'objectif prioritaire du métier est la transmission des savoirs sont aujourd'hui comme hier de puissants facteurs d'unité du groupe professionnel des professeurs du secondaire.

Un monde, deux continents

L'évolution récente du monde enseignant s'inscrit dans le processus historique de massification scolaire. La dynamique historique qui en résulte est contradictoire. Si les modifications des structures du système éducatif (mise en place du collège unique en 1975, des IUFM en 1991) ont incontestablement unifié le monde enseignant du point de vue de sa morphologie et de ses missions, il en va tout autrement à propos du rapport au métier et à la démocratisation scolaire.

15. *Cf.* Jérôme Deauvieau, *La Fabrique des professeurs. Genèse des styles enseignants*, thèse de doctorat de sociologie, université de Versailles Saint-Quentin-en-Yvelines, 2004.

16. *Cf.* Jérôme Deauvieau, «Devenir enseignant du secondaire: les logiques d'accès au métier», *Revue française de pédagogie*, n° 150, 2005.

Les professeurs des écoles, dans l'ensemble dotés d'un rapport faible au savoir, ont une définition du métier « puérocentrée », et finalement peu exigeante sur le registre des acquisitions scolaires. Ce qui n'est pas sans poser problème dans la conjoncture actuelle du système éducatif, où la formation dans le primaire a vocation à permettre à tous de poursuivre des études dans le secondaire. Ils soutiennent par contre, tendanciellement de manière plus appuyée que ceux du secondaire, l'idée d'un collège unique.[17]

Les professeurs du secondaire continuent quant à eux de définir leur métier comme une mission de transmission des savoirs, étant ainsi plus en phase avec la réalisation concrète d'une scolarité longue pour tous. Mais cet attachement à la transmission des savoirs les conduit, dans un contexte d'augmentation de la difficulté scolaire, à vivre leur métier au jour le jour avec le sentiment d'un écart croissant entre le prescrit du programme et le réel de la classe. Les routines professionnelles en deviennent « incertaines »[18] et une majorité d'enseignants partagent le sentiment de ne plus maîtriser leur métier, notamment en matière de gestion de l'interaction cognitive. Rien d'étonnant dans ces conditions à ce que le thème de la remise en cause du collège unique recueille un certain écho chez les enseignants du secondaire.

Les relations entre les deux ordres d'enseignement ont parfois été tendues. Tout au long des années 1960 se posait ainsi la question de savoir qui allait prendre en charge cette école « moyenne » qui était en projet et âprement revendiquée autant par le secondaire que le primaire. Nous sommes probablement aujourd'hui également dans une situation potentiellement conflictuelle. Chaque continent du monde enseignant juge l'autre à l'aune de sa propre définition du métier. Les professeurs du primaire reprochent

17. Dans le dernier sondage sur la question, les professeurs du primaire sont 36 % à considérer que le collège unique est une bonne chose et 44 % à penser qu'il s'agit d'un principe fondamental, et respectivement 26 % et 39 % pour les professeurs du secondaire. Source : sondage SOFRES pour la FSU, 2002.

18. Anne Barrère, *Les Enseignants au travail*, L'Harmattan, Paris, 2002.

au secondaire de « casser » les élèves (les enfants ?) lorsqu'ils « débarquent » au collège. Les professeurs du secondaire sont pour le moins critiques sur la réalité des acquisitions scolaires à l'entrée au collège. L'unification du monde enseignant autour d'une mission de formation scolaire de haut niveau pour tous n'est pas encore réalisée.

Chapitre III

Les pratiques d'enseignement

Les effets-maîtres

Nous avons tous une expérience familière de la variabilité des pratiques enseignantes, et le souvenir de nos évaluations d'élèves : tel prof est excellent, je comprends tout, ou : je ne comprends pas tout, mais il me donne envie d'apprendre, tel autre m'ennuie ou m'agace, etc. Il y a bien sûr dans ces jugements de valeur une part d'émotion et d'affect inhérente à l'histoire subjective de chacun, comme dans toute rencontre de personne à personne. Ils indiquent pour le moins que l'enseignement est un art que chaque enseignant pratique à sa façon.[1] Et ils contiennent leur part d'appréciation objective : les différentes façons d'enseigner s'avèrent de fait, et indépendamment de la personnalité des élèves, inégalement efficaces.

Un art que chacun pratique à sa façon ? Ce sont les dispositifs de scolarisation qui fixent les règles du jeu. Mais les

1. Comme le notait le sociologue américain Wright Mills (*Les Cols blancs*, Maspero, Paris, 1966), dans les activités de service la personnalité tout entière du travailleur contribue à sa qualification professionnelle.

enseignants n'en gardent pas moins une certaine liberté d'action s'agissant de les interpréter, de les contourner, ou de les détourner. Si leur isolement face aux élèves n'est pas la marque d'une réelle indépendance professionnelle, leur autonomie dans l'accomplissement des gestes du métier n'est pas pour autant négligeable.

Certaines façons d'enseigner valent-elles objectivement mieux que d'autres ? De très nombreux résultats de recherche cumulés, obtenus notamment aux États-Unis, permettent de donner une réponse assurément positive à la question. Beaucoup de ces recherches s'attachent à identifier et hiérarchiser les facteurs de la réussite scolaire : leur synthèse sur un demi-siècle indique que le facteur statistiquement le plus puissant de la réussite (ou de l'échec), avant l'appartenance socioculturelle de l'élève, c'est précisément ce qu'il est convenu en France d'appeler « l'effet-maître »[2]. D'autres, moins nombreuses et plutôt plus récentes mais aux résultats convergents, s'efforcent de mesurer la « valeur ajoutée » par les enseignants efficaces. Elles attestent le caractère très sensible des effets-maîtres, qui sont particulièrement manifestes dans les petites classes et avec les élèves les plus faibles.[3]

Ce dernier résultat est assez logique : les élèves les plus faibles ont la plus forte marge de progression. D'autant que, appartenant massivement aux classes populaires, et disposant d'un soutien familial moins efficace, leurs apprentissages dépendent plus exclusivement de ce qui se passe en salle de classe. L'hypothèse a souvent été avancée, par suite,

2. Ce constat, qui attribue au maître la responsabilité première des progrès de l'élève, contraste évidemment avec la conviction des enseignants que le facteur essentiel de la réussite ou de l'échec de leurs élèves est leur origine sociale.

3. *Cf.* Clermont Gautier *et alii*, *Interventions pédagogiques efficaces et réussite scolaire des élèves provenant de milieux défavorisés*, Université Laval, Québec, 2004. Ce rapport de recherche peut être consulté sur l'internet : il constitue la revue de littérature la plus récente et sans doute la plus complète sur les effets-maîtres. Pour la France, *cf.* Pascal Bressoux, « Les recherches sur les effets-écoles et les effets-maîtres », *Revue française de pédagogie*, n° 108, 1994. Ces effets sont cumulatifs : deux élèves identiquement faibles au départ dont l'un, et pas l'autre, aurait chaque année un enseignant efficace, connaîtraient des parcours très dissemblables.

que la distance sociale croissante entre les élèves d'origine populaire et les maîtres (soit du fait de « l'embourgeoisement » des instituteurs, soit du fait que ces élèves vont désormais dans le secondaire où ils sont confrontés à des enseignants dont bon nombre sont issus d'autres milieux sociaux que le leur) jouerait un grand rôle dans le rendement limité de l'action scolaire. Avec les élèves en difficulté en effet, ce sont les maîtres d'origine populaire qui seraient tendanciellement les plus efficaces, à la fois parce qu'ils seraient plus sensibles à leur situation et se mobiliseraient plus volontiers pour les aider ; et parce qu'ils seraient plus en phase avec leur culture et leurs usages langagiers propres.

On a là une première hypothèse explicative des effets-maîtres : les enseignants d'origine populaire seraient plus efficaces en moyenne car ils seraient plus efficaces avec les élèves eux-mêmes d'origine populaire. À l'égard de ces derniers, ils auraient le motif, et ils auraient le moyen d'une intervention pédagogique pertinente. Cette hypothèse peut être contre-argumentée. Concernant d'abord le motif : être rescapé de la sélection scolaire peut favoriser aussi bien un investissement positif à l'égard de la réussite des jeunes d'origine populaire (par sentiment de solidarité de classe : ce que j'ai fait, tout le monde doit pouvoir le faire !) qu'une survalorisation des normes scolaires les plus élitistes et une exigence particulière à l'égard de ces élèves (j'y suis passé, à chacun son tour de faire ses preuves !). Et l'idée d'autre part que la familiarité avec les cultures populaires peut être considérée comme une ressource pédagogique indispensable ne va pas de soi non plus.

Cette familiarité aiderait à « contextualiser » les savoirs que les maîtres sont appelés à transmettre et ainsi à faciliter leur appropriation par les élèves.[4] On admettra volontiers, à cet égard, que la transmission des savoirs passe nécessaire-

4. La conviction que « les trois termes : contextualisation, décontextualisation, recontextualisation [...] décrivent la dynamique de toute démarche authentiquement pédagogique » (Philippe Meirieu et Michel Dévelay, *Émile reviens vite... ils sont devenus fous*, Éditions sociales françaises, Paris, 1992) est largement partagée dans les milieux pédagogiques.

ment par la mobilisation des acquis culturels des élèves, et de références (exemples, illustrations) qui leur sont accessibles. L'attention portée aux élèves et à leurs réactions, la capacité du maître à interroger, lors des échanges en classe avec eux, les mécanismes intellectuels qui font obstacle à l'apprentissage sont essentielles : mais point besoin pour cela d'être un spécialiste de leur culture familiale.

Ce point mérite d'autant plus d'être souligné que le souci « d'ouvrir l'école sur la vie », de valoriser la culture des élèves, et de « contextualiser » les savoirs scolaires, opère trop souvent au détriment des exigences d'une réelle appropriation de ces derniers, aboutissant à enfermer les élèves dans les savoirs qui leur sont déjà plus ou moins familiers. La raison d'être de l'institution scolaire, faut-il le rappeler, c'est précisément que l'entrée dans la culture écrite suppose un espace-temps propre, où « la vie » soit mise entre parenthèses... pour mieux, ensuite, la retrouver. Car entrer dans la culture écrite, c'est mettre à distance le langage et les connaissances de la pratique, se donner les moyens de les objectiver, et donc de les réfléchir, en bénéficiant pour cela de la puissance d'abstraction et de décontextualisation de l'écrit.

Dernier argument : les maîtres d'origine populaire seraient plus facilement reconnus et admis par les élèves du même milieu social, comme le contrôle social dans les quartiers est plus efficace quand il est assuré par les « grands frères ». Cette troisième hypothèse n'apparaît guère plus convaincante. On ne peut raisonner comme si les élèves allaient à l'école pour retrouver ce qu'ils ont déjà ailleurs. De plus la qualité humaine de la relation entre le maître et les élèves ne suffit en aucune manière à garantir son efficacité pédagogique. Elle y contribue : mais le respect et l'estime mutuels ne sont pas réservés à l'entre-soi des classes populaires.

L'origine sociale du maître ne paraît donc pas de nature, au bout du compte, à exercer *par elle-même* une influence univoque sur l'efficacité de l'action scolaire. Il est d'ailleurs frappant que la proportion des enseignants du secondaire peu ambitieux à l'égard des élèves d'origine populaire (déclarant que, face à une classe « difficile », ils suppriment du programme les questions difficiles) est strictement indépendante de leur origine sociale...[5] Pourtant cette dernière mérite d'être prise en considération. Mais comme une condition, et une condition seulement, d'une expérience biographique totale qui a nourri la personnalité des futurs enseignants, au cours de laquelle ils ont noué des rapports déterminés avec les savoirs qu'ils auront à enseigner, et qui continuera à hanter leur comportement professionnel.

L'ADAPTATION AUX ÉLÈVES

La nature des publics enseignés est un premier facteur de variation du comportement des enseignants, qui pratiquent une pédagogie spontanément différenciée. Ils sont enclins à adapter leur enseignement aux élèves qu'ils ont en face d'eux, ou tout du moins à ce qu'ils attendent de ce type d'élèves. Cette propension à s'adapter au public a pu être mise en évidence dans des situations expérimentales, où les enseignants enquêtés se voient désigner, de façon parfaitement aléatoire, qui sont les « bons » et les « mauvais » élèves parmi ceux auxquels ils sont chargés de transmettre une connaissance assez simple. Les résultats, très marqués, sont assez surprenants : le savoir enseigné, et de fait le savoir effectivement transmis, est nettement plus important avec les élèves qui leur ont été désignés comme « bons ».

L'attente de ressources intellectuelles moindres chez les élèves conduit donc beaucoup d'enseignants à une adaptation « par le bas ». En situation réelle, cette propension peut se donner libre cours là où les élèves sont regroupés en fonction de leur valeur scolaire, et donc, tendanciellement, de leur origine sociale : qu'il s'agisse d'une ségrégation entre établissements « bourgeois » et « populaires », ou de la pratique des « classes de niveau ». Comme cela a été démontré aussi bien en France, aux États-Unis qu'en Grande-Bretagne, la répartition des élèves en classes de niveau (qui représentent au moins une classe de collège sur deux, en France) pénalise assez systématiquement les élèves les plus faibles, contribuant ainsi à la production des

5. Source : enquête Métier enseignant, DEP/ministère de l'Éducation nationale,1996.

inégalités scolaires. Or il semble avéré que la tendance des enseignants à adapter leur pédagogie aux classes faibles constitue le facteur principal de ce phénomène.

Dans une enquête nationale de 1995, une forte majorité (70 %) de professeurs du secondaire indiquent qu'avec une classe faible ils ne s'attendent pas à pouvoir traiter tout le programme, et, plus significatif encore, qu'enseigner dans une classe difficile les amène à remettre en cause les contenus de la discipline.[6] Ils déplorent, certes, qu'il en soit ainsi : mais le constat incontournable que les élèves progressent davantage dans une classe hétérogène atteste qu'il pourrait en aller autrement.

L'observation directe des pratiques enseignantes confirme leur variabilité en fonction du public. Celle-ci porte sur les objectifs qui, dans les classes faibles, sont réduits au strict minimum (préparer au plus juste à l'examen, le cas échéant). Elle concerne aussi les méthodes : avec des élèves jugés faibles, on aura tendance à illustrer plus qu'à démontrer, à prendre des exemples plutôt qu'à définir des concepts. Des années 1950 à aujourd'hui, aux États-Unis, en France et en Grande-Bretagne, les observations en salle de classe ont toujours conduit aux mêmes conclusions : face à des élèves réputés faibles, les contenus de savoir à enseigner sont jugés trop ambitieux, trop intellectuels, trop abstraits ou trop arides, et l'on préfère penser qu'ils comprendront mieux avec des exemples. Ces mêmes comportements s'observent au lycée, au collège, jusqu'en primaire… et même à la maternelle. Fait remarquable : ici, les enseignant(e)s ne disposent pas d'informations « objectives » sur la valeur scolaire de leurs élèves, et c'est bien, le cas échéant, en raison de leur appartenance populaire qu'ils sont identifiés comme des élèves « faibles ». Voilà qui est certainement révélateur de la force de l'identification spontanée, aux autres niveaux du système tout aussi bien, entre position sociale et ressources intellectuelles, entre élèves faibles et élèves d'origine populaire. Et qui atteste qu'en modérant leurs ambitions éducatives à l'égard de ces derniers, la majorité des enseignants ne *réagissent* pas au

6. Pierre Périer, « Enseigner dans les collèges et les lycées », *Les Dossiers d'Éducation et formations*, n° 61, 1996.

constat d'une difficulté à l'abstraction et au raisonnement logique qui leur serait propre, mais ils l'*anticipent*.

Une minorité d'entre eux, attachés à la qualité des savoirs qu'ils transmettent, résistent à la tentation de l'adaptation par le bas. Face à des élèves en difficulté, ils insistent sur les points difficiles du programme, ils ne cherchent pas à les éviter : c'est à eux que sont dus les effets-maîtres.

À L'ÉCOLE PRIMAIRE

Dans l'enseignement élémentaire, en France, la logique d'adaptation à la difficulté intellectuelle présumée est d'abord le fait des dispositifs de scolarisation eux-mêmes. Le souci de la réussite du plus grand nombre a présidé à leur remodelage de ces dernières décennies, et à la généralisation de pédagogies douces, concrètes et ludiques (chapitre I).

Le succès historique rapide de ces dispositifs, le peu d'interrogations que soulève leur faible efficacité, alors même que celle-ci est désormais bien avérée, de façon générale cette sorte de tabou qui rend politiquement extrêmement incorrecte la moindre suggestion d'examen critique concernant l'enseignement élémentaire ont de quoi surprendre.[7] La conviction des experts qui ont conçu ces dispositifs, la détermination de l'inspection à les faire appliquer, la contribution des IUFM à leur mise en œuvre ne sauraient épuiser l'explication. Il faut sans doute considérer, d'abord, que les professeurs des écoles ne sont pas dans un rapport au savoir comparable à celui de leurs collègues du secondaire ou du supérieur (chapitre II). Ces derniers se sont passionnés pour

7. Que, par exemple, la « conférence de consensus » sur la lecture, réunie début 2004 par Claude Thélot, ait unanimement confirmé la pertinence de la méthode mixte utilisée aujourd'hui par l'immense majorité des instituteurs, alors qu'elle laisse sur le bord du chemin quelque 15 % d'illettrés, et une majorité d'élèves dont le rapport lettré à la langue est si mal formé qu'il handicape l'ensemble de leur parcours scolaire, laisse pantois... L'épreuve des faits a-t-elle donc si peu de force de conviction ? Ce qui est mesuré par la statistique, à savoir que 90 % des élèves qui lisent mal à la fin du CP sont en difficulté scolaire à la fin de l'école primaire (*cf.* Clermont Gautier *et alii*, *Interventions pédagogiques efficaces et réussite scolaire des élèves...*, *op. cit.*), est-il donc si inaccessible à l'intuition ordinaire ?

leur discipline, et sont enclins à transmettre les connaissances et à reproduire les procédures pédagogiques qu'ils ont appréciées en tant qu'élèves ou étudiants. Ayant pour leur part, et comme tout un chacun, des souvenirs beaucoup moins précis des premiers apprentissages, les maîtres des écoles ont moins de certitudes, et sont plus dépendants des dispositifs de scolarisation qu'on leur demande de mettre en œuvre. En même temps, ils ont deux raisons très fortes de jouer le jeu des pédagogies actives. Parce qu'il s'agit à plus de 80 % de femmes, leur position dans les rapports de genre les dispose plus volontiers à intérioriser la logique de pédagogies maternantes et « invisibles » qu'à s'en tenir à des relations d'inculcation et d'autorité. Et parce que ces femmes sont de plus en plus souvent issues des classes moyennes salariées, elles souhaitent que l'école mette en œuvre la conception de l'enfant-sujet qu'elles placent au cœur de leur éthique parentale.[8]

L'adhésion de la masse des professeurs des écoles aux principes du constructivisme pédagogique confère une homogénéité d'ensemble à leurs pratiques. Pour autant, ces dernières sont très individualisées : dès lors qu'il ne s'agit plus de conduire des apprentissages mais de mettre en place des situations pédagogiques, et d'accompagner les « apprenants » dans la résolution de problèmes, il est inévitable que chaque enseignant conçoive ses propres séquences éducatives, et « bricole » dans son coin comme il peut.

8. Sur le libéralisme éducatif des classes moyennes, *cf.* Basil Bernstein, « Classe et pédagogies : visibles et invisibles », *in* Jérôme Deauvieau et Jean-Pierre Terrail (édité par), *Les Sociologues et la transmission des connaissances, op. cit.* L'identité des principes à l'œuvre dans le libéralisme éducatif et dans le constructivisme des pédagogies actives mérite d'être soulignée. C'est à Jean-Jacques Rousseau, le père de toutes les pédagogies nouvelles, qu'on doit la première explicitation d'une éthique éducative qui conjugue liberté et contrôle, un contrôle qui confine à la manipulation. La souveraineté de l'enfant-sujet apparaît ici en effet singulièrement limitée. « Qu'il croie toujours être le maître, recommandait le bon Jean-Jacques, et que ce soit toujours vous qui le soyez. Il n'y a point d'assujettissement si parfait que celui qui garde l'apparence de la liberté », *Émile ou De l'éducation*, Éditions Garnier, Paris, 1964, p. 121. La pédagogie constructiviste trouve son fondement dans cette perspective manipulatoire : « Qu'il ne sache rien parce que vous le lui avez dit, mais parce qu'il l'a compris lui-même ; qu'il n'apprenne pas la science, qu'il l'invente », *ibidem*, p. 186.

L'incertitude professionnelle est ici particulièrement élevée. Encore peu nombreuses, les observations que l'on peut mener dans les classes et les entretiens avec les maîtres révèlent la force de leur propension à « psychologiser » la difficulté intellectuelle. Cette propension témoigne certes d'une grande humanité, mais indique aussi une tendance à méconnaître la spécificité des processus cognitifs, à ne pas interroger ces processus pour ce qu'ils sont, en identifiant trop vite et trop systématiquement la difficulté intellectuelle à une difficulté affective, les élèves en difficulté à des enfants en difficulté.

S'il y a un principe de variation des pratiques des enseignants du primaire, il est sans doute là, dans le degré d'acceptation ou de refus du psychologisme qui a envahi l'école élémentaire, et dans le degré inverse d'abandon ou de préservation d'objectifs ambitieux en matière de transmission des connaissances. Les maîtres qui pensent que leur mission n'est pas de motiver les élèves pour qu'ils apprennent, mais de leur permettre d'apprendre parce que seule la réussite des apprentissages évitera qu'ils se découragent, sont vraisemblablement minoritaires.[9] Certains parmi eux, constatant les limites de l'efficacité des dispositifs de scolarisation en vigueur, s'efforcent aujourd'hui d'en tirer les conséquences. Ils sont alors amenés à adopter des systèmes d'apprentissage « non officiels ».[10]

Dans l'enseignement secondaire

L'impact du constructivisme des pédagogies actives a été moindre sur le secondaire que sur le primaire. Son influence a revêtu des formes variables d'une discipline à l'autre, là aussi sans effet sur la réduction des inégalités scolaires.

9. La statistique leur donne pourtant raison : les dispositifs pédagogiques les plus efficaces dans la transmission des connaissances obtiennent de meilleurs résultats « psychologiques » (en matière d'image et d'estime de soi) que les dispositifs spécifiquement centrés sur la restauration de la confiance en soi, la sécurité affective des élèves, etc. *Cf.* Clermont Gautier *et alii*, *Interventions pédagogiques efficaces et réussite scolaire des élèves...*, *op. cit.*

10. *Cf.*, par exemple, Rachel Boutonnet, *Journal d'une institutrice clandestine*, Ramsey, Paris, 2003, ou Marc Le Bris, *Et vos enfants ne sauront pas lire ni compter*, Stock, Paris, 2004.

Ainsi du cas du « cours dialogué », dont le principe est fortement recommandé dans les IUFM, tout particulièrement à l'intention des classes « faibles », qui ne supporteraient pas un enseignement plus traditionnel. Il s'agit de « mettre les élèves en activité » en suscitant autour du thème du cours une discussion à travers laquelle les élèves, partant de leur expérience familière, sont censés « construire » les savoirs à acquérir. Le paradoxe de la mise en œuvre de la consigne, telle que nous avons pu l'observer dans l'enseignement des sciences économiques et sociales[11], est que le cours dialogué fait l'objet d'une véritable résistance de la part des élèves d'origine populaire, ceux précisément avec lesquels il devrait être réellement opératoire. Dans les « bonnes classes », de fait, les élèves peuvent suivre la discussion en temps réel, ils saisissent les intentions du prof et peuvent intervenir à bon escient. Les élèves en difficulté, par contre, n'ont pas les moyens d'anticiper ces intentions, ils n'ont pas la maîtrise minimale du champ qui leur permettrait de formuler leur pensée de façon un peu assurée, et ils préféreraient un cours qui leur fournirait ces réquisits élémentaires. Quand, à force d'insistance, ils acceptent de prendre la parole, ayant le plus grand mal à distinguer l'essentiel de l'accessoire, ils alimentent de bric et de broc une discussion qui part dans tous les sens. Confronté aux détails et aléas d'une expérience vécue dont il ne peut guère récuser une évocation qu'il a lui-même sollicitée, l'enseignant maîtrisera difficilement l'interaction pour la guider vers le but visé. Lorsque, dans la dernière partie du cours, il présente en quelques phrases dictées la substance des notions et raisonnements à retenir, ceux-ci n'ont pas grand-chose à voir avec la discussion qui était pourtant censée y conduire naturellement ; et le temps qui leur est consacré est bien trop court pour que cette conclusion puisse être véritablement assimilée.

Les enseignants du secondaire n'ont pas une pratique uniforme de ces pédagogies « invisibles ». De façon générale, ils se différencient assez nettement sur trois grands

11. *Cf.* Jérôme Deauvieau, *Enseigner dans le secondaire. Les nouveaux professeurs face aux difficultés du métier*, La Dispute, Paris, à paraître.

registres : le rapport à la politique scolaire, la définition du métier dans un contexte de montée de la difficulté scolaire, les manières de prendre en charge, dans l'activité même d'enseignement, cette difficulté scolaire.

Le rapport à la politique scolaire oppose les partisans d'une scolarité longue pour tous, défendant l'idée d'un collège unique, à ceux qui souhaitent revenir à une orientation plus précoce et différenciée des élèves. La définition du métier oppose, quant à elle, les enseignants « mobilisés », pour qui l'enseignement aujourd'hui dans les classes difficiles amène à repenser les contenus de la discipline et à compléter leur formation pédagogique, à ceux pour qui le métier enseignant n'implique pas une mobilisation particulière face à la difficulté scolaire.

Ces deux premiers registres sont associés : les enseignants favorables à la massification scolaire le sont également plus souvent à la mobilisation professionnelle. Dans un cas comme dans l'autre en effet, le même facteur explicatif : le positionnement politique est à l'œuvre, loin devant les caractéristiques individuelles (sexe, âge, discipline) ou les conditions d'exercice concrètes du métier. Se déclarer politiquement à gauche conduit à adopter plus fréquemment une posture professionnelle « mobilisée », et encore plus nettement à défendre le principe d'une scolarité longue pour tous.[12] L'articulation de ces deux premiers registres dessine un clivage connu et bien ancré dans le corps enseignant : l'opposition entre « novateurs » et « traditionnels » en matière de pédagogie, et l'opposition entre « conservateurs » et « progressistes » en matière d'allongement des scolarités sont au moins aussi anciennes que le processus de massification scolaire lui-même.[13] Néanmoins, ces oppositions s'aiguisent aujourd'hui au moment où la remise en

12. Ainsi, les enseignants se déclarant politiquement à gauche sont 70 % à défendre le principe de l'allongement des scolarités pour moins de 50 % des autres enseignants ; et 60 % de ceux qui défendent le principe de l'allongement des scolarités se déclarent « mobilisés » face à la difficulté scolaire pour 40 % des enseignants qui ne défendent pas ce principe. Source : enquête Métier enseignant, enquête citée.

13. *Cf.*, sur ce sujet, Jean-Michel Chapoulie, *Les Professeurs de l'enseignement secondaire. Un métier des classes moyennes*, Éditions de la Maison des sciences de l'homme, Paris, 1987, ainsi que les différentes

cause du processus historique d'allongement des scolarités est clairement d'actualité.

Les liens sont moins évidents entre ces deux registres et la pratique effective du métier. Dans les établissements les plus populaires, deux « philosophies » du traitement de la difficulté scolaire sont particulièrement prégnantes. On peut les caractériser de manière idéale-typique de la façon suivante : d'un côté les enseignants qui, dans les classes de faible niveau scolaire, cherchent malgré tout à traiter les points essentiels du programme, qui pensent que les élèves de ces classes se caractérisent avant tout par le fait qu'ils ne comprennent pas leur discipline, et qui pour les « motiver » parient sur le plaisir intellectuel ; de l'autre ceux qui dans ces mêmes classes difficiles déclarent supprimer les questions difficiles du programme, qui tendent à y être moins exigeants que dans les classes de meilleur niveau scolaire, et qui pour motiver les élèves essaient de mettre en place des situations d'enseignement « attractives » ou « ludiques ».

Ces deux « philosophies » traduisent des pratiques du métier très divergentes, ne laissant pas la même prise au processus d'adaptation aux élèves « par le bas » évoqué précédemment. Elles ne peuvent être directement assimilées, pour autant, à des différenciations éthico-politiques. Les enseignants « démocrates » ne sont pas tous, dans la pratique, porteurs de fortes exigences intellectuelles avec les classes de faible niveau scolaire. Et les enseignants mobilisés peuvent adopter, face aux classes faibles, une posture « exigeante » mais aussi une posture « d'adaptation ».

Cette relative indépendance de l'orientation éthico-politique et de la pratique du métier s'éclaire lorsqu'on interroge ce qui détermine cette dernière. Enseigner aujourd'hui, surtout dans les établissements populaires, confronte à une incertitude forte dans la gestion de l'interaction cognitive. Les enseignants eux-mêmes déclarent en majorité ne pas maîtriser les dimensions les plus structurantes de cette dernière, qu'il s'agisse de la manière de gérer le groupe-

(*Suite de la note 13 de la page 67)* typologies enseignantes élaborées dans les années 1970 et 1980, reprises et commentées par Jaques Hedoux, « Les enseignants du second degré en France : études typologiques », *Recherche et formation*, n° 4, 1988.

classe ou encore de repérer et traiter la difficulté cognitive. Dans ces conditions, les pratiques ne sauraient être l'application d'une visée explicite de démocratisation scolaire : elles dépendent, en réalité, des ressources proprement cognitives que les enseignants peuvent mobiliser en situation. C'est ce que confirme l'observation des enseignants entrant dans le métier. Leurs pratiques d'enseignement se différencient dès le départ, et ces différenciations tiennent aux variations du rapport qu'ils entretiennent avec les savoirs savants, et non à leur orientation politique, ni même à leur opinion pédagogique déclarée.[14] Leur rapport à leur discipline d'enseignement est en effet la seule ressource qu'ils peuvent mobiliser à l'entrée dans le métier pour faire face aux incertitudes de la gestion d'une classe. Et à cet égard un rapport fort à leur discipline constitue bien le meilleur rempart contre la tendance à l'adaptation par le bas aux difficultés d'apprentissage des élèves.

Les pratiques efficaces

« Qu'il n'apprenne pas la science, qu'il l'invente » : à l'épreuve de la pratique, la pédagogie invisible et constructiviste telle que la rêvait Jean-Jacques Rousseau s'est avérée le type même de la fausse bonne idée. Sans doute parce qu'elle se contente de prendre le contre-pied d'une pédagogie strictement magistrale, qui inculquerait plutôt qu'elle ne transmettrait des savoirs à des élèves réduits à l'obéissance passive. En oubliant que penser l'élève comme sujet actif de ses apprentissages est une chose, l'obliger à réinventer des savoirs dont l'élaboration historique a pris des millénaires en est une autre. Entre l'intériorisation (supposée) purement mécanique des connaissances et la « construction » des savoirs, il y a place pour une activité intelligente et efficace de l'élève, pour peu qu'il dispose des moyens intellectuels réels de ses apprentissages. Ce « pour peu » exige de l'enseignant qu'il satisfasse à trois réquisits élémentaires : qu'il s'assure des connaissances de l'élève ; qu'à partir d'elles il conçoive la séquence des connaissances à transmettre, en formulant les contenus de savoirs de façon

14. *Cf.* Jérôme Deauvieau, *Enseigner dans le secondaire…*, *op. cit.*

précise et clairement articulée ; qu'il s'assure de leur appropriation effective.

Cette posture pédagogique associe l'activité de l'élève (invité à exercer ses capacités d'abstraction et de raisonnement sur les schèmes idéels que lui soumet le maître) à l'explicitation des contenus par l'enseignant. Elle se démarque résolument, en cela, des formes rusées et implicites de transmission prônées par les pédagogies invisibles. L'efficacité supérieure des pédagogies explicites est plus que démontrée par les nombreuses enquêtes concernant les « effets-maîtres ». La plus lourde a consisté à suivre, pendant 10 ans (1967-1976), 70 000 élèves de 180 écoles américaines. Elle a montré la supériorité sur le plan cognitif comme sur le plan de la motivation de la méthode dite de « direct instruction », une pédagogie préoccupée de l'enseignement plus que de la psychologie des élèves, fortement structurée, et mettant l'accent sur l'acquisition des matières de base : les élèves des milieux défavorisés qui en bénéficient obtiennent des résultats conformes à la moyenne nationale (et non pas nettement inférieurs, comme ce à quoi on aurait pu s'attendre). Depuis lors, toutes les recherches et toutes les expérimentations ont systématiquement confirmé la bien plus grande efficacité, notamment avec les élèves en difficulté, des enseignements dont la conduite est clairement assumée par le maître et dont les contenus sont clairement explicités.[15]

Dans l'enseignement primaire, le choix d'un enseignement explicite impliquerait que l'apprentissage des mathématiques introduise réellement aux idéalités mathématiques, que celui du lire-écrire soit centré sur la transmission systématique des codes de la langue écrite, impliquerait donc le bannissement de la lecture-devinette et un véritable enseignement de la grammaire, etc. Un tel choix autrement dit ne supposerait pas seulement une transformation

15. *Cf.* Clermont Gautier *et alii*, *Interventions pédagogiques efficaces et réussite scolaire des élèves*..., *op. cit.* Pour la France, la recherche de Viviane Isambert-Jamati et Françoise Grospiron, « Types de pédagogie du français et différenciation sociale des résultats », *in* Jérôme Deauvieau et Jean-Pierre Terrail (sous la direction de), *Les Sociologues et la transmission des connaissances*, *op. cit.*, aboutit à des résultats identiques.

des pratiques des maîtres, mais d'abord une modification des dispositifs de scolarisation eux-mêmes.[16]

Dans le primaire comme dans le secondaire, l'adoption d'une pédagogie explicite éloigne à la fois du cours dialogué et d'une pédagogie magistrale qui alternerait l'exposé du maître et les exercices d'application. Dans ce dernier cas la communication pédagogique va dans un seul sens, alors que l'enseignement explicite place *l'échange avec l'élève* au cœur de sa démarche ; car seul l'échange permet de mesurer ses connaissances, d'identifier la nature de ses difficultés, d'interroger la logique de ses erreurs, de s'assurer de la bonne intégration des savoirs transmis.[17] C'est dans la mesure où elle peut favoriser l'échange, et dans cette mesure seulement, que la réduction du nombre d'élèves par classe présenterait un réel intérêt pédagogique.[18]

16. *Cf.* ci-dessous, chapitres X à XII.

17. Il faut y insister, sachant combien s'est imposée aujourd'hui l'identification entre pédagogie explicite et passivité de l'élève (et à l'inverse entre pédagogie invisible et mise en activité de l'élève) : la transmission des connaissances suppose une activité de l'élève, mais une activité intelligente, réfléchie, adéquate à la nature des savoirs à transmettre, une activité nécessairement instruite donc. La manipulation d'objets, la verbalisation de situations ou d'expériences, la résolution de problèmes pratiques ou théoriques, la construction de dispositifs matériels ou l'expérimentation de processus physiques sont des procédés pédagogiques qui mettent les élèves en activité, mais pas forcément en activité intellectuelle signifiante eu égard aux apprentissages à réaliser. Ce que montre d'ailleurs l'observation *in situ* des pratiques enseignantes, c'est que ces procédés absorbent bien souvent l'attention des maîtres, et du même coup celle des élèves, au détriment des savoirs dont ils sont censés favoriser la transmission (et à l'égard desquels, de toutes façons, ils sont loin d'être toujours pertinents). La préoccupation centrale de la pédagogie explicite, pour sa part, n'est pas de mettre en activité pour mettre en activité, mais de s'assurer que les élèves disposent des moyens d'une activité intellectuelle qui fasse sens et permette effectivement les apprentissages. S'agissant d'une activité *intellectuelle*, ces moyens sont nécessairement des moyens *langagiers* : ce point assuré, rien ne s'oppose bien sûr à ce que la conduite des apprentissages, de façon réfléchie et adéquate à la nature des savoirs à transmettre, mobilise le sensible, le faire et l'expérimenter (on pourra se reporter pour un développement de ces remarques aux travaux de Stella Baruk ou de Jean-Pierre Terrail).

18. Certaines recherches montrent qu'une telle réduction n'est efficace, précisément, que lorsque les enseignants concernés pratiquent une pédagogie explicite, *cf.* Clermont Gautier *et alii*, *Interventions pédagogiques efficaces et réussite scolaire des élèves...*, *op. cit.*

CHAPITRE IV

COMPÉTITION SOCIALE ET MARCHÉ SCOLAIRE

Si l'école unique semble promettre à tous une chance égale de réussite, ce n'est jamais qu'une promesse non tenue. Des processus objectifs font obstacle à la réalisation du principe de l'égalité des chances, des logiques différencient les parcours et les valeurs des diplômes. Derrière l'augmentation des effectifs scolaires et l'élévation moyenne des niveaux de certification, les inégalités concrètes des filières, des sections, des classes et, de plus en plus, des établissements contribuent à opérer à l'intérieur des systèmes éducatifs massifiés une sélection sociale efficace. Le tri ne se fait plus seulement entre ceux qui sont dedans et ceux qui sont dehors, il s'effectue à l'intérieur de l'école par un jeu de plus en plus fin d'orientations non voulues ou de choix stratégiques dont les gagnants sont ceux qui disposent des atouts les plus efficaces pour choisir les meilleures voies et les meilleurs établissements. C'est dans le contexte d'une compétition de plus en plus intense entre groupes sociaux que la reproduction sociale dans le cadre de l'école dite unique passe de plus en plus par une logique de marché scolaire qui fait jouer non seulement les atouts culturels et sociaux des familles mais également les capitaux économiques à travers les capacités de résidence dans les « beaux quartiers ». L'expression de marché scolaire, il est utile de le préciser, traduit l'existence d'une situation dans laquelle l'affectation des élèves dans les établissements scolaires s'exerce selon des mécanismes assimilables jusqu'à un certain point au jeu économique de l'offre et de la demande mettant en concurrence des entités de production en face d'unités de consommation en compétition pour l'obtention de biens privés.

L'existence d'un tel marché scolaire, la question de sa légitimité, et surtout la mise en œuvre de politiques qui le favorisent font l'objet d'un véritable « mur du silence » entretenu par le discours officiel de l'institution[1], malgré l'existence de travaux pionniers et la perception sociale désormais plus vive de ces phénomènes. La dégradation de la situation pédagogique dans les établissements les plus ségrégués ont fini par attirer l'attention des médias et déclencher des conflits locaux ou nationaux de plus en plus nombreux, mobilisant enseignants, parents et élèves. Cette ségrégation et ses effets concrets sont d'ailleurs pour une part à l'origine de la perte de confiance dans la viabilité d'une école unique pour tous. Les luttes enseignantes dans le département de Seine-Saint-Denis en 1998, dans les départements du Gard et de l'Hérault en 2000, puis les grandes grèves et manifestations du printemps 2003 et encore celles de 2005 contre la loi Fillon, ont pour partie constitué des réponses collectives à cette situation lorsqu'elles ont mis en avant la défense des idéaux égalitaires de l'école (droit à l'éducation pour tous, exigence de l'égalité territoriale) et le refus de la privatisation de l'enseignement et de l'imitation de l'entreprise. La critique de l'inégalité des conditions d'enseignement entre établissements et entre lieux de résidence a été aussi une des dimensions des mobilisations lycéennes de 1999 et de 2005.

1. Agnès van Zanten, « Un libéralisme éducatif sans frontières ? », *in* Agnès van Zanten (sous la direction de), *L'École. L'état des savoirs*, La Découverte, Paris, 2000, p. 359.

Parallèlement, le travail d'enquête et les publications de chercheurs, d'associations altermondialistes, de syndicats et de partis opposés aux politiques néolibérales ont permis de faire plus largement connaître, en particulier au sein du monde enseignant, les principaux concepteurs et acteurs des politiques éducatives libérales dans le monde ainsi que les vecteurs et les modalités de leur application dans les différents cadres nationaux. On sait mieux maintenant comment l'Organisation mondiale du commerce, l'OCDE, la Banque mondiale ou la Commission européenne, chacune avec des accents particuliers, poussent de façon plus ou moins ouverte à la création d'un grand marché éducatif mondial et à diverses formes de privatisation des « services éducatifs ». En face, le refus d'une « éducation de marché », d'une *market-driven school*, s'est progressivement affirmé et a donné le ton aux expressions de la mobilisation collective autour de l'école depuis plusieurs années.

« Marchandisation de l'éducation » ?

Une précision conceptuelle s'impose. La « marchandisation de l'école » est un terme de plus en plus utilisé par les associations altermondialistes et certains syndicats enseignants, étudiants et lycéens pour désigner un processus global de pénétration de logiques marchandes dans l'éducation. Pour éviter un propos trop général, il convient de distinguer trois dimensions :

— La marchandisation de l'espace scolaire, qui se traduit par la présence dans les écoles d'actions de promotion publicitaire et de vente de produits divers, par la sponsorisation d'activités éducatives, par « l'externalisation » de services auxiliaires (entretien, cantine) vers des entreprises privées.

— La marchandisation des prestations éducatives qui concerne tous les modes par lesquels il est possible de transformer l'éducation en un service payant : enseignement privé financé par les familles et les étudiants, augmentation des droits d'inscription dans les établissements publics, développement d'un marché du soutien scolaire, essor des produits éducatifs et parascolaires ou enseignement à distance « à péage ».

— La mise en marché du dispositif institutionnel d'enseignement, que l'on peut appeler aussi « marchéisation » pour traduire le mot anglais de *marketization*. Le phénomène est souvent assimilé au « consumérisme scolaire », qui est l'autre versant du processus : la compétition entre établissements d'un même lieu ou d'une même spécialité de formation fait système avec les comportements des familles en quête de la meilleure école. Cette mise en marché revient à construire des situations institutionnelles telles que le pouvoir de sanction sur la qualité du service soit dévolu (en théorie du moins) à un consommateur souverain ou à son équivalent. L'existence d'un tel consommateur libre d'arbitrer entre plusieurs producteurs indépendants est la fiction régulatrice qui guide une telle politique. Cette dernière s'accompagne d'une imitation de l'entreprise, de l'introduction de flexibilité dans la gestion des personnels, du renforcement du pouvoir du « manager », de la subordination accrue et de la perte d'autonomie professionnelle des enseignants.

Entre ces trois dimensions de la « marchandisation » de l'école, il existe des rapports qui tiennent à la façon dont l'éducation et la formation sont conçues et à la fonction qu'on leur assigne dans une société dont le centre de gravité est l'accumulation du capital par les entreprises privées. Le double principe auquel cette éducation de marché obéit consiste à satisfaire un individu désireux d'accumuler un capital humain en vue d'un rendement professionnel et financier donné pour seul horizon de la motivation scolaire, et à fournir aux entreprises les « compétences » nécessaires à leur compétitivité sur des marchés de plus en plus ouverts.[2]

Le libéralisme scolaire, loin de se réduire à une idéologie, qui plus est « importée » ou « imposée » de l'extérieur, est constitué par un ensemble relativement cohérent de pratiques sociales et de dispositions institutionnelles dont

2. *Cf.* Christian Laval, *L'école n'est pas une entreprise*, La Découverte/Poche, Paris, réédition 2004.

le principe commun consiste à laisser jouer dans la régulation du système éducatif des logiques assimilables à celles d'un marché. C'est sous ce dernier angle que dans la suite nous aborderons les mutations marchandes des dispositifs scolaires en France.

L'IMPORTANCE DU « MARCHÉ SCOLAIRE » ET SES CONSÉQUENCES

La dynamique actuelle du marché scolaire doit être rapportée à l'évolution des formes et à l'intensification de la compétition scolaire entre les groupes sociaux. Avec la scolarisation secondaire de masse, de nouvelles différenciations sont apparues entre types d'établissement, entre filières et séries, entre classes à l'intérieur d'un même établissement. Quand la poursuite d'études se généralise, l'enjeu est de décrocher le titre le plus valorisé. La hiérarchie des formations interne au système éducatif se traduit par une différenciation sociale des filières qui a conduit à parler de « démocratisation ségrégative ».[3] Un mode complémentaire de différenciation tient aux écarts de prestige des établissements, lequel est fortement corrélé à leur recrutement social et ethnique. La composition sociale des établissements devient un critère de perception et de choix de plus en plus déterminant pour les familles et un facteur différenciateur dans les résultats et les scolarités des élèves. Le système scolaire est ainsi de plus en plus marqué par la ségrégation résidentielle comme par des pratiques de choix des familles et les stratégies de diversification de « l'offre » pédagogique par les établissements. Certains d'entre eux scolarisent ainsi une part nettement supérieure à la représentation moyenne des élèves issus de milieu populaire et/ou d'origine étrangère.[4]

3. *Cf.* Pierre Merle, *La Démocratisation de l'enseignement*, Paris, La Découverte, 2002.

4. *Cf.* Dominique Trancart, « L'évolution des disparités entre collèges publics », *Revue française de pédagogie*, n° 124, 1998, p. 43-54, et Edmond Préteceille, « Lieu de résidence et ségrégation sociale », *Cahiers français*, n° 314, 2001, p. 64-70.

Des études de plus en plus nombreuses sur la polarisation sociale et ethnique des établissements fournies par la recherche sociologique ou l'enquête administrative confirment l'importance prise par ces phénomènes, spécialement dans les grandes villes où jouent des logiques d'interdépendances concurrentielles entre établissements, logiques qui sont, par définition, moins présentes dans les zones rurales ou dans les plus petites agglomérations.[5] L'arbitrage effectif entre établissements a pour double condition la perception par les familles de la différence de « qualité sociale » des établissements et les possibilités objectives de choix offertes par le système éducatif (gamme d'établissements, jeu plus ou moins facile des dérogations).[6]

En même temps, une ségrégation ethnique dans les établissements se développe, comme l'indiquent un certain nombre de travaux. L'enquête dirigée par Georges Felouzis dans l'académie de Bordeaux montre l'importance quantitative de la ségrégation selon l'origine culturelle et ethnique évaluée par le prénom des jeunes scolarisés dans les collèges.[7] Cette concentration d'élèves allochtones dans les mêmes établissements constitue désormais un trait particulièrement frappant du système éducatif français qui, de ce point de vue, se rapproche d'autres systèmes scolaires (Grande-Bretagne, États-Unis, Pays-Bas, Nouvelle-Zélande). Le phénomène donne naissance à des univers de scolarisation très contrastés, dans lesquels « les catégories ethniques s'imposent comme des catégories pratiques pour les élèves comme pour les enseignants »[8].

5. *Cf.* CERI (Centre pour la recherche et l'innovation dans l'enseignement), *L'École, une affaire de choix*, OCDE, Paris, 1994; Sylvain Broccholichi, Marie Duru-Bellat et Denis Meuret, *Autonomie et choix des établissements scolaires: finalités, modalités, effets*, Cahiers de l'IREDU, 2001.

6. *Cf.* Bruno Maresca, *Le Consumérisme scolaire et la ségrégation sociale dans les espaces résidentiels*, Credoc, Cahiers de recherche, n° 184, mars 2003.

7. Georges Felouzis, « La ségrégation ethnique au collège et ses conséquences », *Revue française de sociologie*, Ophrys, n° 44-3, 2003.

8. Joëlle Perroton, « Les dimensions ethniques de l'expérience scolaire », *L'Année sociologique*, volume 50/2000, n° 2, p. 438.

Ségrégation spatiale et ségrégation scolaire

La ségrégation scolaire dépend d'abord des différentes formes de ségrégation urbaine. Les différences de fréquentation scolaire, de *school mix* comme disent les Anglo-Saxons, existent d'abord parce que le prix d'entrée dans l'espace résidentiel est très variable. Le phénomène est particulièrement frappant dans les grandes agglomérations. L'existence de « secteurs » de scolarisation renforce la dimension de reflet sociologique du recrutement des établissements scolaires. La situation parisienne montre ainsi une forte disparité du recrutement selon les arrondissements. Si 16,5 % des collégiens parisiens scolarisés dans le secteur public sont issus d'un ménage ouvrier, ils sont 34,5 % dans ce cas dans le dixième arrondissement. Inversement, si 30 % d'entre eux viennent de catégories favorisées (cadres, ingénieurs, professeurs) dans l'académie de Paris, ils ne sont que 13,9 % dans cet arrondissement. Et encore cette comparaison est-elle grossière puisqu'elle ne fait pas la différence entre les établissements d'un même arrondissement.[9]

L'école subit les doubles processus opposés de gentrification et de prolétarisation des lieux de résidence.[10] L'enfermement des plus riches dans des quartiers réservés leur assure une protection maximale de « l'entre-soi ». Cet éloignement croissant des groupes plus favorisés des zones d'habitat populaire et leur concentration géographique entraînent un effet auto-entretenu et relativement autonome de polarisation sociale des établissements scolaires. Les stratégies résidentielles et les stratégies scolaires finissent en bien des cas par se confondre.[11] Le capital économique détenu par les familles reste ainsi un facteur indirect mais effectif de différenciation des scolarités. Mais

9. Rapport de l'IGEN et de l'IGAEN, *L'Évaluation de l'enseignement dans l'académie de Paris*, ministère de l'Éducation nationale, septembre 2004, p. 9.

10. *Cf.* Michel Pinçon et Monique Pinçon-Charlot, *Sociologie de la bourgeoisie*, La Découverte, Paris, 2003, et *Sociologie de Paris*, La Découverte, Paris, 2004.

11. Marco Oberti, « Ségrégation dans l'école et dans la ville », *Mouvements*, n° 5, 1999.

c'est la « ghettoïsation » des plus pauvres dans des zones ou des quartiers de relégation qui est la plus visible et la plus problématique scolairement.

Le système éducatif ne se contente pas de subir les inégalités socioéconomiques territoriales. La façon dont la carte scolaire est établie, les possibilités d'y déroger, la gamme de sections et d'options des établissements, la possibilité laissée aux lycées de choisir leurs élèves en fonction des demandes des familles et des dossiers d'élèves sont autant de leviers dont disposent les familles et les établissements pour renforcer le facteur déjà ségrégatif de la résidence. Le « consumérisme scolaire » est un facteur de plus en plus lourd dans les inégalités sociales de recrutement. Il favorise le secteur privé de l'enseignement mais également les établissements les plus bourgeois du secteur public. Si à Paris, plus de 50 % des élèves, collégiens et lycéens, sont issus des milieux plutôt favorisés (commerçants, chefs d'entreprises, cadres, ingénieurs et professeurs), ils sont plus nettement sur-représentés dans la population scolarisée dans le privé, avec près de 70 % des élèves issus de ces milieux contre environ 40 % dans le public.[12] Si le secteur privé permet d'échapper à la sectorisation, pratique particulièrement répandue parmi les professions libérales, les indépendants et les cadres du privé, les pratiques de contournement de la carte scolaire, difficiles à évaluer, concernent plutôt les cadres du public et les enseignants.

« L'entre-soi » des classes supérieures en matière éducative n'est pas nouveau. Le phénomène le plus récent est le durcissement des conduites de choix parmi les classes moyennes et l'extension à des catégories plus basses dans l'échelle sociale des conduites qui visent à éviter les « mauvaises fréquentations ».[13] Le renforcement des conduites de choix des familles est lié à la perception d'une inégalité de plus en plus grande des conditions d'apprentissage selon le public des établissements, dans une période de

12. Rapport de L'IGEN et de l'IGAEN, *L'Évaluation de l'enseignement dans l'académie de Paris*, *op. cit.*, p. 10.

13. *Cf.* Agnès van Zanten, *L'École de la périphérie*, Presses universitaires de France, Paris, 2001.

mobilisation croissante des familles en faveur de la réussite de leurs enfants et d'accentuation de la compétition.

Les effets auto-entretenus du contexte social

La logique du marché scolaire, en favorisant la « mise à part » des enfants des groupes les plus favorisés[14], leur permet de se retrouver dans des établissements souvent bien dotés en moyens matériels, riches en options, forts d'un personnel qualifié et expérimenté. Mais surtout, comme l'ont montré de nombreuses études anglo-saxonnes, c'est lorsque se retrouvent ensemble des élèves ayant un capital culturel et des normes de comportement les plus attendus et les plus valorisés par leurs enseignants que l'ambiance et les résultats sont les meilleurs. Les différences dans le climat des classes (intensité du travail, ambiance d'étude, discipline, importance de l'absentéisme), dans le niveau d'exigence et d'attention des professeurs, dans leur expérience, dans la qualité et la nature des « offres » scolaires, dans les degrés d'émulation entre élèves, dans la continuité culturelle entre la famille et l'école, dans le temps même consacré aux apprentissages, expliquent que « l'héritage culturel », loin de jouer isolément dans le cadre de chaque famille, est amplifié par un « effet de composition » du seul fait que les « héritiers » se retrouvent entre eux. À l'inverse, par la même logique de composition, le regroupement dans les mêmes lieux de scolarisation des jeunes de milieux socialement et culturellement défavorisés constitue souvent un facteur négatif pour leurs apprentissages scolaires.

Le phénomène est perçu, non sans amplification imaginaire, par les familles, les enseignants et les élèves eux-mêmes qui adaptent leur comportement à cette situation et la renforcent. Les familles, par exemple, jugent sans l'avouer toujours la « qualité éducative » d'un établissement à la « qualité sociale » de son public. Les commentaires des *news magazines* sur les collèges ou les lycées lors

14. *Cf.* CERI, *L'École, une affaire de choix*, *op. cit.*

de la publication des palmarès annuels des établissements sont éloquents à cet égard. Le renforcement des inégalités dépendantes du milieu familial par l'effet de composition sociale des publics scolaires renforce les comportements de fuite et accentue l'homogénéisation sociale des établissements qui sont les plus évités comme de ceux qui sont les plus souvent élus.[15] Les établissements scolaires sont conduits à réagir à la perte de leurs meilleurs élèves voire à la chute de leurs effectifs, surtout dans un contexte de baisse démographique, et sont amenés à se disputer la « clientèle la plus intéressante » en déployant un « marketing éducatif » (options cinéma ou arts, classes européennes, langues vivantes rares, classes scientifiques aménagées pour futurs élèves de classes préparatoires, etc.). La compétition qui s'installe est une logique qui pèse sur tous les acteurs : enseignants, parents, élèves, élus locaux. Les contraintes concurrentielles deviennent partie intégrante du dispositif de scolarisation et produisent des effets jusque dans les pratiques, les contenus, les rythmes scolaires, la quantité de devoirs à la maison, le type d'exercice, la vitesse plus ou moins soutenue des cours, la quantité et la qualité des interactions professeurs-élèves, l'attention portée aux difficultés.[16]

Deux conclusions s'imposent. Premièrement, les effets du *school mix* limitent sérieusement les prétentions de mesure de l'« efficacité » de l'établissement, du maître ou des différentes pratiques pédagogiques, en dehors du contexte social dans lequel se déroule la scolarisation.[17] L'idée selon laquelle « l'école peut faire la différence » indépendamment de l'origine sociale des élèves – idée avancée par le courant de recherche dit de la *school effectiveness* ou du *school improvment* sur lequel ont été fondées depuis au moins deux décennies les politiques éducatives de type

15. *Cf.* Marie Duru-Bellat, *Les Inégalités sociales à l'école, genèse et mythes*, Presses universitaires de France, Paris, 2002.

16. *Cf.*, sur ce point, Yves Careil, « Inégalités sociales et scolaires, une irrésistible spirale ? », *Nouveaux Regards*, n° 28, janvier-mars 2005.

17. *Cf.* Martin Thrupp, *Schools Making a Difference, Let's be Realistic*, Open University Press, Buckingham, 1999.

managérial – a provoqué une certaine cécité quant aux effets du recrutement social sur les résultats des élèves.

Deuxièmement, les choix des familles qui ont les moyens de choisir l'école de leurs enfants ne sont pas irrationnels sur le plan individuel à partir du moment où le contexte social de scolarisation constitue un facteur différenciateur effectif, en l'absence de politique scolaire capable de faire contrepoids.[18] Mais loin de conduire par une main invisible à un optimum social, la logique du marché scolaire conduit à une situation de plus en plus éloignée de l'égalité des conditions concrètes d'apprentissage.

Politiques éducatives et marché scolaire

Il y a des correspondances étroites entre l'essor des stratégies de choix des familles et certaines transformations organisationnelles, idéologiques, pédagogiques de l'institution scolaire. Ces mêmes politiques et mutations institutionnelles sont inséparables de la grande vague néolibérale depuis les années 1980. Le néolibéralisme vise à une transformation globale de la société dont le fonctionnement devrait être assuré par un ensemble de contrats entre individus cherchant à satisfaire leurs intérêts individuels. Cette doctrine ne délaisse pas l'enseignement. Dès les années 1950, des économistes, dont le plus connu est Milton Friedman, ont appelé à la mise en place de politiques scolaires fondées sur la liberté de création d'écoles et sur le libre choix des familles grâce au « chèque éducation » (*voucher*). Ces solutions « pro-marché » ont été présentées comme des remèdes universels. Dans les pays anglo-saxons, en pointe dans ce domaine, mais aussi en Amérique du Sud, dans les pays de l'Est européen, en Afrique et en Asie, le modèle du marché scolaire s'est depuis répandu. Les grandes organisations internationales comme l'OCDE, la Banque mondiale, l'OMC, sans parler de la Commission européenne, ont été des lieux d'élaboration et des vecteurs des nouvelles conceptions.

18. Selon l'importance des ressources économiques et culturelles, la possibilité même pour les familles de faire des choix est inégale. *Cf.* Sharon Gewirtz, Stephen J. Ball et Richard Bowe, *Markets, Choice and Equity in Education*, Open University Press, Buckingham, 1995.

Même les pays les plus réticents à ce modèle libéral, même des forces gouvernementales officiellement de gauche, ont été profondément marqués par ce nouveau régime d'évidence.

Selon la doctrine libérale, l'intervention de l'État est jugée intrinsèquement inefficace à moins d'y introduire des mécanismes de concurrence et de contrôle plus étroit sur les agents. Cette critique est censée valoir pour tous les domaines, l'enseignement compris.[19] Considéré comme une production de capital humain, ce dernier ne doit plus être un service principalement fourni par des administrations étatiques mais par des « entreprises éducatives » qui doivent répondre aux demandes des individus et, *in fine*, aux besoins économiques des autres entreprises. L'investissement dans l'éducation tend à n'avoir de sens que dans un objectif de rentabilité, l'État ne devant contribuer qu'en fonction du montant estimé de « rendement social » de l'investissement éducatif.

Ces politiques d'inspiration libérale sont plus ou moins radicales. Ainsi, en matière de commerce international des services éducatifs, devrait-on distinguer les partisans du libre-échange intégral tel qu'il est promu par l'Organisation mondiale du commerce, partisans qui n'ont pas hésité avec l'Accord général sur le commerce des services (AGCS) en 1995 à ranger les services éducatifs dans le champ possible d'application des principes de dérégulation commerciale, et les tenants européens d'une libéralisation effective des services éducatifs mais plus progressive et plus prudente. L'idéologie ultralibérale en matière éducative a trouvé en France quelques échos politiques explicites, mais elle a surtout renforcé un « air du temps » favorable au marché, à la liberté du consommateur, à l'individualisme, au culte de la performance. Les gouvernements socialistes français et européens, pas moins que les gouvernements de droite, se sont progressivement imprégnés des conceptions managériales, compétitives, utilitaristes dont on peut trouver un résumé dans la définition de « l'espace européen de l'éduca-

19. *Cf.* John E. Chubb et Terry M. Moe, *Politics, Markets, and America's Schools*, The Brookings Institution, Washington DC, 1990.

tion et de la formation », partie intégrante de la Stratégie de Lisbonne définie au Conseil européen de mars 2000.

Si la politique européenne n'invite pas explicitement à un désengagement radical de l'État et à une privatisation complète de l'éducation, elle pousse à un allégement des dépenses publiques, à un accroissement progressif du financement privé des ménages, à une gestion décentralisée des unités éducatives, à un partenariat plus intense avec les entreprises locales en vue de répondre à leurs besoins de main-d'œuvre, et, plus généralement, elle invite à une subordination du système éducatif aux impératifs de compétitivité économique et aux nécessités pour les actifs de maintenir leur « employabilité » tout au long d'une vie professionnelle envisagée comme incertaine et irrégulière. Cette instrumentalisation économique des systèmes éducatifs peut combiner un recours accru aux choix et à la concurrence et certaines formes de centralisation et d'autoritarisme en matière de programmes, d'objectifs, d'évaluation, de sanction et de « responsabilisation » des usagers et des professionnels comme en témoigne le *New Public Management*, dont les principes inspirent les réformes actuelles dans la plupart des pays européens.

L'IMPASSE DE LA RÉFORME MANAGÉRIALE

Cette politique managériale a fait consensus en France depuis le milieu des années 1980 entre une droite libérale et une gauche gouvernementale, qui toutes deux partagent la même stratégie de passage de « l'État éducateur » à « l'État évaluateur ». Elle part du postulat selon lequel la différenciation des établissements tient pour l'essentiel à leur différence d'« efficacité », celle-ci étant référée à des facteurs strictement organisationnels et, dans une moindre mesure, pédagogiques. Une grande partie de la technostructure et un certain nombre d'experts de l'éducation, rejoints pour des raisons variées par des pédagogues et des syndicalistes, se sont retrouvés sur cette ligne « moderniste ». Beaucoup de responsables politiques ont également adhéré à cette orientation qui insiste plus sur l'usage des moyens que sur leur augmentation, selon l'antienne de tous les ministères de l'Éducation nationale depuis longtemps. La conjonction d'intérêts divers, la construction d'un discours homogène et semi-savant, répété dans de multiples rapports et repris par la presse, ont donné une grande force d'évidence à cette ligne.

Avec ces remèdes inspirés de l'entreprise privée, dont le pouvoir symbolique normatif est désormais prédominant dans l'administration, l'idée de la compétition, de la rentabilité, de la performance a gagné du terrain, en particulier dans la hiérarchie intermédiaire du système éducatif. Cette politique managériale encourage et légitime à l'intérieur même du monde éducatif les conduites « pragmatiques », « flexibles », largement guidées par l'intérêt individuel et le sens de l'opportunité, au détriment de l'ancien système de valeurs des enseignants, jugé archaïque et paralysant. Ce nouveau management se fonde sur l'idée que le surcroît d'efficacité viendra de la poursuite des intérêts multiples des « acteurs » de l'éducation, qu'il faut « éclairer » par des indicateurs d'évaluation agissant comme des repères. Cette orientation s'inscrit dans une vision globale de l'État fondée sur la primauté de l'intérêt individuel en rupture avec une définition de l'intérêt général considérée comme dépassée.

Cette conception entrepreneuriale de la réforme éducative, présentée par certains comme porteuse d'une « école juste », favorise, en désarmant toute volonté politique égalitaire, la constitution des logiques de marché scolaire. Cette nouvelle gestion publique repose sur l'autonomie des établissements, la fixation contractualisée d'objectifs, la mesure des compétences des élèves comme indicateurs d'efficacité de l'établissement, l'individualisation de la gestion des personnels « mis sous tension » pour accroître leurs performances. Elle a de fait encouragé ou au moins laissé se développer des pratiques et des mesures qui ont fait une place croissante à la « demande » des familles, des élèves et des entreprises, « demande » considérée de surcroît comme le critère premier de « pilotage des établissements ».[20] Cette

20. Maria Drosile Vasconcellos, « L'évolution des politiques éducatives », *in* Agnès van Zanten (sous la direction de), *L'École. L'état des savoirs*, *op. cit.*, p. 91.

« adaptabilité » a conduit dès la fin des années 1970 à assouplir la carte scolaire, à officialiser les palmarès des collèges et lycées publiés dans la presse, à légitimer le choix parental. Tandis qu'elle menait d'un côté une action compensatrice avec les ZEP, l'institution se désarmait de l'autre en donnant plus de pouvoir aux parents dans les choix d'orientation, en accédant plus aisément aux demandes de dérogation ou en « laissant faire » plus facilement les pratiques de contournement.[21] Certes, le marché scolaire en France reste pour une bonne part un « marché noir », selon l'expression d'Yves Careil. Mais l'absence de réponses politiques à la hauteur des problèmes posés à l'institution par les phénomènes ségrégatifs conduit à sa fragmentation et à son affaiblissement.

Alors que tous les élèves vont au collège et qu'une grande partie des jeunes a accès au lycée, la ségrégation sociale des établissements qui résulte de la logique de marché et qui l'alimente constitue un facteur supplémentaire de reproduction sociale. Loin de trancher avec l'évolution sociale, cette logique est partie prenante d'une société dans laquelle les mécanismes inégalitaires se renforcent à mesure que jouent librement et à tous niveaux les relations de compétition entre individus et entre groupes sociaux. La primauté de la réussite individuelle, la pression concurrentielle sur les individus, en particulier dans l'entreprise, la crainte généralisée du chômage et du déclassement durcissent les rapports sociaux, dont l'école fait partie. De sorte que le projet même d'école unique s'affaiblit quand s'éloigne la perspective d'un progrès commun. L'école est mise en accusation pour ne pas réussir une égalité que le ressort d'une société compétitive récuse de facto. Efficacité, performance individuelle, « réussite de chacun » : l'école dite unique, dans une société assimilée de plus en plus à un marché et dont le principe de fonctionnement est celui de la concurrence généralisée, peut-elle être autre chose qu'un marché dont l'enjeu est l'obtention d'un bien dont la valeur est conçue désormais comme essentiellement individuelle ?

21. *Cf.* Marie Duru-Bellat et Pierre Merle, « Politiques éducatives, évolution des scolarités et transformations de la sélection », *L'Année sociologique*, volume 50/2000, n° 2, p. 340.

L'école en France

Les luttes récentes des enseignants et des lycéens en France, au-delà de leurs cibles et de leurs revendications ponctuelles et particulières, ont pour point commun d'exprimer la contradiction fondamentale entre l'aspiration à des conditions d'enseignement égales et une réalité qui s'en éloigne de plus en plus. Ces luttes, que l'on a retrouvées aussi dans d'autres pays, témoignent d'un refus des politiques européennes et des différentes réformes nationales en cours, qui ont pour principe et pour effet d'assimiler l'éducation à un bien privé et l'école à une entreprise. Ces luttes appellent une relance rapide du projet de l'école démocratique.

Deuxième partie

La course au diplôme… et après

L'instauration de l'école unique et les politiques scolaires des dernières décennies ont eu un impact considérable. Ce sont leurs effets que nous allons examiner dans les chapitres de cette deuxième partie, en interrogeant la transformation des parcours et de l'expérience scolaire des générations concernées, ainsi que la façon dont le marché du travail a intégré l'arrivée d'un nombre croissant de jeunes diplômés.

CHAPITRE V

FORMES ET PERMANENCE DE L'INÉGALITÉ DES CHANCES

À CHAQUE CLASSE SON RÉSEAU DE SCOLARISATION (1880-1950)

Intégré dans la sphère publique par Napoléon, qui nationalise les collèges d'Ancien Régime, l'enseignement secondaire y vivra sa vie propre jusqu'à la Seconde Guerre mondiale. L'enseignement primaire est le produit d'une autre histoire, scandée par les œuvres de Guizot puis de Ferry. On l'a vu (chapitre II) : ces deux ordres d'enseignement, primaire et secondaire, sont bien distincts, relevant d'administrations différentes, dotés de corps d'enseignants différents, utilisant des établissements différents. Ils fonctionnent comme des réseaux de scolarisation très cloisonnés.

Voie royale pavée de latin, seule à ouvrir sur le bac et, au-delà, sur les grandes écoles et les grandes administrations, l'enseignement secondaire accueille une élite restreinte : de 1880 à 1930, la proportion des 10-17 ans qui y sont scolarisés ne dépasse jamais 3 à 4 %. Les lycées sont implantés dans les quartiers bourgeois des centres villes. Ils assurent la totalité du cursus depuis les petites classes de l'enseignement élémentaire.

L'enseignement primaire reçoit le reste de la population dans les écoles communales ou les écoles élémentaires de quartier. Pour son public, l'accès au secondaire est improbable, même en cas de bonne réussite des apprentissages : jusqu'aux années 1930 le secondaire est payant ; l'entreprise n'est rentable que si on la mène jusqu'au bout (le bac), ce qui en fait une aventure aléatoire ; et le passage du primaire au secondaire est délibérément non aménagé, ni en termes d'âge (le certificat d'études primaires, CEP, couronnement de l'enseignement élémentaire, se passe après l'âge normal d'entrée en 6e), ni en termes de programme. Les meilleurs élèves peuvent toutefois accéder à un troisième réseau de scolarisation comprenant l'enseignement professionnel (et notamment les écoles pratiques du commerce et de l'industrie, EPCI) et l'enseignement primaire supérieur (EPS, comprenant les écoles primaires supérieures et les cours complémentaires).

Les jeunes nés en 1921 se sont ainsi répartis entre trois grands types de parcours scolaires. Le plus probable, réduit à la scolarisation obligatoire dans l'enseignement primaire, a concerné 80 % d'entre eux, et débouchait essentiellement sur des emplois d'exécution. Le plus rare, à l'autre pôle, concernant 6 % des élèves, passait par l'enseignement secondaire ; ceux d'entre eux qui ont mené à son terme ce parcours d'excellence (2,5 % ont obtenu un bac) se sont ouvert l'accès aux responsabilités de l'élite économique, politique et culturelle. Entre ces deux pôles, 14 % de la cohorte ont prolongé l'enseignement primaire dans les EPCI (4 %) ou l'EPS (10 %), se donnant ainsi les moyens d'accéder aux qualifications intermédiaires (par exemple d'instituteur) ou aux fonctions d'encadrement du travail direct.[1]

Cette séparation des réseaux de scolarisation était un fait avéré, ostensible même. Pour Jules Ferry et les républicains modérés, l'école n'avait guère à voir avec la mobilité sociale. L'obligation scolaire visait à garantir le recrute-

1. *Cf.* Jean-Pierre Briand et Jean-Michel Chapoulie, *Les Collèges du peuple*, INRP/ENS/EHESS, Paris, 1992.

ment des grandes masses de la population active (métiers manuels d'exécution, encadrement intermédiaire, élite) ; et dans chaque cursus les contenus d'enseignement étaient conçus en conséquence.[2] Comme il allait de soi, conjointement, dans une nation où la petite entreprise indépendante (agricole, artisanale, commerciale) occupait une place majeure, que c'était au fils de remplacer le père (les positions sociales étant occupées par des lignages et non par des individus), la politique scolaire ne pouvait avoir pour objet que de répondre aux besoins propres à chaque milieu social (classes populaires, intermédiaires, dominante), en « élevant tout le monde dans sa condition », selon la formule de Victor Duruy en 1866. Bien loin, donc, de chercher à remettre à plat, à chaque génération, les chances d'accès aux positions les plus enviables, elle présupposait (et validait) la règle de l'immobilité sociale. Rares étaient à l'époque les voix discordantes, telle celle de Paul Lapie qui, en 1899, soutenait le principe du « libre choix de la carrière » sur la seule base « des aptitudes et des goûts ». De fait, dans la pratique, le problème se posait peu : selon une enquête du même auteur, en 1904 seuls 12 enquêtés sur 722 avaient atteint grâce à l'école une position socioprofessionnelle supérieure à celle de leur père.[3]

À chacun sa place, à chaque place son école : la question de l'égalité des chances était d'évidence celle de l'unification des réseaux de scolarisation. Elle n'émerge à la conscience sociale qu'après la Première Guerre mondiale, grâce à la lutte d'idées menée par les Compagnons de l'université nouvelle en faveur d'une école unique, revendication justifiée en termes de justice et d'efficacité sociales : donner sa chance à chacun, c'est s'assurer de pouvoir affecter les meilleurs aux postes de responsabilité. Le mouvement ouvrier l'ayant faite sienne, cette exigence rebondit après 1945, et devient grâce au plan Langevin-Wallon une grande question natio-

2. Ainsi selon un arrêté explicitant la loi du 18 mars 1882, « l'école primaire doit [...] préparer et prédisposer, en quelque sorte, les garçons aux futurs travaux de l'ouvrier et du soldat, les filles aux soins du ménage et aux ouvrages de femmes ». Cité par Claude Lelièvre, *Histoire des institutions scolaires (1789-1989)*, Nathan, Paris, 1990.

3. *Cf.* Paul Lapie, *École et société*, L'Harmattan, Paris, 1999.

nale, dans laquelle la préoccupation méritocratique vient confluer avec un fort souci démocratique-égalitariste.

L'ÉCOLE UNIQUE, CROISSANCE ET CRISE (1959-2005)

L'instauration de la gratuité (années 1930), l'absorption des écoles primaires supérieures, l'accueil en lycée des élèves issus des cours complémentaires (années 1950), ont commencé d'ébranler le superbe isolement du secondaire et d'élargir son recrutement. C'est la réforme Berthoin cependant (1959) qui pose les bases de l'école unique. La transformation des cours complémentaires en collèges d'enseignement général (CEG), la suppression de l'examen d'entrée en 6e, l'obligation scolaire portée à 16 ans, le maillage du territoire national par un réseau serré de collèges, et pour terminer l'instauration du collège unique (réforme Haby de 1975) ouvrent en grand les portes de l'enseignement secondaire. L'ancien dispositif structuré en réseaux de scolarisation séparés a vécu, pour laisser place à une organisation en degrés et cycles : école primaire, collège, lycée, université et grandes écoles.

La réforme est plutôt bien accueillie par les tenants de la démocratisation scolaire, à qui il arrive d'y voir une façon de mettre en œuvre le plan Langevin-Wallon. Elle n'en est pas moins inspirée par le CNPF et adoptée à sa demande.[4] Et de fait elle a bien plus à voir avec les impératifs de l'accumulation du capital à l'époque qu'avec quelque souci d'équité sociale. Il s'agit d'allonger la durée moyenne des formations, et non d'en bouleverser la structure inégalitaire. Ses promoteurs pressentent cependant le risque pris à rompre aussi radicalement avec le principe « à chaque classe son école », en laissant croire que chacun désormais, quelle que soit sa naissance, a droit aux meilleures scolarités. Dans les attendus de son décret, Berthoin souligne qu'il n'est pas question « d'accepter la perspective de lycées bientôt submergés par

4. Le décret Berthoin donne satisfaction à la demande par la commission Rueff-Armand, composée de hauts fonctionnaires et de représentants des grandes entreprises, d'une « élévation considérable des connaissances humaines », jugée indispensable à la poursuite de l'essor économique.

un million d'élèves, dont la moitié au moins n'y seraient entrés qu'en méconnaissant leurs véritables aptitudes». Et de Gaulle lui-même, dans une lettre de 1965 au Premier ministre, déplore «l'invasion des classes terminales» et «la menace de submersion des facultés», déjà «encombrées d'étudiants inaptes à l'enseignement supérieur» : il ne s'agit pas, écrit-il, «de mollir sur les conditions exigées pour le succès au baccalauréat».[5]

Aptitudes: voilà le mot-clé au nom duquel Berthoin va tenter de verrouiller d'une main ce qu'il a rendu accessible de l'autre. Si le nouveau dispositif institutionnel ne recrute plus ses élèves en fonction de leur origine sociale, il ne saurait ignorer, indique-t-il dans les attendus du décret, que tous n'ont pas les aptitudes nécessaires aux études longues. Aussi est-il impératif de trier les prétendants afin d'orienter les insuffisants en aptitude vers les voies plus courtes de l'enseignement professionnel, ou vers le marché du travail. L'école unique, en ce sens, n'est ni une école commune, non sélective, ni même l'école de l'égalité des chances. Son instauration revient à internaliser la sélection sociale qui, jusqu'ici, s'est toujours opérée en amont de l'entrée à l'école. Elle remplace les réseaux séparés de scolarisation par un dispositif interne qui articule l'évaluation, la sélection, et l'orientation vers des filières hiérarchisées. La logique qui préside au fonctionnement de ce dispositif est celle du «donner moins à ceux qui ont moins». Elle n'a rien de naturel: à un élève en difficulté en maths, un souci de démocratisation scolaire conduirait à faire faire plus de maths. Rien de tel ici: cet élève sera présumé potentiellement bon en français, à défaut en technologie, à défaut encore en savoir-faire professionnel, et s'il ne présente aucune des «aptitudes» correspondantes, au bout du bout, le marché du travail l'accueillera.

De par ses caractéristiques inaugurales, l'école unique à la française a donc un double visage, d'ouverture et de fermeture en même temps des chances d'accès aux bons parcours scolaires. Son développement historique en sera fortement marqué.

5. *Cf.* Antoine Prost, *Éducation, société et politiques*, Le Seuil, Paris, 1992.

D'un côté, en effet, la mise en place de l'école unique va favoriser un essor sans précédent, dans une période historique particulièrement brève, de la scolarisation des jeunes générations. En quelques décennies, on l'a dit, les scolarités longues sont devenues la norme. Un peu plus d'un élève sur deux sort aujourd'hui du système scolaire après au moins une première inscription dans l'enseignement supérieur, trois sur cinq obtiennent un bac, un sur cinq un diplôme de niveau licence. Cet essor considérable s'est opéré en deux temps. Années 1960, première explosion scolaire, la réforme Berthoin encourageant la forte demande de scolarisation observable dès la décennie précédente : en 1973, la massification des effectifs du collège est achevée. Sous l'égide du mot d'ordre lancé par Chevènement : 80 % des nouvelles générations doivent parvenir au niveau du bac, une seconde explosion scolaire s'opère entre 1985 et 1995, qui va assurer la massification du lycée et de l'université. De 1995 à 2005, plus rien ne bouge (sinon une tendance à l'allongement des études pour ceux qui entraient déjà dans l'enseignement supérieur) : la dynamique de l'école unique paraît épuisée.

L'on ne saurait évidemment sous-estimer l'impact démocratique de l'école unique. Elle a sérieusement contribué à élargir l'accès au patrimoine scientifique et culturel. En changeant les jeunes générations, elle a joué un rôle moteur dans les transformations d'ensemble de la société française au cours de cette seconde moitié du XXe siècle. Ces acquis restent cependant étonnamment fragiles et s'accompagnent de fortes insatisfactions. La contestation à répétition des familles, des élèves, des enseignants, la persistance d'une majorité chez ces derniers à estimer que le collège unique est un pari intenable, comme l'a révélé l'enquête FSU-SOFRES de 2002, le large débat public et les formes de retour à une orientation précoce des élèves qui ont suivi cette enquête en témoignent. L'efficacité des mécanismes sélectifs et ségrégatifs voulus par les promoteurs de l'école unique n'y est pas pour rien.

L'école unique paraissait ouvrir le droit de tous aux savoirs et à la formation. Quarante ans plus tard, l'égalité des chances n'a pas progressé d'un iota, l'échec scolaire et les parcours dévalorisés affectant beaucoup plus massivement les milieux populaires. On voit bien ce qui s'est passé : chaque fois qu'un palier supérieur devenait accessible à de nouveaux publics, la mise en place de filières de dérivation en a absorbé une bonne partie, jusqu'à reconstituer le triptyque (enseignement professionnel, technologique, général) des anciens réseaux de scolarisation (primaire, primaire supérieur, secondaire). Ces filières recrutent tendanciellement dans les milieux sociaux sur lesquels elles débouchent, assurant ainsi la permanence du rôle de l'école dans la reproduction des structures sociales.

Nous allons maintenant examiner plus précisément l'impact de ce développement contradictoire sur les parcours de catégories d'élèves particulières : ceux des jeunes d'origine ouvrière, des jeunes de parents immigrés, ceux des filles.

La scolarisation des enfants d'ouvriers

D'une génération à l'autre, l'école unique a permis une amélioration spectaculaire des parcours scolaires des enfants d'ouvriers. Dans l'histoire de leur famille, ils sont ainsi presque toujours les premiers à accéder au collège dans les années 1960, et au lycée dans les années 1990. Au seuil des années 1960, moins de la moitié d'entre eux entraient en 6e et à peine plus d'un sur dix obtenaient le bac. Aujourd'hui, tous ou presque entrent en 6e, plus de neuf sur dix atteignent la fin du collège, et plus d'un sur deux décroche un bac. Mais si l'école unique a profité avant tout à ceux pour qui les études longues étaient auparavant impossibles, elle a aussi bénéficié aux enfants des classes supérieures. Si bien que l'inégalité des chances d'accès aux diplômes les plus élevés reste quasiment inchangée. Tout au plus s'est-elle déplacée vers le haut, à mesure que se généralisait la fréquentation du collège, puis du lycée.

À chaque fois qu'elle a ouvert des possibilités nouvelles de prolongation des cursus scolaires pour les enfants des classes populaires, l'école unique a canalisé ces nouveaux flux d'élèves en créant en son sein des filières professionnelles ou technologiques pour accueillir ceux que leurs résultats scolaires n'autorisent pas à poursuivre dans la voie générale. Elle a ainsi pris en charge la sélection sociale, modifiant profondément les scolarités, et au premier chef celles des enfants d'ouvriers. En s'allongeant considérablement, elles deviennent beaucoup plus incertaines, continuellement tributaires des résultats obtenus. Les enfants d'ouvriers entrés en 6e en 1980 ont été davantage orientés en CAP (à l'issue de la 5e) et en BEP (à l'issue de la 3e) que ceux qui y sont entrés en 1973. La sélection scolaire se renforce donc à l'intérieur du collège jusqu'au milieu des années 1980.

L'inflexion donnée à la politique scolaire à partir de 1985 autour du nouvel objectif de mener « 80 % d'une classe d'âge au niveau du bac » change à nouveau la donne. Elle se traduit dans la pratique par la création des bacs professionnels comme prolongement d'étude pour les titulaires de BEP et par la disparition progressive des classes préparant au CAP en trois ans, mais aussi par des consignes de limitation des redoublements, d'encouragement au passage en seconde, et par l'extinction progressive du palier d'orientation en fin de 5e. La sélection scolaire est ainsi atténuée au collège, et le moment décisif de bifurcation des parcours scolaires des enfants d'ouvriers se déplace fortement au niveau de l'entrée en seconde, et dans le choix des filières au lycée.

Que l'orientation soit aujourd'hui retardée à la fin de la 3e ne saurait masquer à quel point l'affectation dans les filières professionnelles se prépare tôt. À trop se focaliser sur les inégalités d'accès aux diplômes les plus élevés, on risque d'oublier qu'elles se construisent aujourd'hui en grande partie dès l'école primaire. Si les enfants d'ouvriers y redoublent bien moins que dans les années 1960, ils rencontrent toujours de fortes difficultés pour entrer dans la culture écrite, dont les conséquences sont impressionnantes. Quand on les répartit en quatre quarts dans l'ordre croissant de leurs performances aux évaluations à l'entrée en 6e en 1995, la part de ceux qui ont atteint la seconde générale ou technologique sans redoubler au collège passe, d'un quartile à l'autre, de 6 % à 25 %, puis 55 % et enfin 85 %. Dans tous les milieux sociaux, les élèves les plus en difficulté au primaire ont peu de chances d'arriver au lycée sans redoubler. La plupart des bons élèves de primaire parviennent par contre sans retard scolaire en seconde générale ou technologique, qu'ils soient enfants d'ouvriers ou enfants de cadres.[6]

Trois types de parcours se dégagent au final parmi les enfants d'ouvriers : les parcours de réussite qui mènent jusqu'au bac général dans de bonnes conditions ; les parcours d'échec qui conduisent à une sortie sans diplôme ou même précoce du système éducatif, avant 16 ans ; et entre les deux, une diversité de parcours médians, qui vont du médiocre au difficile. Sans être son décalque parfait, cette tripartition des niveaux de sortie de l'école procède largement des degrés de réussite des apprentissages élémentaires.

Restant minoritaires, les scolarités d'enfants d'ouvriers passant par l'obtention d'un bac général ne sont plus exceptionnelles. Elles sont en effet deux fois plus fréquentes aujourd'hui qu'il y a trente ans : 11 % de bacheliers généraux parmi ceux qui sortaient de CM 2 en 1962, 22 % parmi ceux qui sont entrés au collège en 1989. Cet essor de l'accès au bac général parmi les enfants d'ouvriers atteste en vérité une amélioration réelle de la réussite scolaire : certes très faible, la part des enfants d'ouvriers ayant obtenu un tel bac sans avoir redoublé dans le secondaire a progressé plus rapidement encore dans le même temps, passant de 4 à 10 %. Quoique modeste, cette croissance est suffisamment forte pour qu'on ne puisse plus réduire ces bons élèves d'origine ouvrière à des « miraculés de la sélection scolaire ». Ceux qui ont obtenu un bac général poursuivent aujourd'hui des études dans l'enseignement supérieur, comme la quasi-totalité des bacheliers généraux.

Si leur choix se porte sans doute davantage sur l'université que sur les autres segments de l'enseignement supérieur, il ne s'agit pas pour autant toujours d'une orientation par défaut. C'est probablement le cas de ceux qui ont

6. La fameuse relation entre l'origine sociale et la réussite scolaire, si l'on préfère, se joue pour l'essentiel dans le primaire : au-delà, le parcours dépend d'abord de la façon dont s'est déroulée la scolarité élémentaire.

accumulé du retard scolaire dans le secondaire, et visent d'abord à rentrer en IUT ou en STS[7], mais ça ne l'est pas des « bons » bacheliers. Ainsi parmi les bacheliers scientifiques sans retard scolaire, qui pourraient prétendre entrer en classe préparatoire aux grandes écoles, la moitié des fils d'ouvriers et les deux tiers des filles d'ouvriers s'inscrivent en DEUG[8]. Et une fois à l'université, leur réussite ne dépend plus que de la qualité de leur parcours antérieur : si beaucoup d'étudiants d'origine ouvrière échouent en DEUG, c'est avant tout parce que leurs scolarités dans le secondaire ne leur ont pas permis d'obtenir un bac général dans de bonnes conditions.[9]

L'amélioration des scolarités ouvrières n'a pas suffi cependant à réduire significativement l'échec scolaire le plus grave. Ceux qui sortent de l'école sans diplôme sont un peu moins nombreux (23 % dans les années 1960, 19 % aujourd'hui), mais leur avenir est de plus en plus problématique. Et les sortants sans diplôme sont de plus en plus exclusivement d'origine ouvrière.

L'échec se décide dès le primaire, il se joue dans les apprentissages élémentaires de la lecture et du calcul. Seuls 4 % de ceux qui sont sortis sans diplôme n'avaient ni retard scolaire ni lacunes en français et en mathématiques au moment de l'entrée en 6e ; et deux tiers d'entre eux se situaient parmi les 25 % les plus faibles à l'évaluation d'entrée au collège. Moins d'un sur trois a d'ailleurs atteint la 3e générale avant de quitter l'école.[10]

Entre ces deux pôles, un nombre croissant d'enfants d'ouvriers réalisent des parcours scolaires intermédiaires. Parmi les entrants en 6e en 1989, 17 % des enfants d'ouvriers

7. *Cf.* Stéphane Beaud, *80 % au bac ... et après ? Les enfants de la démocratisation scolaire*, La Découverte, Paris, 2002.

8. *Cf.* Sylvie Lemaire, « Que deviennent les bacheliers après leur bac ? », *Note d'information*, n° 98.05, ministère de l'Éducation nationale, 1998.

9. *Cf.* Sylvie Lemaire, « Les facteurs de réussite dans les deux premières années de l'enseignement supérieur », *Note d'information*, n° 00.25, ministère de l'Éducation nationale, 2000.

10. *Cf.* Jean-Paul Caille, « Qui sort sans qualification du système éducatif ? », *Éducation et formations*, n° 57, ministère de l'Éducation nationale, 2000, p. 19-37.

obtiennent un bac technologique, et 13 % un bac professionnel. Enfin, un peu plus du quart d'entre eux ont obtenu un CAP, un BEP ou plus rarement un brevet des collèges pour plus haut diplôme. Tous ces parcours sont ambivalents : ils ne relèvent ni de la véritable réussite scolaire, ni de l'échec le plus complet. L'école unique les garde en son sein tout en les reléguant dans ses filières les moins valorisées. Les conditions de l'entrée des enfants d'ouvriers dans les filières professionnelles courtes sont ainsi bouleversées.

Jusqu'au milieu des années 1960, le CAP constituait pour eux une planche de salut. Pour le préparer, ils pouvaient entrer dans l'enseignement professionnel court immédiatement après l'école primaire, s'ils réussissaient des concours d'entrée assez sélectifs. C'est désormais leurs mauvais résultats scolaires au collège qui décident de l'orientation fréquente des enfants d'ouvriers vers l'enseignement professionnel court, après un parcours difficile dans le secondaire. Fragilisés par l'échec scolaire, les enfants d'ouvriers prolongent cependant de plus en plus souvent leurs parcours après le BEP, en préparant le bac professionnel mais aussi, dès la première moitié des années 1980, en rejoignant la voie technologique en première d'adaptation au lycée.

Le parcours scolaire des enfants d'immigrés

Derrière l'enfant d'immigré, on oublie trop souvent de voir un enfant des classes populaires. À l'inverse, on ne saurait non plus faire des parcours scolaires des enfants d'immigrés un révélateur emblématique des parcours scolaires des enfants des classes populaires. Si près de sept immigrés en activité sur dix sont employés ou ouvriers, ils ne représentent cependant que 9 % des actifs classés employés ou ouvriers au dernier recensement. La scolarisation des enfants d'immigrés mérite bien qu'on s'y attarde, tant les clichés ont la vie dure. À l'évidence, elle est plus médiocre qu'en moyenne. Aux épreuves d'évaluation à l'entrée en 6e, les élèves dont les parents sont nés étrangers hors de France obtiennent des résultats assez inférieurs aux autres élèves. Pour expliquer cette moins bonne réussite scolaire et leurs redoublements plus fréquents en primaire, on a tôt fait d'invoquer le décalage culturel entre le pays d'origine des parents et l'école française, et notamment la mauvaise maîtrise de la langue française. Cependant, comme l'avait déjà suggéré Paul Clerc[11], ces différences de parcours scolaires s'effacent dès qu'on compare ce qui est comparable. Lorsque le milieu social et la taille de la famille, l'activité de la mère et les diplômes des parents sont similaires, *avoir des parents immigrés n'influe pas sur le niveau de réussite en primaire.*

Si les enfants d'immigrés réussissent moins bien à l'école primaire, cela ne tient donc pas tant à la migration des parents, mais davantage au fait qu'ils appartiennent bien plus souvent à des familles nombreuses, où le père, très fréquemment ouvrier, et la mère, moins souvent active, sont tous les deux très peu diplômés. Au collège, ils réussissent même mieux que les autres.[12] Ce qui distingue alors nettement les familles immigrées, ce sont leurs ambitions scolaires plus élevées. Elles refusent ainsi plus souvent les orientations en CAP ou en BEP. À situation sociale et scolaire comparables, les enfants d'immigrés atteignent plus souvent la seconde générale ou technologique sans redoubler au collège. On peut ici distinguer les familles portugaises des familles maghrébines[13]: les premières aspirent plus souvent à des études courtes, dans les filières professionnelles ou technologiques et rejettent moins l'apprentissage, tandis que les secondes privilégient la poursuite d'étude dans l'enseignement supérieur, en BTS ou en DUT. Mais lors des choix d'orientation en fin de 3e, les familles portugaises demandent tout aussi souvent que les

11. Paul Clerc, «Les élèves de nationalité étrangère», *Population*, n° 19(5), 1964.

12. *Cf.* Louis-André Vallet et Jean-Paul Caille, «Les carrières scolaires au collège des élèves étrangers ou issus de l'immigration», *Éducation et formations*, n° 40, ministère de l'Éducation nationale, 1995.

13. *Cf.* Yaël Brinbaum et Annick Kieffer, «D'une génération à l'autre, les aspirations éducatives dans les familles immigrées: ambition et persévérance», *Éducation et formations*, ministère de l'Éducation nationale, (à paraître).

autres familles immigrées le passage en seconde générale ou technologique.[14] Si les enfants de familles maghrébines réussissent mieux que les autres, toutes choses égales par ailleurs, c'est non seulement parce qu'ils ont des projets scolaires supérieurs, mais aussi sans doute parce qu'ils font davantage preuve de « bonne volonté scolaire ».[15]

La scolarité des filles

Quoique longtemps silencieuse et encore inachevée, la progression des scolarités féminines à partir des années 1960 peut aujourd'hui être envisagée comme une véritable révolution culturelle. Accompagnant les grandes transformations de la société française, la poussée de la scolarisation des filles a ainsi favorisé l'activité professionnelle et la diversification des emplois des femmes, mais aussi contribué à l'indépendance conjugale par l'accès au salariat, au retardement du mariage et à la baisse de la fécondité. Malgré la portée de ses conséquences, l'essor de la scolarité des filles attire peu l'attention jusqu'aux années 1990. La dynamique des scolarités féminines semble ainsi peu liée à la mise en place de l'école unique. Les controverses sur la démocratisation scolaire qui jalonnent son extension ne s'intéressent pas particulièrement à l'évolution des inégalités sexuées. Le développement de la mixité scolaire s'impose sans débats dans les années 1960 comme une nécessité technique pour accueillir les flux croissants d'élèves dans les collèges et l'enseignement professionnel.

C'est pourtant au moment où la prolongation des études au collège se généralise que les filles prennent l'avantage sur les garçons. Jusqu'aux lendemains de la Seconde Guerre mondiale, les filles arrêtaient l'école plus souvent que les

14. *Cf.* Jean-Paul Caille et Sophie O'Prey, « Les familles immigrées et l'école française : un rapport singulier qui persiste même après un long séjour en France », *Données sociales*, INSEE, Paris, 2003.

15. Philippe Cibois, « La bonne volonté scolaire. Expliquer la carrière scolaire des élèves issus de l'immigration », *in* Philippe Blanchard et Thomas Ribémont (sous la direction de), *Méthodes et outils des sciences sociales. Innovation et renouvellement*, L'Harmattan, Paris, 2002, p. 111-126.

garçons dès la fin du primaire. Après avoir rattrapé les garçons dans la poursuite d'études après l'école primaire au cours des années 1950, elles les dépassent dans les années 1960 : elles creusent l'écart en 3e, ayant davantage échappé à l'orientation au cours du collège vers les filières professionnelles courtes, et accèdent davantage en seconde. Dès le début des années 1970, il y a plus de bachelières que de bacheliers, et à la fin de cette décennie, plus d'étudiantes que d'étudiants. Ainsi, les filles semblent bien avoir été les premières à s'emparer des possibilités d'études longues ouvertes par l'école unique. Cela n'est d'ailleurs pas sans conséquences sur l'évolution des inégalités de parcours scolaires selon l'origine sociale.

Car, si les inégalités de réussite scolaire selon le sexe ont évolué au fil du temps, elles varient également sensiblement selon les milieux sociaux. Ainsi, parmi les élèves entrés en 6e en 1995, pour 100 garçons parvenus sans redoubler en 4e générale, c'est le cas de 130 filles environ parmi les enfants des classes populaires (ouvriers qualifiés ou non, employés de commerce et personnels de service, artisans et commerçants). Tandis que chez les enfants des classes moyennes ou supérieures (enseignants, cadres, ingénieurs...) l'avantage des filles est assez minime. Les parcours scolaires des filles sont ainsi moins inégaux socialement que ceux des garçons. Redoublant moins, se maintenant davantage sur la voie des études générales et accédant plus souvent que les garçons aux diplômes les plus élevés, les filles réalisent donc des parcours scolaires moins vulnérables aux conditions ordinaires de l'échec scolaire.

Longtemps marginalisées, les scolarités des filles dans les filières de l'enseignement professionnel et technologique invalident aujourd'hui son image traditionnelle d'un enseignement industriel et réservé aux garçons. Jusqu'alors restreinte à quelques métiers dans un univers masculin résistant à la professionnalisation des femmes, la formation professionnelle des filles dans l'enseignement public change véritablement d'échelle au cours des années 1960 avec l'explosion des formations tertiaires dans les collèges d'enseignement technique. Aujourd'hui, les filles sont plus nombreuses à être titulaires du bac technologique, et en passe d'égaler les garçons dans l'accès au CAP, au BEP, au bac professionnel, au BTS et au DUT.[16]

Sans doute s'agit-il aussi d'une révolution inaboutie, ou paradoxale à certains égards, puisque la meilleure réussite scolaire des filles ne s'accompagne pas toujours d'orientations dans le système éducatif qui soient à la hauteur de leurs résultats scolaires. Elles choisissent ainsi moins fréquemment la première S (scientifique) que les garçons, et quand elles obtiennent un bac S sans redoublement, elles s'inscrivent davantage en DEUG à l'université et bien moins souvent dans les classes préparatoires aux grandes écoles, quel que soit leur milieu social. La ségrégation sexuée des parcours scolaires n'est cependant pas figée. La désaffection actuelle vis-à-vis des sciences ne concerne pas que les filles, et ces dernières sont aujourd'hui devenues majoritaires dans beaucoup de formations d'excellence : dans les facultés de médecine, dans les écoles de journalisme, à l'École nationale de la magistrature, à l'Institut national d'agronomie...

16. *Cf.* Marie Duru-Bellat, Annick Kieffer et Catherine Marry, « La dynamique des scolarités des filles : le double handicap questionné », *Revue française de sociologie*, n° 42-2, 2001.

Chapitre VI

Mobilisations et démobilisations

Si nous soutenons ici qu'il est possible de démocratiser l'école, c'est à partir du constat que l'accès au langage humain, le fait tout simplement de parler, quelles que soient ses modalités spécifiques, confère par lui-même les ressources intellectuelles nécessaires à une entrée normale dans l'écrit et la culture écrite. Tous les élèves sont capables d'un parcours scolaire convenable. Avant d'en conclure cependant que l'éradication de l'échec scolaire passe par la transformation des fonctionnements de l'école, il convient d'examiner deux questions. Si tous les élèves ont les moyens *intellectuels* de la réussite, ont-ils tous la possibilité *psychique* de mobiliser ces moyens ? Et quand on peut, encore faut-il vouloir : l'échec n'est-il pas la conséquence d'un *désintérêt* pour les savoirs scolaires, à l'encontre duquel l'école n'en pourrait mais ?

Nous ne nous arrêterons pas sur la première de ces questions, tout simplement parce que ce n'est pas, fondamentalement, une question scolaire. Certaines circonstances biographiques peuvent conduire à un surinvestissement précoce des savoirs scolaires, ou de tel ou tel d'entre eux. D'autres, à l'opposé, produisent des effets de sidération psychique et bloquent le développement de l'intelligence. Conflits violents, drames familiaux, abandon, sadisme ou désamour parental, etc., peuvent fonctionner comme des interdits de penser et mettre en cause les perspectives de scolarisation normale. Dans ces situations, ce n'est pas d'abord l'élève qui est en difficulté, c'est l'enfant. Certes, la frontière entre enfants en difficulté et élèves en difficulté ne saurait être tracée au cordeau: dans son principe la distinction n'en est pas moins précieuse. Qu'il existe effectivement des enfants en difficulté ne saurait constituer une explication des inégalités scolaires. D'abord parce que le phénomène concerne tous les milieux sociaux, comme il a bien fallu le reconnaître s'agissant par exemple des violences conjugales à l'égard des femmes. Ensuite parce que le cercle des enfants en difficulté est très restreint, comparé à celui des élèves en difficulté (rappelons que les difficultés d'apprentissage concernent près de deux élèves sur trois). On notera, enfin, que ce n'est pas d'abord aux enseignants, mais aux professionnels de la santé mentale, qu'il revient de prendre en charge les enfants en difficulté.

Il reste alors à examiner, et nous y consacrerons ce chapitre, la seconde question, celle de la « motivation ».[1] Elle est effectivement tout à fait importante. Parce que la « motivation » commande l'étendue du travail que l'intéressé consacrera volontiers à ses apprentissages. Mais aussi, et de façon sans doute plus décisive, parce que ce qui est essentiel aux apprentissages, c'est le temps de comprendre, non mesurable, plus que le temps de l'exercice et de la répétition. Or le *(com)prendre* est une activité qui suppose un sujet et une intention, un désir; et un désir effectivement tourné vers le savoir lui-même, et pas seulement vers ses usages

1. La notion de « motivation », d'usage psychopédagogique banal, est d'un maniement délicat, car elle peut occulter sous son apparente évidence des mécanismes psychiques complexes et variés. Nous l'utiliserons néanmoins ici en référence à son acception étymologique de « mise en mouvement », à l'instar du concept de « mobilisation » qui, lui, réfère à la fois à la dimension psychique de la mise en mouvement, comme c'est le cas quand on parle de « motivation », mais aussi à ses modalités pratiques.

potentiels (le diplôme, l'emploi). La volonté de savoir est une chose, en effet, la conscience qu'on a du besoin d'un diplôme en est une autre.

L'INVESTISSEMENT SCOLAIRE DES FAMILLES

Commençons par la «motivation» des parents. Les années 1960 marquent un tournant à la fois dans l'histoire de l'institution scolaire, avec la mise en place de l'école unique, et dans les fonctionnements du marché du travail. Les emplois offerts sont de plus en plus qualifiés, et les qualifications exigées incorporent une part croissante de connaissances générales et théoriques. Attestant les compétences de leurs détenteurs, les diplômes s'avèrent de plus en plus nécessaires pour accéder aux types d'emplois correspondants. Si le développement du chômage de masse à partir du milieu des années 1970 affaiblit leur capacité à garantir un emploi, il achève de rendre leur détention incontournable: sans diplôme, pas d'avenir.

Il n'est pas très surprenant, dans ces conditions, que la préoccupation et les investissements scolaires des familles n'aient cessé de s'intensifier des années 1960 aux années 1990. Cette intensification a concerné tous les milieux sociaux. Elle a été spectaculaire dans les milieux populaires, pour lesquels les possibilités de scolarisation prolongée avaient été longtemps restreintes. Et les classes supérieures et moyennes ont réagi en accentuant leurs propres investissements.

En trente ans, les normes de scolarisation ont proprement explosé: la proportion de parents souhaitant que leurs enfants atteignent au moins le niveau du bac est ainsi passée de 29 % en 1962 à 85 % en 1992. Elle est passée, chez les cadres, de 60 à 97 %; et elle a crû encore bien plus rapidement chez les ouvriers, passant de 15 à 76 %. On le voit, le différentiel social d'ambition scolaire s'est considérablement réduit. Et ce qui en subsiste tient pour une part à l'inégale réussite effective des enfants: pour peu que leurs rejetons obtiennent des résultats scolaires moyens, les parents ouvriers n'hésitent plus à les pousser vers un diplôme d'enseignement supérieur. Fait significatif: alors que dans les années 1960 le devenir scolaire des descendants était typiquement anticipé d'un « ils feront ce qu'ils voudront » chez les cadres, et d'un « ils feront ce qu'ils pourront » chez les ouvriers, la référence à la liberté de choix des enfants est aujourd'hui en passe de devenir la norme chez ces derniers également.[2]

Cette appropriation généralisée de l'enjeu scolaire s'est accompagnée d'investissements pratiques conséquents. Toutes les enquêtes le montrent : la proportion de parents qui contrôlent les résultats scolaires, suivent le travail des enfants à la maison, leur font donner des cours particuliers, ont des contacts avec les enseignants, augmente dans tous les milieux sociaux à partir des années 1960, et de façon particulièrement rapide dans les classes populaires. Dès la fin des années 1980, l'intensité de la préoccupation scolaire est comparable dans tous les milieux sociaux ; seule change, bien sûr, la nature des ressources culturelles et financières que les familles peuvent mobiliser. Parents cadres ou parents ouvriers, l'école a envahi la vie de famille : la proportion est la même, ici et là, et toujours majoritaire, des discussions qui tournent autour d'elle ou des conflits graves dont elle est l'enjeu Et le temps consacré à aider les enfants dans leur travail scolaire ne cesse d'augmenter : il est aujourd'hui selon l'INSEE d'environ une heure par jour ouvrable, quel que soit le milieu social.

Incontestablement, dans les classes populaires et particulièrement en milieu ouvrier, cette transformation des normes de scolarisation a fortement à voir avec l'essor du chômage de masse à partir du milieu des années 1970, et avec la crise plus spécifique de l'emploi ouvrier. Les parents ouvriers recherchent un diplôme qui protège du chômage, des bas salaires et des statuts précaires, et se détournent massivement des voies courtes de l'enseignement professionnel. On ne saurait cependant leur prêter une vision exclusivement utilitariste des enjeux de l'école et de l'appropriation des savoirs. La frustration scolaire est un sentiment puissant dans le monde ouvrier : quelle que soit leur

2. *Cf.* Tristan Poullaouec, « Les familles ouvrières face au devenir de leurs enfants », *Économie et statistiques*, n° 371, 2004.

génération, la proportion des ouvriers et plus encore des ouvrières qui estiment qu'ils ont interrompu trop tôt leurs propres études est toujours plus élevée que dans les autres milieux sociaux. Et cette frustration s'avère un facteur significatif de l'aide à la réussite de la génération suivante.

Quant aux objectifs souhaités pour les descendants, la fréquence, aux côtés des réponses en termes de métiers (qu'il devienne enseignant, médecin, avocat...), des références à « un métier épanouissant » et au libre choix de l'enfant atteste qu'il serait bien difficile de séparer ce qui, dans l'ambition scolaire ouvrière, est imposé par la conjoncture économique et ce qui relève d'un mouvement historique d'émancipation sociale et culturelle. Il est très frappant, à cet égard, que la croissance de cette ambition se soit opérée pour l'essentiel au tournant des années 1960 et 1970. Le souhait ouvrier d'un bac est passé de 15 % à 76 % entre 1962 et 1992 : mais il était déjà à 64 % en 1973. Antérieure donc à la crise économique et à la destruction des emplois ouvriers, sa progression signale l'appropriation rapide par une majorité de familles ouvrières, hors pression immédiate du marché du travail, des nouveaux possibles scolaires annoncés par la mise en place de l'école unique...

Il ne fait aujourd'hui absolument aucun doute, en fin de compte, que les parents dans les milieux populaires espèrent fortement et massivement que leurs enfants réussissent à l'école. Ils passent autant de temps à les aider que les parents cadres, et l'école n'occupe pas une moindre place dans la sociabilité familiale : 85 % d'entre eux indiquent parler régulièrement de l'école avec leurs enfants. Cela sans doute méritait d'être souligné, sachant la propension de l'institution scolaire, des journalistes et des politiques à suspecter les parents des quartiers et cités ouvrières de soutenir et d'encadrer insuffisamment la scolarité de leurs descendants.[3]

3. Beaucoup des données utilisées dans ce qui précède ont été établies à partir d'enquêtes INSEE par Tristan Poullaouec, *La Grande Transformation. Familles ouvrières, école et insertion professionnelle (1960-2000)*, thèse pour le doctorat de sociologie, université de Versailles-Saint-Quentin-en-Yvelines, 2005.

Il reste que la « motivation » des parents ne saurait se substituer à celle des enfants. Plusieurs recherches montrent que leur mobilisation est un facteur particulièrement essentiel, en milieu populaire, à la réussite des enfants. Mais elle n'est efficace que dans la mesure où elle accompagne la mobilisation propre de ces derniers : elle perd toute efficience dès que le soutien et l'encouragement empiètent sur l'autonomie de l'enfant et se transforment en contrôle et répression.[4] C'est donc la question de la « motivation » de l'élève qu'il nous faut maintenant examiner.

LES TROIS DESTINS POSSIBLES DE LA « MOTIVATION » DE L'ÉLÈVE

On peut distinguer les flux de sortie du système éducatif selon le degré correspondant d'appropriation de la culture lettrée que l'école a en charge de transmettre. À un pôle, ceux dont l'entrée dans la culture écrite s'est déroulée normalement, qui réussissent sans problème (et notamment sans avoir redoublé) un bac d'enseignement général, et qui représentent moins du tiers des élèves. À l'autre pôle, ceux qui sortent dans un état plus ou moins proche de l'illettrisme, et représentent près de 15 % d'entre eux. Entre les deux, une grosse moitié d'élèves qui ont été orientés en cours de route vers l'enseignement professionnel ou technologique en raison de leurs insuffisances en maths et en français, ou sont arrivés jusqu'à un bac général après de sérieuses difficultés.[5]

4. *Cf.* Jean-Pierre Terrail (sous la direction de), *La Scolarisation de la France*, La Dispute, Paris, 1997.

5. Cette tripartition des flux de sortants met en évidence un déroulement non satisfaisant des apprentissages scolaires pour près de deux élèves sur trois. Il est frappant que cette tripartition soit déjà très largement configurée à la sortie du primaire. L'examen des performances des élèves aux épreuves de « maîtrise du langage et de la langue française » à l'entrée en 6e indique ainsi qu'« environ au tiers des élèves [...] maîtrisent de façon satisfaisante les compétences attendues » ; qu'« à l'opposé, 15 % sont en difficulté, voire en grande difficulté [...] » ; et qu'entre les deux les compétences sont « mal assurées, donc fragiles : les élèves ont du mal à percevoir et exploiter tous les aspects d'un texte, et sont mis en difficulté par des textes qui exigent une lecture suivie », *Note Évaluation n° 04.10*, ministère de l'Éducation nationale, 2004.

On retrouve ces trois catégories d'élèves et de parcours dans tous les milieux sociaux, mais elles n'y sont pas représentées dans les mêmes proportions. Ainsi si l'on compte en moyenne 15 % d'« échoués » de l'école plus ou moins illettrés, ceux-ci seront plutôt 20 % des sortants parmi les enfants d'ouvriers. Chez ces derniers, la proportion à l'autre pôle des « bons élèves » qui décrochent un bac général sans difficultés particulières, on vient de le voir, est bien plus faible qu'en moyenne nationale. Et, bien sûr, à chacun des trois types de parcours : parcours d'échec, parcours difficile, parcours normalement réussi, correspondent des expériences scolaires bien différentes.

Il va un peu moins de soi aujourd'hui que dans les années 1960 de parler de « rescapés de la compétition scolaire » à propos des « bons élèves » d'origine populaire. Ils ne sont toujours pourtant qu'un sur dix à obtenir un bac général sans redoublement, ce qui laisse supposer ce qu'il a fallu de détermination forte, de tension et d'attention, d'investissement précoce et d'obstination durable, qui ont souvent trouvé leur ancrage dans le désir des parents. Quand les ressources disponibles sont faibles, il n'y a pas de réussite possible sans une mobilisation forte. Il arrive que cette mobilisation s'opère en douceur, grâce à une entrée réussie dans la culture écrite et à l'instauration d'un rapport de plaisir aux apprentissages que rien ne viendra contrarier : le jeu des circonstances et le rôle des enseignants sont ici au premier plan. Le plus souvent cette mobilisation est empreinte de volontarisme, et s'adosse à des enjeux existentiels jugés décisifs.

Ainsi de ces familles ouvrières dont toute la vie quotidienne s'organise autour de la réussite scolaire des enfants, qu'il s'agisse de sortir au plus vite d'un univers social auquel on refuse de s'identifier, ou à l'inverse d'en démontrer la volonté et les capacités d'émancipation.[6] Ainsi encore de ces filles de mère ouvrière ou employée qui, refusant de connaître un destin à son image, vont consentir, avec son aide et son soutien complice, des investissements scolai-

6. *Cf.* Jean-Pierre Terrail, *Destins ouvriers. La fin d'une classe ?*, PUF, Paris, 1990.

res dans lesquels elles jouent à la fois une autre qualité de vie professionnelle et une indépendance conjugale plus réelle.[7]

Passons des bons parcours et des fortes mobilisations à l'autre pôle, celui des « échoués » de l'école. L'absence apparente de « motivation » de ces derniers, et les comportements parfois peu civils qui vont de pair, font le désespoir des enseignants. Leur désintérêt semble rendre vaine toute obstination pédagogique ; et conduit experts et responsables politiques à récuser une école qui, en se centrant trop exclusivement sur la transmission des connaissances savantes, se rendrait incapable d'accueillir de tels élèves.

Les dites « violences scolaires » sont une manifestation de cette « démotivation ». Mais celle-ci ne se fait pas toujours aussi ostensible. Une enquête menée sur les sorties les plus précoces du système scolaire, avant l'âge légal ou peu après, montre que la population concernée se partage en deux parts à peu près égales : l'une plutôt masculine, a connu une scolarité conflictuelle, accumulant les sanctions disciplinaires et les exclusions temporaires, jusqu'à l'exclusion finale ; l'autre, plutôt féminine, ayant adopté une attitude de retrait intérieur et de désertion, les absences répétées finissant par se transformer en abandon définitif.[8]

Deux attitudes, un même phénomène : le rejet de la chose scolaire. On peut constater l'existence de ce rejet, et concevoir telle ou telle façon d'y adapter l'école. Mais c'est faire alors comme si ce rejet était un fait de nature, comme si c'était au berceau, par leurs gènes en quelque sorte, que certains élèves avaient hérité d'un désamour de l'école, avec lequel il fallait bien que l'école vive. Il nous semble plus pertinent d'interroger la genèse de ce désamour. Ne serait-ce qu'en raison de l'expérience la plus élémentaire : lorsqu'ils arrivent au CP l'immense majorité des enfants

7. *Cf.* Jean-Pierre Terrail, *La Dynamique des générations*, L'Harmattan, Paris, 1995.

8. *Cf.* Élisabeth Bautier, Stéphane Bonnéry, Jean-Pierre Terrail, Amandine Bebi, Sonia Branca et Bruno Lesort, *Décrochage scolaire : genèse et logique des parcours*, rapport de recherche, ministère de l'Éducation nationale/DPD, 2002.

savent qu'ils sont là pour apprendre à lire et à écrire ; et ils ont envie d'apprendre, comme ils ont envie de devenir grands. Que se passe-t-il donc entre le CP et le collège, où le rejet de l'école se manifeste avec tant de force ?

Deux enquêtes différentes nous ont permis de reconstituer la carrière scolaire des élèves concernés : celle qui a touché une population de « déscolarisés » précoces ; l'autre auprès d'élèves de 3e repérés comme des fauteurs de troubles ayant accumulé un maximum de sanctions au long de leur scolarité au collège. Elles aboutissent aux mêmes constats. Il s'agit de jeunes qui ont très majoritairement (entre deux cas sur trois et trois cas sur quatre) redoublé dans le primaire, ce qui est en moyenne aujourd'hui le fait de moins d'un élève sur quatre ; et ils ont obtenu, de façon quasi systématique, une note inférieure à 3, sur l'échelle de 0 à 10, aux évaluations en français et en maths à l'entrée en 6e. Dit clairement : on ne peut même pas penser que ces jeunes ont décroché à un moment du parcours, ils ne sont en réalité jamais entrés normalement dans les apprentissages du lire-écrire-compter. Quand ils arrivent en 3e, il y a beau temps pour eux que la situation scolaire a perdu son sens. Ils la vivent comme un préjudice insupportable, comme une violence qui les affecte au fondement même de leur identité subjective. Le chahut, la provocation verbale ou physique, ou la désertion intérieure, sont autant de moyens d'échapper à la confrontation à leur non-savoir. Comme la personnalisation des rapports à l'enseignant (« Il me sacque parce qu'il ne m'aime pas, parce qu'il est raciste, etc. »), qui ont pour eux l'avantage de détourner la relation pédagogique de sa vocation naturelle, la transmission des savoirs.[9]

Le désamour scolaire exhibé par les élèves en grande difficulté ne procède pas d'un manque « inné » d'appétence pour les savoirs, mais d'une perte de sens des situations scolaires liée à l'impossibilité où ils se sont trouvés de s'approprier normalement les savoirs de base de la culture lettrée. À l'enquête, cette impossibilité s'avère elle-même essentiellement liée à l'absence dans la famille d'interlocu-

9. Geneviève Krick revient sur ces processus ci-après (chapitre XII).

teurs susceptibles d'apporter une aide même minime aux intéressés (parents peu ou pas alphabétisés, pas de frères ou de sœurs aînés déjà scolarisés, peu d'insertion dans le quartier...).

L'institution se trouve doublement interpellée par ces processus de démotivation. S'ils ne se manifestent qu'au collège, ces processus révèlent en fait la difficulté de l'école primaire à garantir la réussite pour tous des apprentissages élémentaires. Ce ne sont évidemment pas les campagnes pour le « respect », quelques heures d'instruction civique en plus, ou le renforcement de l'autorité des maîtres qui résoudront le problème. Ce qu'attestent ces processus, par ailleurs, c'est la faible probabilité de réussir les apprentissages dans le seul cadre de l'école, sans la contribution d'un enseignement extrascolaire. L'examen du cas des élèves en grande difficulté sert ainsi de révélateur à deux dimensions beaucoup plus générales de la production des inégalités scolaires : le caractère très déterminant des apprentissages élémentaires ; et le rôle de premier plan que joue la délégation tacite aux familles de la charge d'une partie des apprentissages, comme si toutes les familles étaient également en mesure de l'assumer.[10]

Reste enfin le troisième cas, celui des parcours difficiles, sur lequel nous allons nous arrêter plus longuement. C'est le cas le plus fréquent : il concerne environ un élève sur deux. Il regroupe les scolarités médiocres à médiocrement moyennes, depuis les sorties au niveau CAP jusqu'à l'obtention difficile et différée d'un bac général. L'éventail est donc très ouvert, mais les membres de cet entre-deux ont en commun d'avoir acquis des éléments, mais sans véritable maîtrise, des bases de la culture lettrée. Leur parcours est donc toujours marqué, même si c'est à des degrés divers,

10. Après les parents, ce sont les collégiens qui confirment la réalité et la systématicité de cette délégation : 80 % d'entre eux bénéficient de leur aide, et celle-ci porte à 92 % sur « les points difficiles » (Jean-Paul Caille, « Formes d'implication parentale et difficulté scolaire », *Éducation et formations*, n° 36, 1993). Les parents n'ont donc pas pour rôle premier d'encourager ou d'encadrer exercices et répétitions, mais d'intervenir dans ce qui fait le cœur de l'enseignement : l'apprentissage des « points difficiles ». On peut parler en ce sens d'un véritable *enseignement hors école*.

par le bricolage intellectuel et le faire-semblant. C'est en raison précisément de leurs insuffisances dans les matières fondamentales de la culture écrite, le français et les maths, qu'ils ont été orientés pour la plupart vers l'enseignement professionnel ou technologique. Leur accès aux plus hauts niveaux du secondaire doit beaucoup au volontarisme chevènementiste des années 1980. Ce sont eux qui amènent leurs professeurs à déplorer la baisse du niveau : sans réaliser que, les frères aînés ne parvenant pas jusque-là, c'est plutôt une hausse qu'il faudrait évoquer. Mais cela ne rend pas la situation plus satisfaisante, ni pour leurs enseignants, ni pour eux.[11]

Leur réussite aux apprentissages élémentaires n'a pas été suffisante pour que l'appropriation des savoirs devienne pour eux une activité non pas toujours facile et aisée, mais en tout cas gratifiante et source d'un véritable plaisir intellectuel. Leur histoire scolaire, autrement dit, ne leur a pas permis de soutenir le projet d'une appropriation des savoirs qui soit, au moins pour partie, à elle-même sa propre fin. Elle ne leur a pas non plus permis de se poser face au monde de la culture lettrée comme des sujets suffisamment autonomes pour ne pas se contenter de faire ce qu'on leur demande, des sujets pour qui apprendre ne se réduise pas au « faire son métier d'élève »[12]. En même temps leur échec n'est pas non plus tel qu'il les rende insensibles aux encouragements des parents et des maîtres, en les convaincant de l'inutilité définitive de s'accrocher. Et de fait, cahin-caha, ces élèves vont s'accrocher, et s'accrocher aux seules raisons qu'ils puissent encore se donner :

11. Peut-être pourrait-on transposer, pour désigner la culture scolaire de ces élèves, le concept de « culture écrite restreinte » utilisé par Goody pour décrire certaines communautés humaines inégalement pénétrées par l'écrit (*cf.* Jack Goody, « Restricted Literacy in Northern Ghana », *Literacy in Traditional Societies*, Cambridge, 1968). C'est au moins pour partie en raison de son caractère limité, et moins marqué par un rapport de plaisir, que l'appropriation de la culture écrite par ces élèves débouche sur des consommations culturelles adultes (notamment en matière de lecture) moins développées, pour une même durée de scolarisation, que dans les générations antérieures.

12. En reprenant la formule d'Élisabeth Bautier et Jean-Yves Rochex, « Apprendre : des malentendus qui font la différence », *in* Jean-Pierre Terrail (sous la direction de), *La Scolarisation de la France*, *op. cit.*

la nécessité de décrocher un diplôme, pour sauver la face, et pour assurer leur survie sociale. Les penser comme des élèves moyens, ou faibles mais sans histoire(s), est une pensée faible : leur histoire scolaire mérite une attention plus réelle.

L'expérience des élèves de l'entre-deux

Une enquête menée à la fin des années 1990 sur l'insertion professionnelle de jeunes sortis du système scolaire avec un bac, enfants d'ouvriers et enfants de cadres[13], permet d'interroger plus précisément l'expérience scolaire de cette troisième catégorie d'élèves.[14] Comme aujourd'hui l'immense majorité des bacheliers, ces enquêtés ont tenté de poursuivre leurs études. L'échec de leurs essais dans l'enseignement supérieur ne peut se comprendre que par les conditions dans lesquelles ils sont arrivés jusqu'au bac.

S'ils reconnaissent « n'avoir que le bac », ils se défendent par ailleurs « d'avoir quand même le bac ». Cette proposition résume toute l'ambiguïté de leur condition sociale de « simples bacheliers », mais « bacheliers tout de même », mi-échec et mi-réussite, évoquant les « ratés relatifs » décrits par Bourdieu et Champagne.[15] Eux-mêmes soulignent l'ambivalence de leur situation : « Le bac c'est rien..., mais c'est indispensable. » Ils ont tous eu beaucoup de mal à arriver jusque-là. Le bac qu'ils ont obtenu est d'ailleurs souvent un bac professionnel ou technologique – et quand il s'agit d'un bac général, il est décroché à 20 ou 21 ans. Dans les familles de cadres, on parle à son propos de « petit bac », de « bac au

13. *Cf.* Laurence Ould Ferhat, *Parcours scolaires, socialisation professionnelle, transmissions intergénérationnelles. Le cas des bacheliers de la massification scolaire*, thèse pour le doctorat de sociologie, université de Versailles-Saint-Quentin-en-Yvelines, 2004.

14. Les bacheliers ne représentent pas tous les élèves de « l'entre-deux » : certains parmi ces derniers s'en tiennent à un BEP, ou abandonnent avant la terminale, d'autres parviennent éventuellement à décrocher un BTS. L'expérience scolaire des bacheliers n'en est pas moins démonstrative de traits communs à tous.

15. Pierre Bourdieu et Patrick Champagne, « Les exclus de l'intérieur », *in* Pierre Bourdieu (sous la direction de), *La Misère du monde*, Le Seuil, Paris, 1993.

ras des pâquerettes » ou de « bac minuscule », pour condenser une histoire scolaire médiocre et équivoque, véritable handicap : un bon bac, lui, ouvre les portes.[16]

Dans leurs parcours tourmentés se lisent à la fois les ressources qui ont permis d'aller jusqu'à la certification, souvent perçue comme une performance inattendue eu égard au passé scolaire, et les difficultés qui ont fait obstacle à la poursuite d'études. Primaire médiocre et scolarités chaotiques en sont les traits récurrents. Pas d'échecs sans appel, mais une alternance de baisse et de remontée des résultats, une succession de difficultés conduisant au bord de la rupture, et de coups d'éclat encourageant à persévérer. La quasi-totalité des enquêtés a connu deux, voire trois redoublements le plus souvent précoces, de ceux qui constituent l'antichambre des filières dévalorisées. Tous, y compris les enfants de cadres finalement repêchés par leurs parents, ont été d'ailleurs concernés par « l'orientation ».

Parmi eux, la plupart des jeunes de famille ouvrière ont été orientés en CAP-BEP, parfois après des quatrièmes technologiques. Le retard scolaire a commencé à s'accumuler. Les « orientés », d'abord vexés de cette mise à l'écart dans des filières dévaluées, se sont fait une raison et ont apprécié le niveau moins élevé, les jugements scolaires plus cléments, les cours plus pratiques. Le LEP leur a offert un nouvel espace de légitimité où ils ont pu devenir bons élèves. Ils ont réussi à rentabiliser leur orientation pour continuer jusqu'à un bac, via la première d'adaptation pour les bacs technologiques, ou la première professionnelle pour les bacs pro. En ce qu'il offre un « itinéraire bis » pour atteindre le bac à ceux qui ont été éjectés du circuit général, le BEP a représenté une réelle seconde chance pour les enquêtés, dont ils ont su se saisir (« J'étais motivée, je me suis dit qu'il fallait que je m'en sorte. »). Minoritaires néanmoins sont ceux qui ont choisi leur filière de baccalauréat, bac le plus souvent dévalorisé, qu'ils ont eu de surcroît au rattrapage.

16. Dans les milieux ouvriers, le bac est une telle revanche sur le passé scolaire qu'on ne fait pas la distinction entre un bac sélectif et un bac dévalué, ce qui rend encore plus incompréhensible pour les jeunes et leurs parents l'effondrement scolaire post-baccalauréat.

Les enfants de cadres parviennent jusqu'à une terminale générale, à grand renfort d'interventions parentales, de changements d'établissement, d'allers et retours public/privé suite à des renvois (absentéisme, problèmes de discipline). La terminale fait souvent partie des classes redoublées, car les bases sont fragiles. Ces parcours sinueux ont pu être rallongés par des volte-face ou des retours en arrière assez inattendus, comme le retour en BEP après une seconde trop défectueuse, ou l'orientation vers une première technologique après une ou plusieurs secondes générales. Le caractère itératif de ces parcours scolaires se répète dans le supérieur, entre orientations mal contrôlées, errance et inscriptions multiples dans le supérieur, en vain.

Les récits des enquêtés proposent des histoires pleines de suspens et de rebondissements. Le drame côtoie la facétie, une sorte d'instinct de survie permet in extremis de s'en sortir. Il a fallu donner de soi-même, mobiliser toutes les ressources et solliciter l'entourage. En fin de compte c'est quand même une petite victoire ce bac, ils en sont fiers. Tous les ingrédients d'un échouage scolaire étaient réunis, et ils se perçoivent eux-mêmes comme des miraculés scolaires :

> « J'ai redoublé la dixième, la sixième et la terminale, ça aurait pu être cent fois pire. Au niveau études, j'ai vraiment pas... je suis allé jusqu'au bac, mais ça a été un peu tiré par les cheveux. »

Ces carrières scolaires sont l'objet d'une gestion impulsive, au coup par coup, en l'absence d'un engagement subjectif durable. Elles alternent les moments où l'on s'y « met à fond », où l'on est motivé, dans une espèce de surexcitation, d'affolement, d'euphorie intense (mais non persévérante), et les moments où l'on s'écroule littéralement. Soit alors on arrête tout sur un coup de tête, soit on s'enfonce dans une spirale de laisser-aller qui va jusqu'à vous dégoûter de vous-même. Haut et bas, passivité et réactivité, stimulation et lassitude, espoir et découragement, résistance et renoncement, ressaisissement et accablement sont autant de couples contradictoires pour signifier l'ambivalence des expériences scolaires : « Vous voyez que c'est assez mouvementé : on s'accroche, on laisse tomber, on s'accroche, on laisse tomber. » C'est comme si leur bulletin scolaire variait, non pas en fonction de leur activité d'élève, mais de l'état de leur for intérieur.

Ils n'ont jamais définitivement renoncé, ils se sont battus, mais trop épisodiquement et sans succès suffisant pour arriver à une maîtrise minimum de leur histoire scolaire. Rejetés des sections les plus prestigieuses, ils ont souvent l'impression de ne pas avoir choisi leur cheminement scolaire. Ils évoquent une scolarité frappée du sceau du hasard et de la fatalité, un peu comme une histoire qui vous échappe, sur laquelle ils n'ont eu que peu de prise, l'enchaînement des événements – plutôt catastrophiques – prenant le dessus. Sans parler de leur mésaventure universitaire, qu'ils décrivent comme un mauvais cauchemar qu'ils veulent oublier (mais dont ils apprécient, avec le recul, les acquis, intellectuels et autres). Enfants d'ouvriers ou pas, ils ont été ces étudiants démunis face au savoir abstrait, et perdus dans l'université de masse, que décrit Stéphane Beaud.[17]

Ces bacheliers ont été des élèves tiraillés entre des logiques adverses, entre la conscience aiguë des enjeux scolaires et une inertie, presque corporelle, qui les empêchait de se mettre à l'ouvrage, comme lorsqu'ils décrivent ces moments où, rivés à leur bureau, ils pouvaient faire semblant de travailler pendant des heures. Ils ont été traversés par des forces contradictoires, l'envie de réussir et l'incapacité à s'en donner les moyens, une sorte d'apathie qui les paralysait devant l'urgence. Ils ont vécu espoir et souffrance, espoir devant les possibles théoriquement offerts par le système scolaire où chacun a, en principe, les mêmes chances ; souffrance de ne pouvoir profiter de cette liberté et de se laisser envahir par une sorte de léthargie, comme s'ils n'étaient plus maîtres d'eux-mêmes.

Ils ont été constamment renvoyés à leur singularité et à leur responsabilité, ils ont dû puiser en eux-mêmes toutes les ressources de la réussite, ou bien endosser la responsabilité de leur propre échec, et souffrir du sentiment de leur

17. Stéphane Beaud, *80 % au bac, et après...*, La Découverte, Paris, 2002.

insuffisance. Tout est désormais devenu pour eux affaire de volonté, ils l'expriment par des explications très psychologisantes de l'échec comme de la réussite. Les péripéties de leur parcours apparaissent comme de véritables épreuves qui portent atteinte à la dignité et mobilisent les forces subjectives, les usent surtout, mais les aiguisent aussi: refuser puis encaisser le redoublement; résister aux décisions d'orientation en revendiquant une capacité à poursuivre dans le cycle général; continuer sa scolarité, malgré l'enfermement dans une identité de mauvais élève; gravir péniblement chaque échelon de la hiérarchie scolaire avec la menace perpétuelle de ne pas y arriver; supporter, en lycée professionnel, la disqualification symbolique devant les « vrais lycéens ». Ils ont fait preuve, par périodes, d'une extraordinaire volonté de réussir (« Je me suis dépassé », « Je m'y suis mis à fond », « J'ai foncé et tenté le tout pour le tout »), qui interdit de les réduire à des « malgré-nous de la démocratisation scolaire ». Se maintenir dans le système scolaire a représenté un véritable combat contre eux-mêmes: ils ne l'oublieront pas au moment d'entrer sur le marché du travail.

CHAPITRE VII
LE DESTIN DES DIPLÔMÉS

Que l'on soit ou non parvenu à nouer des relations de plaisir avec l'apprentissage et le maniement des savoirs savants, l'obtention d'un diplôme est aujourd'hui l'objectif et l'horizon de tout parcours scolaire, tant le diplôme semble la clé de l'accès à un emploi convenable. La nature exacte des relations entre le diplôme et l'emploi reste cependant problématique pour beaucoup d'élèves, de parents et d'enseignants eux-mêmes. La conviction que sans diplôme on n'a (est) rien est contrebalancée par le soupçon que le diplôme n'est rien, en tout cas n'est pas ou n'est plus grand-chose, n'offrant aucune garantie : qui ne connaît de diplômé réduit à accepter un emploi déqualifié ? Tant d'efforts pour en arriver là, le jeu en vaut-il la chandelle ? Et l'institution scolaire n'a-t-elle pas sa responsabilité dans l'affaire, en proposant des formations inadaptées au marché du travail, ou en délivrant un trop grand nombre de diplômes quitte à provoquer leur dévalorisation ?

Précisons-le d'emblée. Parce que cela paraît indispensable pour comprendre ce qu'il en est réellement des relations entre destin scolaire et destin professionnel, nous aurons soin ici de distinguer les deux aspects de ces relations. D'une part, l'école transmet des savoirs et forme des savoir-faire, qui seront ou pas mobilisés dans l'exercice du métier. D'autre part, elle délivre des diplômes, qui feront référence lors du recrutement du futur salarié, et dans la négociation de sa classification et de son salaire. La formation des qualifications est une chose, la certification scolaire en est une autre. Les qualifications sont mobilisées dans l'*activité* de travail, les titres sont requis sur le *marché* du travail.

La montée de l'hégémonie scolaire

Dès la seconde moitié du XXe siècle, il est devenu très difficile de vivre analphabète dans la société française. La formation dispensée par l'école de Jules Ferry a un triple effet : le lire-écrire-compter est quotidiennement utile ; la connaissance du français, de la géographie, de l'histoire et de la littérature émancipe d'un horizon borné au « pays » et au métier, et intègre à la communauté nationale ; la pratique de l'écrit, l'arithmétique et les sciences naturelles sont indispensables dans la gestion de l'entreprise familiale comme dans l'exercice d'un emploi salarié. Pour tous, la scolarisation est devenue un moment incontournable du temps de la jeunesse.

La socialisation des jeunes générations, pour autant, continue à puiser largement à d'autres sources. La famille, au sein de laquelle se transmettent, même dans le salariat, des connaissances professionnelles, et qui régit directement, ou contribue de près à l'insertion professionnelle. Et l'entreprise elle-même, qui considère alors plus qu'aujourd'hui normal d'assurer la charge de la formation au métier de ses recrues.

Le titre scolaire, lui, a un usage professionnel relativement restreint. D'abord parce que, des années 1920 aux années 1940, plus du tiers des jeunes sortent de l'école sans diplôme (*cf.* tableau II). Près de 40 % ont le certificat d'études (CEP) : parmi eux, une proportion difficile à évaluer mais d'évidence nettement minoritaire en auront usage pour accéder à des emplois de bureau. Même dans le quart qui reste tout le monde n'aura pas un usage professionnel du diplôme obtenu, puisque dans le cas des filles il sert alors souvent de dot matrimoniale plutôt que de passeport pour l'emploi. Au total, si la formation reçue à l'école est utile pour tous, le diplôme n'est utilisé professionnellement que par un jeune environ sur trois.

TABLEAU II
CERTIFICATION SCOLAIRE DES JEUNES
NÉS ENTRE 1913 ET 1934

Diplôme	Aucun	CEP	BEPC	CAP	Bac	Supérieur	Ensemble
Hommes	34	37	5	14	4	6	100
Femmes	37	39	6	10	4	3	100

Source : INSEE, enquête FQP 1985.

C'est une nouvelle ère des relations entre l'école et la vie professionnelle qui s'ouvre dans les années 1960. L'emploi est devenu massivement salarié, et l'essor de l'industrie et des services absorbe un nombre rapidement croissant de salariés intellectuellement qualifiés.

Certes tous les métiers continuent pour une part de s'apprendre sur le tas ; mais pour les apprendre en entreprise, il faut désormais posséder une culture générale, des connaissances scientifiques, théoriques, technologiques, qui relèvent du domaine propre de la culture écrite et ne peuvent avoir été acquises qu'à l'école. De plus, préoccupées de tous les moyens d'améliorer leur rentabilité financière, les entreprises vont chercher à reporter sur l'école (et sur les jeunes eux-mêmes, qui se voient imposer formations en alternance, stages et petits boulots peu ou mal payés) la charge pratique et le coût de formations pointues qu'elles assumaient jusque-là. Le patronat est donc désormais soucieux et d'allongement et de professionnalisation des scolarités, et les politiques scolaires ont largement répondu à ces impératifs.

Sur le marché du travail les recrutements font maintenant systématiquement référence au diplôme, indicateur de la nature et de la qualité des formations reçues. Les possibilités de faire carrière en entreprise, en partant du bas de l'échelle des qualifications, se raréfient. Les non-diplômés sont progressivement assignés aux seuls emplois non qualifiés, les plus exposés au chômage et aux statuts précaires. En 1970, les non-diplômés représentaient 15 % de la population des 10 % de salariés les moins payés; dès 1985, ils en représentaient 30 %.[1] Pour accéder à un emploi d'ouvrier qualifié, il faut maintenant un diplôme acquis en formation initiale. Et devenir cadre sans diplôme de l'enseignement supérieur devient, à partir des années 1970, sensiblement plus difficile (tableau III).

TABLEAU III
PROPORTION DE CADRES ET PROFESSIONS INTERMÉDIAIRES PARMI LES HOMMES DE MOINS DE 35 ANS EN FONCTION DE LEUR DIPLÔME

Diplôme	BEPC	Bac	Bac + 2	Licence et plus
En 1964	29,6	70,2	/	86,2
En 1982	29,2	57,7	82,8	89,8
En 2002	16,3	29,6	64,0	86,2

Lecture : en 1964, 29,6 % des hommes de moins de 35 ans titulaires d'un BEPC étaient cadres ou professions intermédiaires.
Source : INSEE, enquêtes FQP de 1964 et Emploi de 1982 et 2002.

La modification des relations entre l'école et l'emploi et l'allongement des scolarités ont transformé la vie des jeunes. L'institution scolaire s'impose comme instance de socialisation hégémonique. Ses rythmes propres scandent rigoureusement le déroulement du temps de la jeunesse et l'organisation des temps familiaux. Le poids du diplôme dans la

1. Source : enquêtes FQP de 1970 et 1985, *cf.* Christian Baudelot et Michel Glaude, « Les diplômes payent-ils de moins en moins ? », *Données sociales*, INSEE, 1990.

vie professionnelle transforme l'école en plaque tournante qui alimente tous les secteurs de l'activité économique. Les exigences de la reproduction lignagère contraignent la famille à se transformer en instance périphérique de soutien à la socialisation scolaire. Et l'école elle-même est sommée de s'adapter en temps réel aux besoins du marché du travail, au point de ne plus se voir assigner pour mission essentielle de transmettre des savoirs mais de former des compétences professionnellement utiles.

La théorie du capital humain

Le destin professionnel est donc aujourd'hui beaucoup plus dépendant qu'autrefois du parcours et de la certification scolaire. Pour réussir professionnellement, il faut commencer par réussir à l'école : ce constat semble fait sur mesure pour valider, trente ans plus tard, la fameuse « théorie du capital humain ». Selon son auteur, Gary Becker[2], si les élèves et leurs familles consentent à payer le prix de la réussite scolaire, c'est bien qu'il s'agit d'une dépense rentable à terme. On doit en ce sens les comparer à des entrepreneurs qui investissent leurs ressources propres (disponibilités monétaires, temps, énergie, intelligence, ténacité) dans la formation d'un stock de connaissances destinées à fonctionner comme capital. Celui-ci sera dit « humain » afin de marquer sa spécificité : c'est un capital incorporé, inséparable de son possesseur. Une fois constitué, son détenteur le rentabilisera sur le marché du travail, en obtenant pour son usage une rémunération proportionnelle à son niveau de diplôme, et donc à l'importance de l'investissement initialement consenti.

C'est le calcul économique qui régit le niveau de cet investissement. Les élèves et leurs familles sont identifiés à des décideurs rationnels, qui comparent d'une part le coût estimé de l'opération (qui est fonction à la fois du prix et de la durée des études, et du montant des ressources matérielles et intellectuelles disponibles) ; et d'autre part les bénéfices escomptables de cet investissement, lesquels dépendent

2. Gary Becker, *Human Capital*, Columbia University Press, New York, 1964.

notamment de l'importance de la demande de diplômés sur le marché du travail. La relation formation-emploi est ainsi censée s'autoréguler : en cas de surproduction de diplômés, la demande d'éducation doit baisser.

Certainement séduisante dans une conjoncture historique où la masse des jeunes (et de leurs parents) associent si évidemment leurs performances scolaires à leur avenir professionnel, cette théorie appelle quelques objections.

Une partie d'entre elles concerne la représentation proposée par Becker (et reprise en France par Raymond Boudon[3]) des « investisseurs » : les élèves et leurs familles. Ceux-ci seraient autant d'acteurs rationnels qui diffèrent par l'importance de leurs ressources, lesquelles dépendent de leur position sociale. Ces acteurs sont censés disposer d'une capacité identique à s'informer sur les possibilités offertes par l'institution scolaire, à anticiper l'état du marché du travail et des offres d'emploi, à élaborer des stratégies efficaces. Or une diversité de recherches a montré le caractère non pertinent de ce présupposé. En réalité l'inégalité des ressources inclut l'inégalité dans la connaissance tant de l'école (dont les arcanes sont beaucoup mieux maîtrisées par les parents qui l'ont eux-mêmes longuement fréquentée), que du marché du travail (plus les parents sont qualifiés, plus le marché du travail qui leur est familier est étendu).

Toute famille, d'autre part, est une configuration complexe de rapports de filiation et d'affiliation. La réduire à un acteur rationnel, uniquement guidé par les intérêts économiques inhérents à sa position sociale, ne saurait permettre d'appréhender la logique pratique des décisions qu'elle est amenée à prendre dans le processus de scolarisation (poursuivre ou interrompre les études des enfants, les orienter vers telle ou telle filière). Le calcul rationnel imaginé par Becker n'est réalisable que si les choix possibles sont comparables, et ils ne peuvent l'être que ramenés à la même aune, l'argent : or le coût d'une poursuite d'études ne se réduit jamais à une dépense monétaire, ni l'inté-

3. Raymond Boudon, *L'Inégalité des chances*, Armand Colin, Paris, 1973.

rêt d'un type d'emploi au niveau du salaire correspondant. Autant qu'au seul appât du gain, en effet, le choix des filières scolaires et professionnelles, résultant d'interactions complexes au sein de la famille, peut renvoyer aux traditions lignagères, à l'intérêt du contenu de l'activité professionnelle envisagée, à la recherche de la sécurité d'emploi, au plaisir d'apprendre et de développer ses capacités intellectuelles ou au souci d'en démontrer la réalité, etc. Cela ne veut évidemment pas dire que les décisions prises ne seront pas rationnelles : mais que toute rationalité n'est pas celle de l'*homo economicus*, dont la figure s'avère ici comme ailleurs profondément déréalisante.

La complexité des relations entre le diplôme et l'emploi

Une autre série d'objections à la théorie du capital humain concerne son présupposé d'une correspondance directe entre performances scolaires et destinées professionnelles. C'est bien parce qu'ils établissent cette relation, en effet, que les élèves et leurs familles consentent à la dépense scolaire. Mais faut-il pour autant laisser croire que tout est dit de l'emploi quand on a évoqué le diplôme ? Certainement pas, à observer, dans le fonctionnement concret du marché du travail, la divergence des parcours professionnels à partir d'un même niveau de formation voire du même diplôme.

On observe ainsi que les chances d'emploi et de carrière diffèrent sensiblement, à niveau donné de certification scolaire, selon l'origine sociale des diplômés : le poids de l'ascendance continue à se manifester après la sortie de l'école.[4]

Le cas de la divergence des itinéraires sexués est particulièrement flagrant. Alors qu'elles sont en moyenne sensiblement mieux scolarisées que les hommes, les femmes actives sont nettement moins bien classés qu'eux dans la hiérarchie des statuts et des rémunérations. Les salaires féminins sont inférieurs de 25 à 30 % à ceux des hommes, le taux de

4. On se reportera sur ce point au chapitre suivant.

chômage féminin est supérieur de 30 % à celui des hommes, les emplois féminins sont beaucoup plus souvent précaires et à temps partiel. Ces disparités doivent beaucoup aux modes propres de structuration de la vie économique, aux politiques de recrutement et d'emploi. Dans le cadre de la sectorisation des filières d'emploi, les professions les plus féminisées sont aussi, à chaque niveau de certification scolaire, les moins bien rémunérées. Dans les secteurs mixtes (employant à la fois des hommes et des femmes), les modes d'organisation du travail dévalorisent les emplois occupés par les femmes ; les pratiques de recrutement, les promotions de carrière sont régulièrement défavorables à la main-d'œuvre féminine.

Élément fort de structuration du marché du travail, l'opposition entre la fonction publique et les entreprises privées contribue significativement, pour sa part, à l'inégalité de traitement des diplômés. Plus exigeant en la matière, l'État paie moins mais assure (après titularisation !) la sécurité de l'emploi ; pour le même diplôme – en tout cas à partir du BEP et au-delà – le privé impose un temps de travail un peu supérieur et verse des salaires significativement plus élevés.[5]

On pourrait convoquer bien d'autres exemples manifestant le rôle propre, indépendant de la certification scolaire, joué par tel ou tel aspect de l'appareil économique dans la détermination des trajectoires d'emploi. Ce rôle tient à deux choses. Il tient d'une part aux logiques de recrutement : les employeurs règlent leurs choix sur d'autres critères que le seul diplôme, tels l'aisance sociale (qui se transmet dans la famille plus qu'elle ne s'acquiert à l'école), le sexe, la couleur de la peau, etc. Il tient d'autre part aux logiques de carrière : l'espace au sein duquel se déroulent les destinées professionnelles est un espace non homogène, structuré en « systèmes occupationnels » et filières d'emploi.[6] Les grandes firmes organisent, comme la fonction publique, leur propre marché du travail : le déroulement de carrière

5. François de Singly et Claude Thélot, *Gens du privé, gens du public*, Dunod, Paris, 1988.

6. Pierre Tripier, *Du travail à l'emploi*, Éditions de l'Université de Bruxelles, 1991.

de leurs salariés, une fois recrutés, est régi par les règles de ce marché dit « interne ». Un ensemble de mondes professionnels fonctionnent de leur côté comme des marchés du travail « fermés » : l'accès en est contrôlé, et les nouveaux entrants sont confrontés à des normes de carrière standardisées propres au milieu (la marine marchande, les mondes sportifs, etc.).[7]

À diplôme donné, le choix du ou des premiers emplois risque ainsi de s'avérer tout à fait essentiel pour la suite de la carrière. D'autant qu'en dehors même des marchés du travail internes ou fermés, l'expérience acquise parce qu'on a débuté sa carrière dans tel secteur d'activité plutôt que dans tel autre restreint le choix des suites possibles. On peut en juger pour ce qui est par exemple des carrières ouvrières : les salariés de la micro-entreprise (boulangerie, pêche, réparation automobile...) sont plus portés que les autres vers l'installation dans un statut de travailleur indépendant ; ceux des entreprises à technologie de pointe vers l'accès aux rangs des professions intermédiaires ; ceux enfin des moyennes industries à faible technicité du monde rural et des petites villes vers... le maintien dans les qualifications ouvrières.[8]

La théorie du capital humain prend acte du resserrement des liens entre le diplôme et l'emploi qui s'opère à partir des années 1960, et que la simple observation statistique manifeste à l'évidence, mais elle en rend compte avec un simplisme désarmant, qui passe à côté de la réalité tant des comportements de scolarisation que du fonctionnement du marché du travail et des processus d'emploi et de carrière. C'est un autre aspect de la question qu'il nous faut maintenant examiner : après s'être avéré de plus en plus nécessaire à l'obtention des emplois qualifiés, le diplôme semble désormais de moins en moins suffisant, au point que son utilité même soit parfois mise en cause.

7. Catherine Paradeise, « Les professions comme marchés du travail fermés », *Sociologie et société*, Université de Montréal, 1988.

8. Alain Chenu, « Les ouvriers et leurs carrières », *Sociétés contemporaines*, n° 14-15, 1993.

L'inflation/dévalorisation des diplômes

Il n'est plus guère aujourd'hui de certification scolaire, de fait, qui garantisse l'emploi. Trois ans après la sortie du système éducatif, près de 10 % des titulaires d'un diplôme de deuxième cycle et même de troisième cycle de l'enseignement supérieur (université et grandes écoles) obtenu en 2001 sont au chômage (tableau IV, ci-après).

C'est dans la seconde moitié des années 1970 que l'existence d'un chômage des diplômés commence à se manifester. Le phénomène s'accompagne d'une concurrence accrue pour l'obtention des emplois qualifiés, d'une tendance des employeurs à recruter des candidats plus diplômés pour un type de poste donné et à réduire, de façon générale, les rémunérations proposées pour les emplois qualifiés. La tendance à l'écrasement de la hiérarchie des salaires est spectaculaire : en 1970, pour les hommes, la rémunération moyenne du titulaire d'une licence ou d'une maîtrise est égale à 2,44 fois le salaire du titulaire d'un CAP ; en 1985 ce rapport n'est plus que de 1,68 (pour les femmes ces ratios sont respectivement de 1,93 et 1,44).[9]

Ces transformations sont très rapidement interprétées, et par les chercheurs tout aussi bien, en termes de marché : les diplômes se dévalorisent, et s'ils se dévalorisent c'est parce que le système scolaire les a délivrés en trop grand nombre eu égard aux évolutions de l'offre d'emploi et donc aux besoins économiques et sociaux. Toute valeur marchande se dévalorise lorsqu'elle est l'objet d'une production surabondante, inflationniste : pourquoi les diplômes sur le marché du travail feraient-ils exception ? Ce recours à la métaphore monétariste n'étonne pas chez Raymond Boudon, qui se réclame de l'économie néoclassique[10] ; mais des sociologies a priori bien différentes ne verront elles aussi dans cette affaire que de banals et objectifs mécanismes de marché. « On peut considérer qu'un titre, écrit ainsi Pierre Bourdieu, a toutes les chances d'avoir

9. Seuls les détenteurs d'un diplôme de grande école échappent à cette tendance. *Cf.* Christian Baudelot et Michel Glaude, « Les diplômes payent-ils de moins en moins ? », article cité.

10. Raymond Boudon, *L'Inégalité des chances, op. cit.*

subi une dévaluation toutes les fois que l'accroissement du nombre des titulaires de titres scolaires est plus rapide que l'accroissement du nombre des positions auxquelles ces titres conduisaient en début de période. »[11]

Ce type d'interprétation bénéficie aujourd'hui encore d'un assez large assentiment des chercheurs, et les conduit régulièrement à mettre en avant le gaspillage économique et social qu'impliquerait la « fuite en avant » perpétuelle vers des niveaux de scolarisation et de certification toujours plus élevés. Si mener au niveau du bac 80 % des jeunes générations ne sert qu'à alimenter le chômage des diplômés et à accroître l'écart entre leurs espérances et la dure réalité du marché du travail, à quoi bon ? L'appel à la raison des jeunes et des familles n'est pas nécessairement sans effets, surtout dans les milieux populaires où l'on rentabilise moins facilement le diplôme obtenu : la tendance à la stabilisation des aspirations scolaires ouvrières depuis les années 1980 conduit en tout cas à se poser la question. La thèse d'une inflation de la certification scolaire mérite donc d'être examinée de près.

L'ÉCOLE FORME-T-ELLE TROP DE DIPLÔMÉS ?

On rappellera d'abord que si le diplôme est devenu de moins en moins suffisant à l'obtention d'un emploi, il n'en reste pas moins de plus en plus nécessaire. L'exigence d'un diplôme de niveau au moins identique à celui de l'emploi, déjà sensible au début des années 1980, s'est affirmée depuis : la probabilité de devenir cadre avec un diplôme inférieur ou égal au bac a très fortement régressé (tableau III). De véritables cloisonnements séparent les niveaux de diplôme les plus proches : seule une minorité de bacheliers professionnels peut espérer accéder un jour au rang de technicien supérieur, réservé aux titulaires d'un BTS. Conséquence : même s'il n'offre aucune certitude d'emploi, on peut de plus en plus difficilement envisager de faire une carrière donnée sans le diplôme correspondant.

11. Pierre Bourdieu, « Classement, déclassement, reclassement », *Actes de la recherche en sciences sociales*, novembre 1978. *Cf.* également Jean-Claude Passeron, « L'inflation des diplômes », *Revue française de sociologie*, volume XXIII, 1982.

Cela dit, si pour un poste donné les employeurs recrutent de moins en moins de candidats ne disposant pas des diplômes adéquats, et si tous les titulaires de ces diplômes ne trouvent pas d'emploi, c'est bien que la demande d'emploi excède l'offre à ce niveau de qualification. Comment contester dès lors que le système éducatif produise un excès de diplômés, et que cet excès soit à l'origine de la tendance à la baisse des classifications et des salaires à l'embauche ?

La logique de ce raisonnement n'est qu'apparente. Tous les jeunes étant scolarisés, réduire le nombre des sorties diplômantes implique d'augmenter la part des sorties aux niveaux inférieurs. Or, quand on examine la relation entre diplôme et emploi, on doit bien constater qu'en France comme dans les autres pays européens... le diplôme reste la meilleure protection contre le chômage et les conditions d'emploi les plus défavorables. Trois ans après la sortie du système éducatif, 9 % des titulaires des diplômes les plus élevés sont au chômage ; mais ce taux est quatre fois plus élevé chez ceux qui n'ont aucun diplôme, la fréquence du chômage tendant à se réduire au fur et à mesure qu'on monte l'échelle des diplômes ; et non seulement les plus diplômés sont moins souvent au chômage, mais ils bénéficient beaucoup plus souvent de contrats de travail à durée indéterminée. Réduire le nombre de diplômés ne résoudrait donc aucun problème, au contraire, puisque cela reviendrait à augmenter les sorties à des niveaux où le taux de chômage est plus élevé (tableau IV).

Ce constat statistique contredit, du même coup, la représentation selon laquelle le chômage des diplômés tiendrait à la multiplication du nombre de diplômés : car si cette représentation était exacte, le chômage devrait affecter spécifiquement ceux – les diplômés – dont la production excessive encombre le marché du travail...[12]

12. Selon la théorie de « la file d'attente », qui a séduit nombre d'économistes, le chômage plus important des non-diplômés serait dû à ce que les employeurs puisent d'abord dans les premiers rangs de la file des demandeurs d'emploi composés des diplômés. Mais c'est là un raisonnement purement formel, qui néglige deux critères essentiels des pratiques de recrutement : les employeurs anticipent l'adéquation entre

TABLEAU IV
LA SITUATION D'EMPLOI EN FONCTION DU DIPLÔME, 3 ANS APRÈS LA SORTIE DE L'ÉCOLE

Niveau de sortie (2001)	Taux de chômage (en %)	Pourcentage des premiers emplois en CDI
Sans qualification	39	31
CAP ou BEP, non diplômés	31	29
CAP ou BEP	14	35
Bac, non diplômés	17	29
Bac pro ou technologique	11	31
Bac + 1 ou + 2, non diplômés	18	32
Bac + 2	8	32
Deuxième cycle	9	51
Troisième cycle ou grande école	9	57
Ensemble	16	36

Source : Céreq, enquête Génération 2001, réalisée en 2004.

En réalité, il faut bien admettre que le chômage trouve ses racines dans la dynamique propre de l'activité économique. Le sous-emploi de la force de travail est un phénomène mondial, d'ailleurs bien supérieur au taux de chômage déclaré. Dans les pays développés, on ne saurait en rendre

le « potentiel » des candidats et les réquisits du poste (des candidats trop bien formés ne font pas forcément mieux l'affaire que des candidats qui le sont insuffisamment) ; et ils cherchent à satisfaire leurs besoins au moindre coût.

compte sans prendre en considération la conjonction entre le recul de l'investissement productif créateur d'emploi au profit d'activités spéculatives, la substitution de la machine à l'homme dans un contexte de progrès technique très rapide, l'intensification considérable du travail dans tous les secteurs d'activité, la mise en concurrence des salariés à l'échelle mondiale.

D'un côté cette logique économique stimule une recherche constante d'augmentation de la productivité du travail, une scientifisation croissante de la production de biens et de services, et donc une demande croissante de qualifications élevées, certifiées par le diplôme. De l'autre le sous-emploi global qu'elle produit modifie le rapport des forces entre salariés et employeurs au profit de ces derniers, qui sont ainsi en position d'exercer une pression à la baisse sur les salaires, pression qui affecte aussi les emplois qualifiés.

Malgré la massification du lycée et de l'enseignement supérieur, la croissance de la demande de fortes qualifications sur le marché du travail a été suffisamment rapide pour garantir aux diplômés le risque de chômage le plus faible. Et l'on peut être assuré que cette demande correspond à un véritable besoin des entreprises : si ce n'était pas le cas elles recruteraient des candidats moins diplômés, toujours moins chers. La dévaluation des diplômes n'est en rien, en ce sens, l'indication que les qualifications correspondantes ont été produites en excès, que les employeurs n'en ont pas réellement besoin. Sur la plupart des postes de travail ils demandent aux salariés de travailler plus vite, plus intelligemment, en prenant davantage d'initiatives, en intégrant un plus grand nombre de paramètres dans leurs décisions, en s'adaptant aux changements qui affectent régulièrement la définition de leur activité : comment ces derniers pourraient-ils répondre à de telles exigences sans une formation initiale et un niveau de culture générale à la hauteur ?

La baisse des salaires et la moindre reconnaissance des diplômes dans la classification des salariés relèvent au premier chef d'un rapport des forces sur le marché du travail plus favorable aux employeurs. Elles n'indiquent en rien que les intéressés n'auront pas l'usage sur leur poste de travail des savoirs et savoir-faire acquis en formation initiale et validés par leur diplôme. *Voir dans la dévaluation des diplômes l'indice d'une augmentation trop rapide de la production de diplômés, c'est confondre ces deux processus, c'est identifier l'achat et l'usage de la force de travail, comme si le marché épuisait la substance de toute activité sociale.* Ce n'est pas parce qu'un diplôme est moins reconnu et moins rémunéré dans le contrat de travail que les employeurs ne font pas appel, une fois que son titulaire est entré en fonction, aux savoirs et savoir-faire acquis en formation initiale. Si l'on veut comprendre ce qui se passe sur le marché du travail, il faut aussi regarder ce qui se joue dans les activités de travail elles-mêmes.

Si le déclassement des diplômés est donc très loin d'indiquer systématiquement des situations de surqualification, il arrive cependant que ce soit le cas. Il faut encore alors examiner de près les formes réelles d'une telle surqualification. Celle-ci peut être temporaire : les salariés recrutés sur un emploi inférieur à leurs compétences auront des chances de connaître des promotions de carrière ultérieures plus rapides qu'à l'ordinaire ; ainsi les assistantes sociales ou les infirmières recrutées à bac + 4 ou + 5 plutôt qu'à bac + 3 accéderont nettement plus fréquemment aux rangs de l'encadrement. La surqualification peut être aussi un effet de « management » : recruter des caissières ou des équipiers de McDonald's à bac + 2 est la meilleure garantie non seulement que les intéressés travailleront vite et bien mais aussi qu'ils ne chercheront pas à pérenniser leur emploi à tout prix, ne revendiqueront pas de CDI, c'est la meilleure façon de s'assurer un renouvellement permanent de forces fraîches et flexibles. Enfin les surqualifications peuvent être à la fois réelles et apparentes, l'employeur se constituant des « réserves de productivité » en recrutant des salariés surdiplômés (au sens où leur qualification excède les réquisits du poste pour lequel ils sont recrutés) mais qui sauront s'adapter lors des changements inévitables dans l'organisation du travail.

L'essor et l'installation durable du chômage de masse depuis le milieu des années 1970 ne doivent pas grand-chose, au bout du compte, aux modalités de la scolarisation des jeunes générations. On doit plutôt observer, à l'inverse, que les politiques d'allongement massif des scolarités n'ont pas seulement ouvert de nouvelles perspectives d'accès à la formation, à la culture, aux savoirs, à des catégories sociales qui en étaient exclues jusque-là : elles ont été largement validées par les possibilités d'emploi offertes à leurs bénéficiaires sur le marché du travail. Ces politiques n'en posent pas moins, même en laissant ici de côté le cas des 15 % d'élèves en grande difficulté qui restent sur le bord du chemin, deux grands types de problèmes.

À l'égard, d'abord, de ces élèves moyens de « l'entre-deux » (*cf.* chapitre VI) dont l'arrivée aux plus hauts niveaux du secondaire peut apparaître comme le résultat d'un « forcing » et des intéressés et de l'institution. Première question : est-il possible de réduire le coût (pour les élèves comme pour leurs enseignants) de ce « forcing » ? Oui, par une transformation des apprentissages qui en étende le taux de réussite (nous y consacrons la troisième partie de l'ouvrage). Deuxième question : cela vaut-il la peine, sachant les difficultés fréquentes de ces jeunes le plus souvent d'origine populaire sur le marché du travail ? Oui, car le diplôme est l'arme essentielle de ces jeunes (*cf.* chapitre VIII ci-après).

Les politiques de la massification scolaire ont toujours conçu la formation, par ailleurs, comme un instrument au service de l'emploi, plus encore : au service des employeurs. Il convient en premier lieu, à l'encontre de cette perspective strictement utilitariste, de rappeler la spécificité des registres : on vient de le voir, l'institution scolaire ne saurait résoudre les problèmes ni du chômage des diplômés, ni de la dévaluation des diplômes, qui sont du ressort des politiques économiques et des luttes salariales. L'école ne saurait, certes, ignorer les besoins sociaux : mais qui définit ces derniers ? Quand, pour un poste donné, un employeur a le choix d'embaucher en CDI un candidat de bonne culture générale et qui pourra affronter les inévitables changements dans la définition de son poste de travail, ou de recruter en CDD un candidat moins cher, à la formation plus étroite et moins adaptable, qu'il licenciera à terme, la pression des actionnaires le disposant plutôt à cette seconde solution, la mission de l'école est-elle de favoriser ces stratégies financières à courte vue ? La formation même des jeunes générations, enfin, peut payer cher le souci d'efficacité au service des intérêts immédiats des employeurs. Cette quête d'efficience conduit en effet à redéfinir les missions de l'école, qui aurait désormais beaucoup moins à transmettre des savoirs qu'à former des « compétences », les connaissances à acquérir étant strictement subordonnées aux savoir-faire directement utilisables par les employeurs[13]. Les jeunes n'iraient plus à l'école pour apprendre à penser en s'appropriant les savoirs de la culture écrite et les capacités réflexives correspondantes, ils y iraient seulement pour apprendre à appliquer des technologies intellectuelles prédéfinies dans des situations pratiques prédéfinies. Mais de quelle légitimité démocratique pourrait se prévaloir une telle conception de l'efficacité scolaire ?

13. Voir à ce sujet Françoise Ropé et Lucie Tanguy, *Savoirs et compétences*, L'Harmattan, Paris, 1994.

CHAPITRE VIII

LE DIPLÔME, ARME DES FAIBLES ?

À quoi sert aux jeunes de décrocher le bac, si c'est pour se retrouver ensuite au chômage, intérimaire, caissière ou vendeur ? De plus en plus fréquemment posée, la question concerne implicitement les enfants des classes populaires. Ont-ils tellement intérêt à prolonger leurs études ? Un CAP ou un BEP industriels ne valent-ils pas mieux en termes de salaire et d'emploi qu'une formation générale inachevée ?[1] Au vu des inégalités persistantes dans l'accès aux diplômes les plus élevés, qui font de la prolongation des études une aventure à la fois difficile et risquée, de l'évolution du taux de chômage des diplômés et de la dévalorisation des diplômes, qui rend leurs débouchés plus incertains sur le marché du travail et multiplie les situations de déclassement, et à écouter enfin la valorisation des compétences au détriment des diplômes dans le discours des employeurs, on a tôt fait aujourd'hui de décourager les enfants des milieux populaires de persévérer dans les études longues.

1. *Cf.* Christian Baudelot et Roger Establet, *Avoir trente ans en 1968 et en 1998*, Le Seuil, Paris, 2000, p. 216.

Sans être aussi froidement formulée dans les termes du calcul économique, la question ne manque effectivement pas de tarauder les intéressés. Incontestablement, cette inquiétude préoccupe au premier chef les familles populaires, qui doutent aujourd'hui plus qu'hier des vertus des diplômes les plus élevés pour trouver un emploi. Elles continuent pourtant d'encourager leurs enfants à réussir le plus loin possible à l'école... Qu'est-ce qui les fait tenir dans cette entreprise ? S'agit-il vraiment de temps perdu et d'espoirs oniriques ? On peut tout aussi bien inverser les termes du problème. Les diplômes ne sont-ils pas de plus en plus nécessaires pour assurer une bonne insertion, surtout aux enfants des classes populaires ? La scolarisation prolongée n'annonce-t-elle pas autre chose qu'une forte désillusion sur le marché du travail ? Au-delà du premier emploi, jusqu'à quel point les destinées professionnelles des différents types de diplômés continuent-elles de dépendre de leur origine sociale ? Le diplôme n'est-il pas en réalité la meilleure arme des « faibles » ?

Les atouts des jeunes d'origine populaire

Selon la théorie du capital humain (chapitre VII), la surabondance de diplômés devrait entraîner une baisse de la demande d'éducation, à commencer par celles des catégories populaires, puisque les études longues leur coûtent davantage. On ne constate au contraire aucune réorientation de leurs stratégies scolaires vers les diplômes courts de l'enseignement professionnel. Par ailleurs, même si cet enjeu occupe une place considérable dans le contexte actuel, l'intérêt des études longues ne se réduit pas pour elles à leurs débouchés professionnels immédiats : qu'on songe par exemple aux atouts procurés par une formation scolaire longue pour accéder aux œuvres culturelles, pour l'épanouissement personnel tout simplement. Mais même en se limitant à des considérations de rentabilité professionnelle, les familles des classes populaires ont de bonnes raisons de pousser leurs enfants à prolonger leurs études.

Qu'il s'agisse de progresser sur l'échelle des qualifications ouvrières, d'accéder au salariat non ouvrier, et notamment aux positions d'encadrement, ou bien encore de s'installer à son compte dans une activité commerciale ou artisanale, les destinées des enfants de familles populaires peuvent de plus en plus difficilement faire l'économie de diplômes assez élevés. Certes, on embauche toujours dans le bâtiment et on manque aussi de serveurs. Mais la tendance est toutefois au déclin sur le long terme des emplois les moins qualifiés. Et même des activités professionnelles faiblement rémunérées et précaires nécessitent aujourd'hui une qualification scolaire plus poussée qu'hier. Longtemps peu sensibles aux diplômes des candidats à l'embauche et privilégiant leurs qualités « naturelles », de nombreux employeurs dans divers secteurs du commerce s'adressent ainsi aujourd'hui à l'Éducation nationale pour créer de nouveaux diplômes professionnels du tertiaire.[2]

La force de travail simple étant aujourd'hui sensiblement dévaluée, quels autres atouts les jeunes d'origine populaire peuvent-ils faire valoir sur le marché de l'emploi, si ce n'est leur formation scolaire ? N'ayant quasiment pas d'autres ressources que leurs salaires pour soutenir leurs enfants en début de vie active, les familles populaires continuent d'utiliser leurs relations familiales, amicales ou professionnelles pour accéder plus rapidement à l'emploi. Enquêtées en 2000, un quart des familles ouvrières ont ainsi fait entrer leur enfant dans l'entreprise où travaillait l'un des parents ou bien l'ont aidé à trouver du travail par leurs relations.[3]

Ce soutien est plus intense quand les enfants sont peu diplômés (au mieux, titulaires d'un BEP ou du brevet), plus faible en revanche s'ils sont diplômés du supérieur. Et sans doute s'agit-il avant tout d'une stratégie défensive, pour éviter au moins le chômage et la précarité. Les enfants d'ouvriers qui ont bénéficié de cette aide de leurs parents sont en effet plus souvent devenus ouvriers. À diplôme égal, les jeunes ouvriers s'insèrent aussi plus difficilement quand leur père est au chômage, moins à même donc de faire

2. *Cf.* Fabienne Maillard, « Diplômes du tertiaire : les ambiguïtés d'une politique », *in* Gilles Moreau, *Les Patrons, l'État et la formation des jeunes*, La Dispute, Paris, 2002.

3. *Cf.* Tristan Poullaouec, « Les familles ouvrières face au devenir de leurs enfants », *Économie et statistique*, n° 371, 2004.

valoir ses relations professionnelles.[4] Et si une petite minorité d'enfants de cadres commencent leur vie active comme ouvriers, c'est d'abord parce qu'ils sont moins diplômés que les autres enfants de cadres, tout comme leurs pères le sont moins que les autres cadres. Mais plus diplômés que les autres jeunes ouvriers, ils quittent aussi rapidement la condition ouvrière, profitant du meilleur capital social de leurs parents.[5]

De plus en plus nécessaires, les diplômes sont aussi de moins en moins suffisants pour garantir de bons débuts sur le marché du travail. Selon l'ampleur du patrimoine, des relations sociales ou encore des revenus de leur famille, leurs titulaires connaîtront une insertion professionnelle différente. Dans les classes populaires, ces atouts familiaux sont précisément plus faibles et moins efficaces. C'est pour cela que les familles populaires misent aujourd'hui avant tout sur les études pour que leurs enfants s'en sortent. On comprend aussi ces enfants d'immigrés algériens ayant réussi scolairement enquêtés par Zahia Zéroulou : « L'école, c'est le seul atout quand on est pauvre. »[6] D'autant plus qu'ils subissent de nombreuses discriminations racistes à l'embauche : plus leurs diplômes sont bas, et plus les jeunes d'origine maghrébine connaissent des taux de chômage supérieurs à ceux de parents nés français.[7]

Le diplôme, ressource subjective

L'atout que constitue pour les enfants de milieu populaire une scolarité prolongée jusqu'au baccalauréat[8] ne se

4. *Cf.* Catherine Marry, « Origine sociale et réseaux d'insertion des jeunes ouvriers », *Formation emploi*, n° 4, 1984.

5. *Cf.* Claude Thélot, *Tel père, tel fils ? Position sociale et origine familiale*, Bordas, Paris, 1982, Hachette, Paris, 2003.

6. *Cf.* Zahia Zéroulou, « La réussite scolaire des enfants d'immigrés. L'apport d'une approche en termes de mobilisation », *Revue française de sociologie*, 1988.

7. *Cf.* Alain Frickey, Jake Murdoch et Jean-Luc Primon, « Les débuts dans la vie active des jeunes issus de l'immigration après des études supérieures », *Notes Emploi-Formation*, Céreq, n° 9, 2004.

8. Il s'agit là des résultats d'une enquête menée auprès de jeunes de niveau IV, sortis du système scolaire avec un bac mais sans diplôme

réduit pas au diplôme et à l'insertion professionnelle qu'il assurerait par lui-même. Les débouchés de ce diplôme, indéterminés et incertains, sont à construire par les jeunes eux-mêmes (« le bac c'est trop ou c'est pas assez mais c'est jamais ça », expérimentent-ils). Pour déployer toute l'énergie nécessaire à l'insertion dans des emplois exigeants en termes de réalisation de soi, de stabilité et de carrière, les bacheliers remobilisent leur expérience antérieure et en particulier une histoire scolaire en demi-teinte, ouverte à l'interprétation. Ils s'approprient positivement l'ambivalence d'une trajectoire scolaire controversée, mais menée à son terme avec persévérance (« le bac c'est rien » mais « leur bac, c'est quelque chose ») : elle est décrite comme une véritable épopée dont ils sont sortis en héros, et réinvestie comme une ressource.

Au regard de leur origine sociale, d'un parcours scolaire chaotique et semé d'embûches, qu'ils soient parvenus finalement à décrocher ce diplôme étalon leur apparaît comme une petite performance. Décidés à prendre leur revanche par rapport à ce passé scolaire où ils ont souffert d'un manque de reconnaissance, le marché du travail leur apparaît comme une seconde chance, où ils peuvent montrer de quoi ils sont capables. Leur empressement à travailler tranche avec leur relatif désengagement scolaire : il leur sera bénéfique comme engrenage vers l'emploi recherché. Ce goût du travail construit parallèlement à la scolarité dans les stages professionnels et les petits boulots, ils l'ont également hérité de leurs pères, anciens ouvriers, plus ou moins qualifiés, malgré le rejet des projets parentaux de réussite sociale (médecin, avocat, notaire...) et malgré le rejet du monde ouvrier, de la chaîne...

Ces jeunes ont arrêté leurs études à la suite d'échecs successifs dans l'enseignement supérieur, non sans un certain sentiment d'illégitimité. Mal préparés, ils ont fait irruption sur un marché du travail hostile à ces « actifs par défaut d'être étudiants ». Après une phase de désillu-

du supérieur. *Cf.* Laurence Ould Ferhat, *Parcours scolaires, socialisation professionnelle, transmissions intergénérationnelles. Le cas des bacheliers de la massification scolaire*, thèse citée.

sion et de dépit (« quand on va jusqu'au bac, c'est qu'on espère continuer », regrette l'un d'entre eux), ils prennent conscience du capital symbolique et culturel emmagasiné durant la scolarité. Ce bagage, source d'émancipation culturelle, autorise une projection dans un « vrai » avenir professionnel. Avoir fréquenté le lycée et plus tard l'université garantit un niveau de culture générale, des potentialités de reprise d'études et de formation continue, bref un « désir d'apprendre » qu'ils mettront souvent en œuvre afin d'échapper à leurs premiers emplois alimentaires et subalternes, au fur et à mesure que se construit un projet professionnel crédible. Loin d'être une marque de subordination culturelle[9], détenir le bac représente encore un signe de distinction sociale, une « preuve culturelle » qu'ils expriment à leur façon (« Le chef d'atelier me prenait pour un con. Il oubliait que j'avais un bac. »)[10].

Certes, le diplôme n'est pas la garantie absolue de la réussite sociale, et celle-ci peut même s'en passer. C'est ce que rappelle le paradoxe d'Anderson, souvent invoqué par Boudon : faire des études plus longues que ses parents n'assure pas toujours une promotion sociale, et, même avec une formation plus courte, on n'est pas forcément condamné à une position plus basse. L'enquête menée en 1997 par le Céreq sur les débuts dans la vie active des sortants du système éducatif en 1992 illustre à sa façon cet apparent paradoxe : à diplôme égal, la position sociale atteinte par les jeunes cinq ans après la fin de leurs études dépend encore de leur origine sociale (tableau V). Quels que soient leurs diplômes, les enfants d'ouvriers deviennent toujours moins souvent cadres[11], et toujours plus souvent ouvriers ou employés que les enfants de cadres. Cet effet de rappel de l'origine sociale sur les destinées professionnelles est cependant d'autant

9. *Cf.* Stéphane Beaud, *80 % au bac... et après ? Les enfants de la démocratisation scolaire*, La Découverte, Paris, 2002.

10. Hier condition pour accéder à la bourgeoisie, aujourd'hui minimum indispensable pour éviter les emplois d'exécution, il continue de tracer une ligne de démarcation, « une barrière sociale et un niveau intellectuel de référence », Edmond Goblot, *La Barrière et le niveau : étude sociologique sur la bourgeoisie française* (1925), PUF, Paris, 1967.

11. Cadres supérieurs et professions intermédiaires sont ici regroupés dans la catégorie « cadre ».

TABLEAU V
POSITION SOCIALE ATTEINTE EN 1997
SELON LE DIPLÔME EN 1992 ET L'ORIGINE SOCIALE

Niveau de sortie du système éducatif en 1992	Pourcentage de cadres en 1997	
	Père cadre	Père ouvrier
CAP	15	*3*
BEP	16	7
Non diplômé : bac professionnel ou techno.	22	14
Non diplômé : classes générales de lycée	25	*15*
Bac professionnel	25	16
Bac technologique	29	22
Bac général, bac + 2 non diplômé	43	28
Bac + 2	66	55
Bac + 3 ou plus	92	89
Ensemble des sortants du système éducatif en 1992	59	23

Lecture : 16 % des enfants d'ouvriers sortis du système éducatif avec un bac professionnel en 1992 sont cadres en 1997. Cadres supérieurs et professions intermédiaires sont ici regroupés dans la catégorie « cadres ». Concernant de trop petits effectifs, les pourcentages en italique sont fragiles.
Source : enquête Génération 92, Céreq, 1997.

plus faible que les diplômes sont élevés. Chez les titulaires d'un diplôme de niveau « bac + 3 », le taux d'accès à un statut de cadre est ainsi quasiment le même pour les enfants d'ouvriers et pour les enfants de cadres, autour de 90 %.

Sans doute plus fréquente chez les jeunes d'origine populaire, l'expérience du déclassement ne conduit pas systématiquement à la démoralisation. Elle amène au contraire les jeunes ouvriers les plus diplômés à s'engager dans des formations continues pour rejoindre les positions professionnelles auxquelles leurs diplômes les autorise à prétendre, et ce d'autant plus souvent qu'ils ont mieux vécu leur expérience scolaire.[12] Les jeunes ouvriers s'estimant handicapés par leur bagage scolaire ou qui ne sont pas convaincus de l'intérêt de la reprise d'études pour progresser professionnellement utilisent au contraire moins souvent les formations continues, toutes choses égales par ailleurs.

Pour les familles populaires et leurs enfants, la prolongation des études constitue donc un atout de taille. Assurément, les diplômes obtenus ne sont plus une garantie aussi sûre d'insertion satisfaisante par rapport à leurs aspirations. Le rendement des diplômes est bien inégal selon l'origine sociale. Mais cela ne décourage pas les jeunes d'origine populaire d'investir la voie des études longues, tout au contraire. Les femmes non plus ne tirent pas le même avantage que les hommes de leurs diplômes dans leur vie professionnelle. C'est aussi ce qui explique l'allongement de leurs scolarités : elles ont dû mettre les bouchées doubles.

En deçà du bac

C'est parmi les jeunes d'origine populaire qu'il y a le plus de sortants sans diplôme du système éducatif. Certes bien moins nombreux qu'il y a quarante ans, leur situation sur le marché de l'emploi s'est très nettement aggravée. La compétition avec les jeunes diplômés atteignant jusqu'aux emplois subalternes, ces jeunes sans bagage ne risquent pas seulement de rester au plus bas de la hiérarchie des emplois, mais aussi d'en être exclus définitivement, ou cantonnés à des formes d'emploi « atypiques » très démobilisantes. Ces emplois ne permettent pas réellement la construction d'une expérience de travail, ni de compétences professionnelles

12. *Cf.* Tristan Poullaouec, « Les jeunes ouvriers et la “formation tout au long de la vie” : promotion ou insertion ? », *Formation emploi*, n° 86, 2004.

où les jeunes puissent « s'essayer », comme le permettaient autrefois les « petits métiers » de l'entreprise qui servaient de marchepieds vers le noyau dur du salariat (« homme à tout faire », « petite main » de l'atelier, service courrier, etc.). Ils ne correspondent plus qu'à un besoin de flexibilité pour les employeurs, qui expérimentent ainsi auprès des plus vulnérables une socialisation au risque présageant d'une transformation d'ensemble des rapports salariaux.

Les jeunes aux niveaux de formation les plus faibles vivent donc des situations de marginalisation durable par rapport au travail, ils sont pris dans de véritables engrenages de précarité dont ils peinent à sortir (« on est les bouche-trous de l'industrie » disent souvent les intérimaires) : emplois non qualifiés, temporaires, temps partiels subis, mal rémunérés et surtout chômage prolongé. Après des changements fréquents d'employeur, le seul espoir professionnel qui subsiste est de trouver « une place stable », « une vraie embauche », tout en restant rivés à des emplois d'exécution, jugés routiniers, décevants, sans perspectives selon les intéressés eux-mêmes. Raison de plus pour s'accrocher lorsqu'on est encore en lice, les sortants précoces de formation initiale ont peu de chance de reprendre une formation qualifiante différée. Apprendre leur rappelle trop l'école où ils ont abîmé leur estime personnelle. Ils misent plutôt sur l'efficacité du « bouche-à-oreille » et du « piston » familial pour trouver du travail.

Certains observateurs évoquent une bonne résistance des diplômes de l'enseignement professionnel court dans la concurrence entre les diplômés sur le marché du travail : les jeunes qui ont obtenu un CAP ou un BEP occupent des emplois plus durables et connaissent moins fréquemment le chômage et les emplois précaires que ceux qui ont poursuivi leurs études mais n'ont que le niveau bac, sans le titre.[13] Et quand il s'agit de CAP ou de BEP industriels, ils ont même des salaires supérieurs. Mais la même enquête montre tout aussi bien que les bacheliers sont moins

13. *Cf.* Christian Baudelot et Roger Establet, *Avoir trente ans en 1968 et en 1998*, *op. cit.*, s'appuyant sur les données construites par Daniel Martinelli, Georgie Simon-Zarca et Patrick Werquin (« Génération 92 : profil, parcours et emplois en 1997 », *Bref*, n°149, Céreq, 1999).

touchés par le chômage et la précarité que les titulaires de CAP ou de BEP, et a fortiori que ceux qui visaient le bac mais ne l'ont pas obtenu. De même, ceux qui ont échoué au CAP ou au BEP ont aussi une insertion plus difficile que ceux qui ont décroché un de ces diplômes. Cet effet propre du diplôme se retrouve en fait dans chaque filière de formation.

Ces critères d'évaluation de la qualité de l'insertion des diplômés de l'enseignement professionnel court peuvent encore être enrichis pour comprendre pourquoi les enfants d'ouvriers misent davantage sur la prolongation des études. Cinq ans après la fin de leurs études, les jeunes d'origine ouvrière qui ont arrêté leurs études après le bac général ou après un échec dans le premier cycle de l'enseignement supérieur sont bien plus souvent cadres ou professions intermédiaires (près de trois fois sur dix) que ceux qui sont entrés dans la vie active avec un CAP ou un BEP (moins de cinq fois sur cent) (tableau V, ci-dessus).

Tableau VI. Destinées professionnelles des titulaires de CAP entrés dans la vie active entre 1950 et 1959

En pourcentage	Position sociale au 1er emploi	Position sociale en 1970
Ouvriers spécialisés ou qualifiés, contremaîtres	56	34
Cadres moyens	9	29
Employés, personnels de service	22	19
Cadres supérieurs	0	4
Artisans, commerçants	3	8
Autres	10	6
Ensemble	100	100

Champ : ensemble des titulaires d'un CAP entrés dans la vie active entre 1950 et 1959. Source : Enquête FQP, INSEE, 1970.

TABLEAU VII DESTINÉES PROFESSIONNELLES DES TITULAIRES DE CAP ENTRÉS DANS LA VIE ACTIVE ENTRE 1973 ET 1982		
En pourcentage	Position sociale au 1er emploi	Position sociale en 1993
Ouvriers qualifiés ou non	64	46
Employés	29	25
Professions intermédiaires (dont contremaîtres)	5	11
Autres (agriculteurs, ouvriers agricoles, retraités)	1	10
Artisans et commerçants	1	5
Ensemble	100	100

Champ : ensemble des titulaires d'un CAP entrés dans la vie active entre 1973 et 1982. Source : Enquête FQP, INSEE, 1993.

Aujourd'hui comme hier, les titulaires d'un CAP commencent le plus souvent comme ouvriers (pour les hommes) ou employés (pour les femmes). Leurs carrières professionnelles sont cependant beaucoup moins ascendantes depuis les années 1980 (tableaux VI et VII). Dans les années 1960, 30 % des hommes diplômés d'un CAP accédaient en cours de carrière à des positions de technicien ou contremaître, et 12 % à d'autres positions d'encadrement, moyen ou supérieur. Moins favorables aux femmes, les possibilités d'accès à ce salariat d'encadrement avec le seul CAP concernaient plus du tiers d'entre elles. D'une génération à l'autre, les chances de progression professionnelle se sont effondrées pour les titulaires d'un CAP. Parmi ceux qui ont commencé à travailler dans les années 1970, moins de 8 % des hommes sont devenus techniciens ou contremaîtres après 10 à 20 ans de carrière, et à peine 5 % des femmes, cadres ou professions intermédiaires.

Les bacheliers

Le désenchantement des jeunes d'origine populaire parvenus au terme du secondaire et engagés sans succès dans la voie des études longues est fort quand ils ne parviennent pas à décrocher les emplois correspondant à leurs aspirations. Si le bac prédestine plutôt à des emplois d'employés ou d'ouvriers, souvent qualifiés, il ouvre néanmoins sur une palette de destins relativement indéterminés et variés. Le bac est un diplôme intermédiaire, à la valeur assez indécidable : d'un côté il est tiré vers le bas et de l'autre il protège assez bien du chômage, à terme de la précarité d'emploi, et permet à 21 % de bacheliers d'occuper, au bout de 5 ans, des professions intermédiaires (mais seulement à 3,7 % d'être cadres). Les bacheliers, livrés abruptement à eux-mêmes après leur échec dans les études supérieures, mal préparés à l'insertion, n'ont pas d'autre choix que d'inventer leur avenir professionnel en trouvant en eux les ressources nécessaires : ils doivent chercher des métiers où ils pourront mettre en avant davantage leurs qualités personnelles, souvent développées durant les loisirs et au détriment de la scolarité, que leur diplôme.

« Lentement, par des chemins détournés, mais sûrement » : telle pourrait être la devise de la quarantaine de jeunes que nous avons suivis pendant sept ans après leur bac.[14] Tous ont achevé leur processus d'insertion professionnelle, au sens traditionnel du terme, mais après une longue phase tâtonnante (5 ou 6 ans) ayant nécessité une très forte mobilisation personnelle. Comme le montrent les statistiques nationales, ils tirent bénéfice de la possession du diplôme du baccalauréat (par rapport à ceux qui n'ont que le niveau), et, au-delà, de leur passage dans le supérieur même sans y avoir obtenu de diplôme. Avec des nuances selon la filière du bac et le type d'études entreprises : les

14. Laurence Ould Ferhat, *Parcours scolaires, socialisation professionnelle...*, thèse citée.

bacheliers généraux et technologiques ayant échoué à un BTS ou un DUT (surtout industriels) s'insèrent dans des conditions proches de leurs homologues diplômés tandis que les bacheliers généraux ayant tenté un DEUG gagnent en salaire et en évolution (souvent à la suite d'une formation) ce qu'ils perdent en termes de précarité et de chômage. Ces bacheliers sont parvenus à des situations professionnelles stables et durables, dans des emplois qualifiés, et ont connu de petites évolutions professionnelles vers les fractions supérieures des classes populaires ou des métiers intermédiaires. Plus important à leurs yeux, et en dépit de la crise de l'emploi favorable à une instrumentalisation du travail, ils arrivent à trouver un travail intéressant, un métier qu'ils aiment et dans lequel ils peuvent se réaliser et s'épanouir personnellement.

Ils commencent tous leur vie professionnelle très rapidement, par des « jobs » précaires qui sont la continuité de leurs petits boulots d'étudiants et de lycéens, ou par des emplois d'ouvriers non qualifiés pour les bacs pros. Mais ce n'est pas une fin en soi et cela ne les satisfait pas. Finalement, que ce soit au terme d'une reprise d'études, d'une série d'emplois temporaires, ou d'un emploi jeune, la plupart des bacheliers parviennent ensuite à entrer dans des filières d'emploi promotionnelles dans le secteur privé (informaticien, manager de restauration rapide, commercial...), ou dans la fonction publique territoriale de catégorie C (animateur), ou de catégorie B après une reprise d'études. Dernier cas de figure, ceux qui s'investissent, souvent avec succès, dans un métier correspondant à une « passion » ont alors « une corde à leur arc », un talent particulier cultivé dans les loisirs qui leur permet de devenir moniteur de sport ou artiste : chanteur, musicien, comédien...

Les diplômés du supérieur

À regarder les destinées professionnelles des jeunes d'origine ouvrière qui ont échoué au début de leurs études supérieures, on mesure bien l'enjeu que revêt pour eux l'obtention de diplômes comme le DEUG ou le BTS. Cinq années après la fin des études, il y a deux fois moins de cadres et professions intermédiaires, et deux fois plus d'ouvriers, parmi les jeunes d'origine ouvrière qui ont seulement le bac général que parmi ceux qui ont décroché un diplôme de premier cycle de l'enseignement supérieur (tableau V). Il y a sans doute des nuances à apporter selon les contextes locaux et les types de diplôme. Mais, malgré le déclassement rendu plus fréquent par l'évolution des rapports de force sur le marché de l'emploi, ce constat rappelle aussi que l'accès à des positions d'encadrement intermédiaire ou supérieur reste majoritaire avec un diplôme de niveau bac + 2, chez les enfants d'ouvriers comme chez les autres. Si beaucoup de jeunes d'origine populaire ont des emplois précaires et peu rémunérés après un échec à l'université, c'est aussi parce qu'ils les ont occupés en cours d'études.

Bien plus longue aujourd'hui qu'il y a trente ans, la transition professionnelle des étudiants d'origine populaire passe en effet de plus en plus souvent par un « petit boulot » en cours d'études. Ceux qui travaillent notamment comme équipier ou caissière dans la restauration rapide y sont cantonnés et contraints, tant par leur origine sociale que par la nécessité de financer leurs études. Refusant les non diplômés, leurs employeurs utilisent leurs capacités d'organisation et de travail autonome, sans les former complètement à la chaîne complexe d'activités qu'il faut maîtriser pour occuper ces postes. La flexibilité des horaires de travail et la précarité des statuts d'emploi font par ailleurs obstacle à un investissement réussi dans le travail universitaire. Découragés des études, ils risquent alors de les abandonner et de se retrouver piégés dans ces emplois déqualifiés.

Les jeunes d'origine populaire qui atteignent un diplôme de niveau égal ou supérieur à la licence connaissent au contraire les meilleures conditions d'insertion. Comme ceux dont les parents sont cadres, la quasi-totalité d'entre eux occupent des positions d'encadrement moyen ou supérieur quelques années après la fin de leurs études. Plus durable en moyenne que ceux de leurs homologues moins diplômés, leur premier emploi évite plus souvent la précarité et les dispositifs d'aide à l'insertion professionnelle. Obtenant plus rapidement une situation professionnelle satisfaisante et bien rémunérée, ils changent moins d'emploi en début de vie active et connaissent bien moins souvent le chômage. Ces insertions réussies, ils les doivent en premier lieu à leur diplôme : leurs parents sont rarement en mesure de leur fournir des informations utiles pour leur avenir professionnel. Mais la réussite scolaire elle-même les a aussi encouragés à persévérer malgré la médiocre conjoncture du marché de l'emploi.

Troisième partie

La perspective d'une école pour tous

L'école de masse à la française, dont nous avons évoqué dans les pages qui précèdent les traits qui nous paraissent particulièrement saillants, a un coût économique, social et humain peu acceptable. Économique : qu'un élève sur trois seulement entre normalement dans la culture écrite ne témoigne pas d'une efficacité très satisfaisante de l'investissement public (ce qui ne veut pas dire que celui-ci est actuellement suffisant !). Social : une école « unique » qui se dit égale pour tous et perpétue des inégalités massives cristallise inévitablement un grand sentiment d'injustice. Il y a peu de chances, tant que cette contradiction ne sera pas résolue, que la question scolaire se laisse oublier. Humain : des frustrations professionnelles des maîtres aux blessures subjectives des élèves et aux angoisses des parents, l'aventure scolaire réserve aujourd'hui une place bien modeste à ce que pourrait être le plaisir d'enseigner et d'apprendre.

Pour autant il paraît exclu de revenir en arrière. De l'avis de la Commission Thélot soulignant en 2004 l'insuffisance de la production de diplômés au niveau bac et plus, à l'annonce de la pénurie prévisible de médecins ou d'un appel aux informaticiens indiens, en passant par les recommandations aux universités d'attirer les étudiants étrangers, les signes se multiplient du besoin d'une reprise de la croissance des formations longues, dont le nombre stagne depuis le milieu des années 1990. Ce n'est peut-être pas seulement, à cet égard, l'effet d'une éthique généreuse si la loi Fillon de mars 2005 confirme la nécessité d'atteindre les 80 % de jeunes au niveau du bac, et précise que la proportion des diplômés à bac + 3 doit passer de 20 à 50 %.

Comment atteindre ces objectifs ? Deux perspectives bien différentes sont envisageables. La première s'inscrit dans la ligne des politiques scolaires de la cinquième République, et consiste à impulser une croissance des scolarités suffisamment ségrégative pour ne pas remettre en cause le caractère réservé de l'accès aux savoirs élaborés et le rôle de l'école dans la reproduction des classes sociales. La loi Fillon, à cet égard, est dans le droit fil de la réforme Berthoin de 1959 : elle ne touche en rien aux conditions essentielles de l'échec de masse. Elle se contente de mesures de remédiation dont il est aisé de prédire qu'elles auront bien peu d'effet : qu'il s'agisse de la remise en selle du redoublement, qui a amplement fait la preuve de son inefficacité ; ou de l'enseignement de soutien pour les élèves en difficulté... au moment de leur entrée en 6e, alors que, pour l'essentiel, les jeux sont déjà faits.

La seconde perspective est celle d'une véritable démocratisation scolaire. Elle mérite un examen d'autant plus attentif que, outre le coût de plus en plus mal supporté du malthusianisme scolaire actuel, la nécessité économique d'une production massive de main-d'œuvre « banale » perd de son évidence. Les possibilités technologiques de limiter l'emploi peu qualifié s'élargissent, réduisant l'opposition entre l'idéal du pédagogue – donner à chacun les moyens de développer toutes ses capacités – et celui du gestionnaire – régler les flux de sortie du système scolaire en fonction des besoins du marché du travail.

C'est à cet examen des conditions d'une école démocratique que cette troisième partie est consacrée. Nous nous intéresserons d'abord aux plus générales de ces conditions, puis centrerons spécifiquement l'attention sur ce qui fait aujourd'hui obstacle à l'appropriation normale de la culture écrite : les enseignements élémentaires.

Chapitre IX

École unique, école commune

La position du problème

La perspective d'une véritable démocratisation scolaire est donc déjà beaucoup moins irréaliste qu'il y a quelques décennies. Elle n'en garde pas moins un côté utopique : le rêve d'un réel partage des savoirs apparaît toujours quelque peu... décalé ! La seule façon de réduire encore cette part d'utopie est d'éviter toute posture doctrinaire dans la façon de penser les modalités de l'école démocratique.

On se gardera en ce sens, ici, de la posture ordinaire des rhétoriques pédagogiques qui commencent par affirmer ce qu'il en est du bien et du mal en ce domaine, en énonçant les impératifs éducatifs légitimes, quels qu'ils soient (affirmer l'autorité du maître ou au contraire faire toute sa place à l'activité et à la liberté de l'enfant, rompre avec ses savoirs familiers ou les utiliser, associer les familles à l'école ou les écarter, etc.), et qui déclinent ensuite les corrélats pratiques de ces impératifs. On évitera tout aussi bien l'attitude des experts qui ont en charge la définition des bonnes façons d'enseigner, et qui ne soumettent jamais leurs directives à l'épreuve de la pratique : soit parce que, même s'ils ont été enseignants, ils n'enseignent plus ; soit parce que, de toutes façons, ils s'embarrassent peu de retours d'expérience ; et restent absolument sourds aux effets les plus évidemment mesurables de leurs recommandations.[1]

Le souci de l'efficacité pratique commande de partir, à l'inverse, de l'identification de ce qui fait obstacle à la réussite des apprentissages dans les dispositifs en place. Et d'examiner, conjointement, les ressorts et les modalités des démarches qui, fussent-elles minoritaires, sont validées par l'expérience. Commençons par le premier de ces deux points : où donc situer les obstacles aux apprentissages ?

C'est du côté des élèves et de leurs familles, de leurs ressources et de leurs comportements, que l'on situe à l'ordinaire ce qui limite l'efficacité de l'action scolaire. À l'encontre de cette attitude, propre à décourager par avance tout examen critique des dispositifs de scolarisation, nous avons souligné dans les chapitres précédents que tous les élèves disposaient des ressources intellectuelles nécessaires à une entrée normale dans la culture écrite ; que les parents se préoccupaient fortement, dans tous les milieux sociaux, de la réussite scolaire de leurs enfants ; que la « motivation », l'appétence pour l'appropriation des savoirs, était largement partagée par ces derniers tant que l'impossibilité de surmonter les difficultés d'apprentissage ne les avaient pas découragés. La pauvreté économique, les inégalités socioculturelles ne favorisent certes pas la réussite des plus défavorisés ; mais se contenter de les invoquer ne rend pas compte du processus qui conduit à l'échec de masse.

On ne saurait dire, certes, que les ressources familiales ne sont pour rien dans cette affaire. Au contraire : les différences d'efficacité de l'aide extrascolaire aux apprentissages

1. Que, selon le service d'études du ministère de l'Éducation nationale, 15 % des élèves arrivent en 6e hors d'état de tirer quelque profit des enseignements du collège, et que 26 % encore ont un rapport à l'écrit extrêmement problématique (« ils ont tendance à échouer aux questions portant sur les textes continus qu'ils ont à lire », alors qu'ils sont capables d'y répondre si on leur lit ces textes), *Note Évaluation*, périodique cité, n° 04.10), ne semble pas troubler outre mesure les spécialistes de la lecture qui ont unanimement réaffirmé, lors de la dite « conférence de consensus » de fin 2003, la pertinence des procédures d'apprentissage actuellement en vigueur dans ce domaine.

(essentiellement celle de la famille) y ont une part essentielle. La déclaration des parents indiquant qu'ils consacrent en moyenne une heure par jour à l'aide au travail scolaire, dans tous les milieux sociaux, est confirmée par les enfants : plus de 80 % d'entre eux répondent à l'enquêteur qu'ils bénéficient d'une telle aide, *qui porte pratiquement toujours sur l'explication de points difficiles qu'ils n'ont pas compris en cours.*[2] La chose est assez claire : il y a peu d'élèves, aujourd'hui en France, qui réussiraient leurs études sans aide extérieure. Il est d'ailleurs très significatif à cet égard que les enquêtes menées auprès des élèves les plus en difficulté montrent que ce qui les différencie des autres est, plus que les caractéristiques socioéconomiques de leur famille, le fait qu'ils ne disposent pas « dans leur entourage de personnes susceptibles d'assurer un encadrement satisfaisant de leur travail scolaire »[3].

On croit que les apprentissages scolaires s'opèrent à l'école : en réalité ils supposent à la fois l'enseignement de l'école et ce qu'il faut bien appeler un enseignement hors école. Et la réussite des apprentissages se joue dès lors non seulement à l'école, mais aussi dans la famille. Là où les parents, parce qu'ils ont été eux-mêmes peu scolarisés, échouent à « expliquer les points difficiles », les apprentissages auront peu de chances de s'accomplir correctement.

Si donc les ressources familiales jouent aujourd'hui un rôle primordial dans la production des inégalités scolaires, c'est parce que l'école délègue aux familles (et au soutien scolaire, marchand ou pas, qu'elles peuvent mobiliser) une partie de la charge qui justifie son existence : introduire les jeunes générations dans la culture écrite.[4]

2. Jean-Paul Caille, « Formes d'implication parentale et difficulté scolaire au collège », *Éducation et formations*, n° 36, 1993.

3. Sylvain Broccolichi, « Rupture des liens pédagogiques et situations de rupture », *VEI-Enjeux*, n° 122, 2000. *Cf.* également Jean-Pierre Terrail et Amandine Bebi, « Histoire scolaire et histoire familiale des décrocheurs », *in* Élisabeth Bautier, Stéphane Bonnéry, Jean-Pierre Terrail, Amandine Bebi, Sonia Branca et Bruno Lesort, *Décrochage scolaire : genèse et logique des parcours*, rapport de recherche, ministère de l'Éducation nationale/DPD, 2002.

4. Dès 1964, Pierre Bourdieu et Jean-Claude Passeron (*in Les Héritiers*, Éditions de minuit, Paris) estimaient que l'école ne fournit pas tous les

Ce constat est évidemment décisif. Il implique que la démocratisation scolaire passe prioritairement par le rapatriement dans l'école de la part d'enseignement qui s'effectue aujourd'hui hors l'école, le travail à la maison devant, le cas échéant, se cantonner à l'entraînement et à la mémorisation ; tout ce qui est de l'ordre de la compréhension relevant exclusivement de la responsabilité de l'institution scolaire.

Ce constat indique, d'autre part, ce qu'il faut interroger dans l'école actuelle. Que s'y passe-t-il qui rend si difficile à tout élève, et plus encore aux élèves d'origine populaire, d'y réussir sans un fort soutien extérieur ?

L'ÉCOLE DE TOUS CONTRE TOUS

On peut chercher la réponse à cette question dans deux directions : en s'intéressant aux effets produits par les modalités générales de l'organisation scolaire ; et en interrogeant l'efficacité des procédures d'apprentissage, des dispositifs de scolarisation. Le premier de ces registres est celui de l'organisation de l'école unique comme lieu, d'abord, de la compétition scolaire. Nous allons voir, pour commencer, que les structures concurrentielles de l'école unique accentuent paradoxalement le besoin pour les élèves d'un soutien extérieur là où ce soutien est le moins consistant, dans les milieux populaires.

Pour protéger les parcours d'excellence de l'« invasion » des nouveaux publics[5], le ministre Berthoin avait pris soin, dans son décret de 1959, d'associer l'ouverture à tous des portes du collège à la mise en place d'un dispositif d'évaluation, de sélection, et d'orientation vers un ensemble de filières hiérarchisées. Ce dispositif d'école unique met les élèves en concurrence les uns avec les autres : il instaure

(*Suite de la note 4 de la page 163*) moyens de satisfaire à ses propres réquisits, seuls les élèves issus des classes sociales supérieures pouvant trouver dans leur milieu familial les ressources qui permettent de surmonter ce handicap. Nous les rejoignons totalement sur ce point.

5. J'emprunte la formule au général de Gaulle, qui déplorait en 1965 « l'invasion des terminales » par ces élèves qui n'y avaient pas accès jusque-là.

dans l'école la lutte de tous contre tous. Il place du même coup les enseignants en position de gestionnaires de cette concurrence, et transforme leur mission professionnelle. Être enseignant ne veut plus dire seulement que l'on est là pour enseigner, mais aussi pour classer, promouvoir, éliminer.

Dans cette concurrence généralisée, inévitablement – on ne prête qu'aux riches – l'avantage ira aux mieux lotis. *Donner moins à ceux qui ont moins*: telle est la loi, insue ou non dite, qui régit l'école unique.

C'est celle que respecte l'État en mesurant, au moins tendanciellement, les ressources affectées à l'institution scolaire selon la qualité sociale de ses publics. Ressources matérielles: crédits de fonctionnement, postes enseignants et non enseignants, ouvertures ou maintien de classes, de filières, d'établissements sont plus facilement accordés dans les beaux quartiers, comme le mouvement de protestation de 1998 en Seine-Saint-Denis l'a souligné avec vigueur. Ressources humaines: la gestion des carrières enseignantes aboutit à affecter les enseignants débutants aux établissements des quartiers populaires, là où l'expérience professionnelle serait la plus indispensable.

L'État contribue d'une autre manière, plus fondamentale sans doute, au « donner moins à ceux qui ont moins »: en transformant, par le jeu des procédures d'orientation, le moindre désavantage en handicap, au lieu de le réduire. Les élèves qui ont des difficultés en maths ne sont pas invités à faire plus de maths, pour surmonter ces difficultés, mais à passer en section littéraire; si leurs résultats en français sont insuffisants, ils sont orientés vers l'enseignement technologique, etc. Cette logique s'exerce d'ailleurs dès les débuts du cursus: les difficultés d'apprentissage sont traitées par l'affectation des intéressés aux procédures de « remédiation » (redoublement, classes de niveau faible, classes d'enseignement spécialisé). Or toutes les recherches menées depuis quarante ans ont montré que ces orientations préfiguraient l'orientation ultérieure des élèves concernés vers les filières dévalorisées, les procédures en question aggravant leurs difficultés plutôt que d'y remédier: surtout s'il est précoce, un redoublement compromet sérieusement la suite du parcours ; l'entrée dans l'enseignement spécialisé ne laisse guère de chances de réintégrer un parcours normal ; les classes de niveau aggravent les difficultés des élèves les plus faibles.

Les enseignants participent eux aussi, sans intention particulière de nuire, à la même logique. Ils pensent, comme tout un chacun, qu'un enfant de cadres dispose de ressources intellectuelles supérieures, et le constat des inégalités sociales d'apprentissage confirme jour après jour le bien-fondé de cette conviction. Leur propension au « donner moins à ceux qui ont moins » se manifeste à deux niveaux. Elle se manifeste, d'abord, dans la façon dont ils gèrent le parcours de leurs élèves. Qu'il s'agisse de noter les élèves, de décider d'un redoublement, d'une affectation dans une classe ou une section dévalorisée, d'une orientation, une grande diversité internationale d'enquêtes ont montré qu'une grande majorité d'entre eux ont tendance à pénaliser, *à valeur scolaire identique*, les élèves dont la réussite scolaire leur paraît la moins crédible : ce sont ainsi ceux qui viennent des milieux populaires qu'ils invitent le plus facilement à redoubler ou qu'ils affectent préférentiellement aux classes « faibles ». La même propension s'observe dans les façons d'enseigner : confrontés à des élèves en difficulté ou présumés faibles, beaucoup d'enseignants se livrent à une adaptation par le bas de leurs objectifs et de leurs procédures pédagogiques. Comme l'illustre la pratique des classes de niveau, dont il a été vérifié qu'elle s'exerce au détriment des élèves faibles, cette adaptation par le bas contribue à creuser les écarts entre « bons » et « mauvais » élèves, et alimente ainsi la production des inégalités scolaires (ci-dessus, chapitre III).

Loin de traiter tous ses publics de la même façon, en fin de compte, l'école unique distribue l'ensemble de ses ressources : matérielles, humaines et pédagogiques, de façon socialement inégalitaire. Ses apparences égalitaires dissimulent des modes de fonctionnement qui pénalisent les élèves des milieux populaires, ceux précisément dont la réussite dépend plus exclusivement de l'action scolaire. Les politiques actuelles, menées sous l'influence des organismes internationaux et de la Communauté européenne, et favorisant l'autonomie des établissements et la mise en place d'un marché scolaire, ne peuvent que renforcer ces fonctionnements ségrégatifs (chapitre IV ci-dessus).

UNE RUPTURE NÉCESSAIRE AVEC L'ÉCOLE UNIQUE

Que les élèves dont les parents ont été longuement scolarisés disposent de meilleures chances de réussite scolaire est peu contestable: leurs usages langagiers sont plus proches des formes de la langue écrite, l'encadrement de leur travail scolaire à la maison est beaucoup plus efficace. On donne souvent cet avantage relatif comme la cause des inégalités scolaires. Mais on lui fait dire alors ce qu'il ne dit en réalité à aucun moment: ce n'est pas en effet parce que les uns ont plus d'atouts pour réussir que les autres doivent échouer. Or la réalité actuelle des inégalités scolaires n'est pas celle d'une *moindre réussite* d'une partie des élèves. Elle est celle d'un *échec massif* particulièrement concentré dans les classes populaires, concernant des élèves dont les moyens intellectuels et la motivation initiale devaient permettre une entrée peut-être moins brillante que pour d'autres, mais en tout état de cause normale, dans la culture écrite.

On vient de le voir: les structures concurrentielles de l'école unique sont un premier élément d'explication de cette situation. Dans la compétition généralisée qui se livre au sein de l'institution scolaire, il doit y avoir des gagnants et des perdants: avoir un peu moins de ressources que les autres vous destine inéluctablement au pôle des perdants.

Transformant l'avantage des uns en échec des autres, la compétition de tous contre tous favorise en même temps le développement d'une culture qui légitime cet échec. Le risque omniprésent d'un ratage, d'un décrochage, d'une affectation non désirée, d'une orientation met la masse des élèves sous pression permanente[6], et leur fait apparaître l'échec comme un risque « naturel ». Et les enseignants sont mis tout aussi bien en position d'admettre l'inéluctа-

6. Pression inconnue lorsque la mission de l'école est exclusivement d'enseigner, et non de sélectionner: dans les lycées de la troisième République, ou aujourd'hui dans les grandes écoles.

bilité de l'échec, puisque ce sont eux qui en prennent acte et le sanctionnent à travers leurs notes, leurs appréciations, les décisions des conseils de classe. Différentes enquêtes ont d'ailleurs montré qu'interrogés en début d'année, la plupart d'entre eux s'attendent à l'échec d'une partie de leurs élèves.

Or cette anticipation n'est pas une pure et simple prédiction : elle fonctionne comme une prophétie autoréalisatrice. Elle incite en effet les enseignants à interpréter les incompréhensions des élèves, pour peu que ces incompréhensions persistent, comme une confirmation de leurs attentes. À leurs yeux, si les difficultés d'apprentissage résistent et perdurent, c'est sans doute que les élèves concernés n'ont pas vraiment la possibilité de les surmonter. Au lieu de considérer cette impossibilité apparente comme anormale et inacceptable, et d'en faire un problème intellectuel dont la solution concerne l'enseignant autant que l'élève, ils y voient le signe d'une incapacité et l'annonce d'un échec, qu'ils tendent ainsi à rendre effectivement inévitable. Ils ne s'interrogent pas nécessairement davantage, d'ailleurs, sur la façon dont les élèves qui, eux, arrivent à suivre, ont réussi pour leur part à surmonter les difficultés rencontrées. Ils se contentent d'imputer leur réussite à leurs ressources intellectuelles, sans voir ce qu'elle doit à l'aide reçue dans la famille.

Si ces fonctionnements mentaux sont aussi répandus, c'est qu'ils plongent leurs racines dans les structures même de l'institution scolaire, qui impose aux enseignants d'évaluer les bons et les mauvais élèves, de les classer, de les orienter, etc. Il s'agit de façons de penser profondément fonctionnelles, qui doivent peu à la « méchanceté » des enseignants, et l'essentiel à l'organisation de l'école unique. Face à des représentations aussi robustes, les professions de foi pédagogico-progressistes du « tous capables » pèsent de peu de poids : on peut d'ailleurs y adhérer dans le principe, et accepter dans la pratique l'échec des élèves comme inévitable.

La structuration de l'école unique et l'expérience de son fonctionnement, sur fond général de conviction que les ressources intellectuelles des individus sont à la mesure de la position sociale de leur lignage, ont ainsi créé un « milieu » culturel professionnel, ensemble de représentations, de convictions, de légitimations, extrêmement cohérent et consistant, qui contribue fortement en retour à la perpétuation des inégalités scolaires. On ne voit guère que celles-ci puissent être sérieusement mises à mal si ce milieu n'est pas transformé en profondeur, de façon à normaliser, à banaliser même la réussite des apprentissages scolaires, et à mettre l'échec, considéré comme inacceptable et contre-nature, hors la loi. Et de façon à ce que, par voie de conséquence, les élèves se sentent soutenus et dignes de confiance, au lieu de vivre sous la menace permanente du découragement et de l'éviction ; et conjointement que les enseignants, chassant toute culpabilisation, se sentent véritablement coresponsables de la réussite des élèves avec l'ensemble de l'institution scolaire.

Une telle rupture avec l'actuelle culture de l'échec passe par l'abandon de ce qui l'étaye, la rendant à la fois possible et nécessaire : la structuration concurrentielle de l'école unique. Toute perspective de démocratisation scolaire suppose, autrement dit, la transformation de l'école unique en *école commune*. L'école commune n'a plus vocation à classer, hiérarchiser et orienter, mais simplement à enseigner. Elle s'organise autour d'un véritable tronc commun, sans filières, et sans procédures de « remédiation » fonctionnant comme des instances de pré-orientation, donc sans redoublement, sans classes de niveau, sans classes d'enseignement spécialisé.

L'école commune cherche à assurer aux élèves des parcours homogènes et réguliers. Les accidents individuels, comme les singularités biographiques, qui sont la vie même, ne sauraient faire obstacle, pour l'immense majorité des élèves, à ce principe. Il n'est pas question ici de réduire tout le monde à un même moule mais de permettre à chacun de s'approprier normalement les bases de la culture écrite : c'est à la fois peu et beaucoup. Les difficultés particulières, inévitablement rencontrées à un moment ou l'autre dans une matière, n'empêchent pas le passage dans la classe supérieure, l'intéressé bénéficiant d'un renforcement de l'action scolaire dans cette matière.

Comparée aux fonctionnements actuels, la perspective d'une école commune peut paraître quelque peu utopique. Pas tant que ça pourtant, sans doute, puisque le principe en est déjà à l'œuvre dans les écoles scandinaves, qui ignorent notamment le redoublement, et pourtant s'avèrent... les plus efficaces en Europe, selon l'enquête PISA.

Les modalités de l'école commune

Condition nécessaire d'une véritable démocratisation scolaire, la perspective d'une école commune soulève différents problèmes qu'il convient maintenant d'évoquer.

Première question, celle de la définition des contenus enseignés: quelle culture l'école commune doit-elle transmettre, qui doit en décider? Il ne peut s'agir, d'abord, que d'une culture *commune*, en rupture à cet égard, là encore, avec les pratiques de l'école unique. Celle-ci a certes fortement atténué les disparités qui constituaient sous la troisième République la loi explicite de l'institution scolaire: les classes populaires à l'école communale, les classes moyennes dans le primaire supérieur, les élites au petit et au grand lycée n'étaient pas censées acquérir les mêmes types de connaissances. Mais en ce domaine aussi l'école unique s'avère, même sous une forme beaucoup plus discrète, une école de la reproduction sociale: par le jeu des filières, le «libre» choix des options et des sections, la préprofessionnalisation assurée par l'enseignement spécialisé, par la propension enfin des enseignants, dès la maternelle et longtemps après, à adapter les thèmes traités et les œuvres étudiées au public de l'établissement ou de la classe, la culture scolaire effectivement transmise aux jeunes générations reste sensiblement différenciée en fonction du milieu d'appartenance des élèves.

La définition des savoirs à transmettre relève quant à elle d'un double registre: plus politique pour le premier, plus technique pour le second. Elle implique d'abord une sélection dans la diversité des savoirs sociaux de ce que tous les élèves doivent pouvoir s'approprier. La formation des jeunes générations engageant la totalité de l'existence et de l'avenir des sociétés humaines ne peut rester, dans une société démocratique, une affaire d'experts, de cercles politiques restreints, de tenants du pouvoir économique: elle mérite le débat public le plus large, celui-là même que les promoteurs de l'école unique et les responsables de la cinquième République n'ont jamais songé à organiser. Au-delà de l'identification des savoirs à transmettre, il faut encore organiser leur transmission et construire les programmes scolaires. Les enjeux sont là d'ordre à la fois théoriques et politiques (quelle économie, quelle philosophie, quelle histoire va-t-on enseigner ?), et technico-pédagogiques (comment traduire les choix opérés en programmes annuels, en séquences d'enseignement, en manuels, etc.). Les décisions à prendre doivent là aussi sortir de l'ombre: elles ne sauraient être le seul fait de spécialistes, de responsables politiques, de petits groupes de pression. Et comment assurer l'efficacité de la « transposition didactique » des savoirs savants en savoirs scolaires hors de toute référence à la pratique, en continuant donc à se priver de l'expérience de la masse des enseignants qui ont la charge de leur transmission ?

Deuxième question, celle du parcours commun obligatoire: quelle doit être sa durée, et comment en concevoir le contenu ? L'idée mûrit aujourd'hui de porter à dix-huit ans l'âge de l'obligation scolaire. Un tel alignement de la norme légale sur ce qui est déjà la norme pratique correspond à une ambition minimale de démocratisation scolaire: si la réussite des apprentissages élémentaires devient à peu près normale, la part des jeunes souhaitant abandonner l'école avant dix-huit ans tombera à bien peu de choses. Mais cette durée commune de scolarisation doit-elle revêtir jusqu'au bout la forme d'un parcours commun ?

Cette perspective pourrait susciter des réticences plus importantes: si le collège unique paraît déjà un pari difficile à tenir, que dire du lycée unique ! Et outre l'ampleur du progrès à réaliser, n'imposerait-on pas ainsi un carcan peu supportable à des jeunes souhaitant légitimement voir respectée la diversité de leurs projets de vie et de leurs désirs professionnels ?

Il faut d'abord, face à ces objections, bien prendre la mesure de ce que le comportement scolaire des jeunes doit aujourd'hui au déroulement des apprentissages élémentaires. On a eu l'occasion, déjà, de le souligner: les comportements de rejet global de l'école, comme les orientations délibérées vers les voies courtes de l'enseignement professionnel, sont très généralement la conséquence d'une entrée ratée dans les apprentissages de la culture écrite et de la souffrance qui en résulte; à l'autre pôle, les élèves d'origine populaire qui ont bien réussi leur scolarité primaire vont traverser le collège sans encombres et ne s'en tiendront pas là: ils s'orienteront systématiquement vers la poursuite d'un cursus lycéen d'enseignement général. Assurer la réussite des apprentissages élémentaires non seulement résoudrait largement les problèmes du collège unique, mais susciterait un désir très général chez les jeunes et leurs familles de poursuivre un cursus général jusqu'au bac. Le « passe ton bac d'abord » propre aux familles de cadres ne scandalise personne: deviendrait-il inacceptable dès lors seulement qu'il concernerait aussi les classes populaires?

La culture commune transmise au long de ce parcours commun comprendrait trois registres de savoirs. Celui des « matières fondamentales » – connaissance et maniement des codes de la langue écrite et bases du langage mathématique –, dont la maîtrise valide une entrée réelle dans la culture écrite, et rend possible l'appropriation de ses différents domaines. Celui, ensuite, des principaux savoirs des sciences expérimentales comme des sciences humaines. Celui, enfin, des savoirs théorico-pratiques, dont l'éventail va des langues vivantes étrangères aux savoirs technologiques, aux pratiques artistiques et sportives. La pondération de ces savoirs, la reconsidération de la place modeste dévolue aujourd'hui aux sciences humaines, la question de l'enseignement de la philosophie et plus largement la revalorisation des usages argumentatifs du langage, l'introduction d'un véritable enseignement technologique dans le cursus général sont autant d'aspects à examiner attentivement et à discuter largement.[7]

7. C'est dans ce contexte qu'il convient de penser le rôle de l'école dans la formation du citoyen et la transmission des valeurs démocratiques et républicaines. À l'instar de la grammaire, « l'instruction civique » est souvent appréhendée comme un processus d'inculcation de normes et

Quelles que soient les réponses apportées à ces questions, l'ampleur et la diversité des connaissances de base nécessaires dès aujourd'hui au citoyen et au professionnel pour participer normalement à la vie sociale est telle que l'on voit mal comment fixer avant dix-huit ans le seuil au-delà duquel vient le temps des spécialisations. D'autant que le principe d'un tronc commun jusqu'à cet âge n'interdit pas la possibilité d'options d'approfondissement, à la condition expresse que ces options ne se substituent en aucune façon aux matières fondamentales, et ne soient en aucun cas prétexte à reconstituer des filières ou des classes de niveau.

Troisième question, celle de l'évaluation: que faut-il en conserver? Dans le contexte de l'école unique, l'évaluation est d'abord un instrument de gestion du parcours des élèves. Tout le monde l'a bien compris, au point de susciter chez les élèves et les parents une véritable obsession de la note - ce qui compte étant moins ce que l'on apprend que la note que l'on obtient -; et du côté de l'institution, en tout cas dans les petites classes, des ruses qui ne trompent personne: on remplacera la notation numérique par des lettres, on parlera de score et non plus de notes, etc. La mise en place d'un parcours commun ne supprime pas la nécessité de l'évaluation, mais elle en change profondément le sens. Les enseignants de l'école commune n'ont pas d'autre objectif que la transmission des connaissances, et l'évaluation n'y a plus d'autre but que de contribuer à l'efficacité de cette transmission. Elle ne porte plus un jugement, aux lourdes conséquences, elle apporte une information, permettant à l'élève de vérifier la qualité de ses apprentissages, et au maître de s'assurer qu'il les a bien conduits (en ce sens l'évaluation des élèves est d'abord validation de son propre travail). L'évaluation est désormais centrée sur une fonction proprement cognitive d'identification des

de règles. Or, de la même façon que la grammaire devrait être d'abord conçue comme une réflexion sur l'histoire et les usages de la langue, le rôle socialisateur de l'école aurait tout à gagner à être pensé de façon non exclusivement, ou non pas d'abord normative, mais réflexive et critique, passant donc par la qualité de l'enseignement de l'histoire (aujourd'hui en crise sérieuse), de la philosophie, de l'anthropologie et de la sociologie, etc.

obstacles intellectuels qui demandent à être surmontés ; ainsi que sur un rôle de sécurisation des élèves, de confirmation des progrès réalisés, de gratification symbolique. Elle devient, ni plus ni moins, un moment du processus d'*échange* entre le maître et les élèves dont nous avons souligné l'exigence cruciale pour toute pédagogie efficace (ci-dessus, chapitre III).

De nouvelles pratiques d'enseignement

Quatrième question, celle des pratiques d'enseignement : quelles pédagogies pour l'école commune ? La suppression des instances de remédiation (redoublement, etc.) ne fait évidemment pas disparaître la difficulté des apprentissages. Même si l'on peut prévoir un enseignement renforcé pour les élèves en délicatesse ponctuelle avec telle ou telle matière, l'école commune resterait un vœu pieux si elle n'organisait pas la confrontation des élèves à la difficulté intellectuelle de façon bien plus efficace qu'aujourd'hui. Ce qui suppose, à en juger par l'état actuel de notre système scolaire, que trois conditions soient remplies.

Une revalorisation générale, en premier lieu, de la place et du statut de la difficulté intellectuelle dans le processus éducatif. Cette première exigence concerne l'institution scolaire, qu'il s'agit de recentrer clairement sur sa mission fondamentale : assurer l'entrée de tous dans la culture écrite, l'expérience montrant, de toutes façons, que c'est à cette seule condition qu'elle peut remplir les autres missions qu'on lui confie (transmettre des valeurs, former des citoyens, former de bonnes qualifications professionnelles...). Elle concerne du même coup les enseignants (pour qui la chose n'est pas toujours si claire, notamment à l'école primaire), et leur formation professionnelle. Celle-ci fait aujourd'hui une place très restreinte à la conduite des apprentissages : il n'est pas rare qu'un professeur des écoles ait bénéficié à l'IUFM, en tout et pour tout, de cinq ou six heures consacrées à l'entrée dans le lire-écrire... Avoir des enseignants efficaces suppose que leur formation soit développée et recentrée sur la maîtrise des savoirs qu'ils auront à transmettre, et sur la façon de les transmettre. Cette exigence concerne enfin l'acte pédagogique lui-même. Revaloriser le statut de la difficulté intellectuelle, c'est encore la reconnaître pour ce qu'elle est : une dimension normale, banale, inévitable, des apprentissages. L'action scolaire doit prendre acte de cet état de fait, au lieu de chercher à le contourner au moyens de pédagogies « douces » qui se sont avérées strictement inefficaces ; et conduire les apprentissages en sollicitant les capacités d'abstraction et de raisonnement logique des élèves. Dans cette perspective, le plaisir de découvrir la difficulté intellectuelle, de s'y affronter et de parvenir à la surmonter, dont les pédagogies d'aujourd'hui semblent avoir oublié l'existence, devient le principe central de l'engagement de l'élève.

Il est nécessaire, en second lieu, de prendre acte du caractère élitiste des modes d'apprentissage en vigueur aujourd'hui : et de procéder, dès lors, à un réexamen critique tant des dispositifs de scolarisation (en particulier, dans le primaire, ceux qui organisent l'apprentissage de la lecture et des mathématiques) que de ce qui fait aujourd'hui la norme dominante des pratiques enseignantes (la psychologisation de la relation pédagogique, l'adaptation par le bas et l'évitement des questions difficiles avec les élèves présumés faibles, la posture constructiviste qui conduit à l'abandon de tout enseignement systématique et progressif des savoirs de base, etc.). Il ne sera pas plus facile de satisfaire à cette exigence que de dépasser la conception concurrentielle de l'école unique. Les réactions face au rappel de la grande inefficacité de notre enseignement élémentaire, qui vont de l'incrédulité à la colère, suffisent à l'attester. Le refus obstiné d'entendre ce que la statistique manifeste à l'évidence, le tabou sur toute remise en cause de l'école primaire, ont des raisons fortes. Du côté des parents, parce que les dispositifs de scolarisation incriminés se réclament des principes pédagogiques mis en œuvre dans l'éducation familiale des classes moyennes, et que seuls les parents des classes moyennes s'autorisent à juger de la chose scolaire et s'investissent dans la vie de l'école (rencontres avec les enseignants, militantisme dans les associations de parents d'élèves). Du côté des instituteurs, en raison de la conjonction entre effets de « moyennisation », de féminisation, de trajectoire scolaire (*cf.* ci-dessus chapitres II et III). En raison aussi des liens noués historiquement entre pédagogies constructivistes et fractions progressistes du monde enseignant, alors que les courants critiques du constructivisme n'ont pas toujours une position très claire sur la question de la démocratie scolaire.[8] On ne voit pas, pour autant, quelle démocratisation de l'école pourrait faire l'économie d'un réexamen critique de l'esprit pédagogique actuellement dominant.

La troisième condition d'un enseignement efficace dans l'école commune est que la définition de ses modalités soit systématiquement soumise à la validation par l'expérience pratique, qu'elle échappe donc à la mainmise exclusive des experts en pédagogie pour bénéficier de la participation active des enseignants. Cela suppose à la fois un processus d'appropriation par ces derniers des conditions de leur activité, et de nouvelles formes de collaboration entre enseignants et chercheurs. Les prochains chapitres voudraient commencer à ouvrir de telles perspectives. Ils sont dus à des praticiens, des praticiennes en l'occurrence, des apprentissages élémentaires des mathématiques et de la lecture. Celles-ci y donnent à voir les principes pédagogiques, en rupture avec ceux qui font norme aujourd'hui, qu'elles ont élaborés et dont elles ont validé la pertinence au fil d'une activité professionnelle consacrée à l'enseignement et à la « réparation » de l'échec scolaire.

8. Ainsi le collectif Sauver les lettres, qui a sérieusement étendu son audience chez les enseignants dans la première moitié des années 2000, entend-il *sauver les lettres* ou *enseigner les lettres* (à tous les élèves) ?

CHAPITRE X

MATHÉMATIQUES : PLAIDOYER POUR UNE ÉCOLE PREMIÈRE

Il y a une vingtaine d'années, j'avais intitulé un cycle de conférences : « Mathématiques de la terre, du ciel, et des limbes », me référant pour les deux premiers attributs à Jean-Toussaint Desanti[1] : les mathématiques sont-elles du ciel – idées pures, axiomatiques consistantes, langue et définitions transparentes –, ou de la terre – utiles, utilitaires, nées du besoin de gérer ses biens, de mesurer son champ, de prévoir ses récoltes ? Problématique ontologique du philosophe, à laquelle s'ajoutait, modestement, celle de la pédagogue. Tombées du ciel ou issues de la terre, elles enregistraient trop d'échecs ; ne fallait-il pas s'intéresser à celles, non encore incarnées semblait-il, de la transmission ? Car ce temps-là succédait de peu à la réforme dite « des maths modernes » et à mon premier livre, *Échec et maths*, où je tentais de montrer que l'échec de la réforme n'était pas due à sa « modernité », mais à des raisons non conjoncturelles qui perduraient.

1. Jean-Toussaint Desanti, *Les Idéalités mathématiques*, Le Seuil, Paris, 1968.

Trente ans plus tard, ces raisons sont toujours là, aggravées par le déni qui les a longtemps accompagnées. Si la persistance et la massification des échecs en général empêchent ce déni aujourd'hui, en revanche, le débat ayant pris une dimension nationale, la spécificité des raisons de l'échec des « mathématiques » de l'école s'y trouve noyée.

La crise du scolaire dépend de nombre de paramètres qui sont légitimement étudiés à diverses échelles « macroscopiques », dont la plus petite unité est celle de la classe. Celle, plus réduite encore, de la « vie intellectuelle malheureuse » de l'élève, me paraît manquante, au moins dans les conclusions qu'il y a lieu d'en tirer. Ce plaidoyer pour une école *première,* bien entendu *en* mathématiques, est issu de milliers de ces analyses microscopiques : étayées, corrélées sur une durée de plus de trente ans par une mise en pratique dans des conditions et des lieux les plus divers, des hypothèses puis des certitudes ont ainsi nourri diverses « expériences » menées sur le terrain, dans des classes, et dont je reparlerai.

Les certitudes en matière d'éducation sont mal vues. La première, de l'ordre de l'évidence, ne court pas ce risque : si un élève, petit ou grand, sans être chinois, vous dit « les mathématiques c'est du chinois », c'est que la matière lui est opaque. En revanche les avis peuvent diverger sur les raisons de cette opacité.

Les plus simples, auxquelles se rallient la majorité des acteurs du système éducatif, sont celles que l'on ne peut manquer de trouver en scrutant le sujet : difficultés de l'enfant à grandir, à devenir un élève, à comprendre, à manier du concept, de l'abstrait, à trouver sa place dans sa maison ou sa classe, ou son école, ou son quartier, ou son pays. Et une fois tenant une ou des raisons, une heure, voire trois, destinées à le soutenir, permettent de « sincèrement » le penser mieux adapté à du concret, voire du manuel, lesquels ont leur noblesse. La question est réglée, les consciences calmées, toute *réflexion,* tout retour sur matière enseignée et manière de l'enseigner évités.

Dérive « moderne » de l'école traditionnelle

La réforme des années 1970 devait remédier à de nombreux défauts : mathématiques du lycée jugées dépassées, voire « poussiéreuses », ne préparant pas à l'université ; école ne préparant pas au collège, sans présumer d'anciens reproches sur l'archaïsme de sa « mentalité », concevant l'enfant comme un adulte en réduction.

La littérature produite par la belle idée, intrinsèquement féconde, de l'édification dès le CP d'un savoir qui se construirait continûment jusqu'à l'université est considérable. On ne peut que regretter, pour l'école, l'oubli de tous les attendus qui la justifiaient car, une fois cette réforme ayant échoué, on se remit à adorer tout ce qu'on avait brûlé, qui, tel un phénix, renaissait de ses cendres : l'école du passé, vers laquelle aujourd'hui, plus que jamais, une sorte de nostalgie tend à renvoyer.

« Nostalgie » : « regret mélancolique d'une chose, d'un état, d'une existence que l'on a eu(e) ou connu(e) », ou « que l'on n'a pas eu(e) ou pas connu(e) »[2]. Autant dire qu'entre le rêve d'un impossible retour à l'école du passé ou celui d'une école lissée, homogénéisée, la nostalgie qu'on voit à l'œuvre aujourd'hui dans les débats qui ont pour objet l'école joue le rôle d'un leurre.

Mais même un leurre peut avoir quelque consistance : ce qui serait le cas si l'école du passé avait été un paradis perdu ; ou si cette école idéale de générations d'élèves d'un même niveau marchant d'un même pas vers les mêmes réussites avait quelque chance d'exister.

Dans cette école du passé, dite école *primaire*, les mathématiques, en tant que corps de savoirs aux contenus et méthodes spécifiques, n'ont jamais figuré. Les programmes menant au certificat d'études primaires s'en tenaient à un bagage volontairement limité, comportant l'écriture des nombres, le maniement des « quatre règles » ou quatre opérations, une « géométrie » qui n'était que mesures et calculs de tous ordres – périmètres ou aires de champs, volumes de contenants de forme courante –, l'ensemble

2. Dictionnaire *Le Trésor de la langue française*, CNRS, voir www.atilf.fr.

mis au service d'une comptabilité domestique ou bancaire, et illustré par les problèmes en dépendant, de prix d'achat, de vente, de pertes ou bénéfices.

Pareils contenus ne pouvaient guère préparer au *secondaire* et n'y prétendaient pas. Ils étaient un tout, fermé sur lui-même, formant et formatant les esprits et les destins, sauf exceptions notoires. Récuser cette cassure entre primaire et secondaire dont on s'imagine qu'ils se succèdent alors qu'« ils sont différents d'essence non de degré »[3] n'a cessé d'être l'enjeu de luttes et oppositions de tous ordres. Il est piquant de constater qu'un manifeste paru en 1918 préconise de donner à tous les Français la même formation de base, d'élever le niveau général d'instruction, d'intégrer les petites classes du secondaire à l'ensemble de l'élémentaire.[4] Près d'un siècle plus tard, nous n'y sommes pas encore, et il est toujours proposé à des enfants de sept, huit ou neuf ans de gérer le budget de leurs parents, d'acheter au meilleur prix, de faire des économies en consommant. Et d'y trouver de l'intérêt.

Á une autre échelle que celle des « maths modernes », l'aventure de *L'Âge du capitaine*[5] frappa les esprits. Des enfants « normaux » avaient répondu à des énoncés insensés : ajoutant 10 chèvres aux 26 moutons transportés par un bateau, ils avaient attribué 36 ans d'âge au capitaine.

C'est alors que, sans toucher à la matière, on s'avisa de transformer la manière en prévenant les petits élèves du tri qu'ils auraient à faire entre des énoncés sensés ou insensés, des informations utiles ou inutiles. On gonfla ou anémia les textes, on mélangea des questions et des réponses, on proposa des réponses orphelines de leurs questions… Le résultat de l'alliance contre-nature d'une matière archaïque traitée de cette façon nouvelle est ce que j'ai sous les yeux : *treize* problèmes à la suite, donnés en CE2, *tous* farcis d'euros, avec comme même question finale, due sans doute

3. Claude Lelièvre, *Histoire des institutions scolaires*, *op. cit.*, citant « H. Dietz, défendant les classes élémentaires des lycées, *Revue universitaire*, 1982 ».

4. *Ibidem.*

5 . Stella Baruk, *L'Âge du capitaine*, Le Seuil, Paris, 1985.

à un couper/coller commode : *Combien maman va-t-elle payer en tout* ?

Voici l'énoncé du premier :

> Paul va à la boulangerie avec sa maman. Il achète 3 baguettes de 3 euros. Il achète un pain au chocolat qui coûte 2 euros. Il n'a pas assez. Il a 3 euros. Alors il va voir sa maman qui lui donne 1 euro. Après il ne sait plus où il a mis ses 3 euros. Il cherche, quand il voit 7 euros dans la rue.
>
> Combien maman va-t-elle payer en tout ?

Dans le sillage de ce bateau chargé de non-sens, la dérive pédagogique se perd depuis trente ans dans l'océan des bonnes intentions. Il faut comprendre comment cette fuite en avant échevelée, par l'évitement d'une confrontation aux vraies raisons de la faillite du problème, n'a réussi qu'à en faire, selon le mot d'une inspectrice, le domaine le plus *sinistré* de l'enseignement élémentaire. On voit mal comment, avec pareil matériau, on pourrait initier un enfant à la rationalité, l'absurdité élevée au rang de pédagogie de pointe ayant tout contaminé, syntaxe, concordance des temps, rôle du nombre, du nombre-de – vous n'avez pas 3 euros pour une baguette de luxe ? achetez de la brioche –, euros magiquement trouvés dans la rue… Déstructuration du réel, de l'intellectuel, de la langue, éclatement du sens. Or, ce ne sont pas les enseignants qui font les programmes, rédigent les instructions, induisent les modes pédagogiques.

La thèse soutenue dès *Échec et maths* était : « L'échec en maths n'est pas l'échec de l'enfant mais celui de l'enseignement, lequel n'est pas celui des enseignants mais de l'enseignement. » Cet enseignement, qui n'était déjà pas adapté à des *mathématiques* dans les débuts de l'école obligatoire, l'est moins que jamais avec les méthodes utilisées pour faire passer ce qui ne *peut pas* passer dans des têtes, dont la multiplication et la diversité « ethnique » ne sont pas la cause, mais le révélateur de cette inadaptation.

Se défaire du primaire de l'école primaire

L'institution impose donc aux enseignants une mission impossible. Avec le plus grand respect pour le travail qu'ils accomplissent, on ne peut, justement, qu'être consterné par le rapport entre leur investissement et les résultats obtenus, ce qui rend inacceptable le refus que l'école a de se voir au présent. Il n'est plus possible de sacrifier encore une ou deux générations à une matière archaïque, ce n'est pas dans dix ou vingt ans qu'il faudra désavouer l'absurdité comme pédagogie du sens. C'est tout de suite, maintenant, qu'il faut prendre la mesure du gouffre qui sépare structurellement l'école du collège, conférant à celui-ci une fragilité dont on discutera à perte de vue, alors qu'à partir d'une matière et d'une manière adéquates le problème se poserait autrement, mettant à nu les vraies variables, et non celles à tout faire que sont les supposées « difficultés » des élèves. Sans élitisme et sans mépris aucun pour une Histoire qui réalisa la grande merveille de l'école primaire laïque et obligatoire, on ne peut que souscrire à ceci :

« Les distinctions entre primaire, secondaire et supérieur n'ont plus de sens. Séparer, dès l'origine, les Français en deux classes et les y fixer pour toujours par deux éducations différentes c'est aller à l'encontre du bon sens, de la justice et de l'intérêt national. Parlons de l'enseignement tout court, de l'enseignement unique.

« Assez de l'ancien enseignement primaire, du nom et de la chose. Nous avons trop longtemps conçu l'enseignement primaire comme une branche à part de l'enseignement général, comme une catégorie indépendante, ou un cycle fermé. Il n'est, il ne doit être qu'un début, qu'un point de départ. C'est le commencement de tout enseignement, quel qu'il soit, secondaire ou professionnel. C'est l'"embarcadère". Ce n'est pas un "tout" qui n'est qu'un pis-aller. C'est une préparation, une introduction au reste.

« L'école unique résout simultanément deux questions : elle est l'enseignement démocratique et elle est la sélection par le mérite. »

Je ne connaissais pas ce texte en intitulant mes propositions de réaménagement de la matière et de la manière :

D'une école primaire à une école première. Le découvrir rend modeste, car il date de... 1918.[6] Mise à part la « sélection par le mérite », vision du monde scolaire qui fait courir les pires dangers à des analyses sereines, je ne peux qu'approuver ce qui s'est dit là. Qu'a-t-on fait pour abolir le primaire de l'école primaire, à part avoir supprimé les alliages, les mélanges de vins, ou les stères de bois ? Programmes et méthodes, après avoir été tentés par le ciel des « maths modernes », sont retournés à la terre. L'école unique en mathématiques est encore dans les limbes.

Où que l'on tourne son regard, textes officiels ou particuliers, on rencontre « inacceptable ». Inacceptable que 15 % des élèves entrent au collège sans « vraiment » savoir lire, écrire et compter, inacceptable que 100 000 jeunes sortent du système scolaire sans qualification. Mais ces chiffres insensibilisent sur ce qu'est l'échec d'*un seul* sujet. Il faut savoir à quel point les élèves qui souffrent des archaïsmes, inadaptations, défauts des « mathématiques » de l'école primaire sont enfermés dans l'extrême solitude de la disqualification, ainsi que leurs parents. Quelle que soit la façon dont il en est fait état, l'échec « en maths » amène le sujet à douter de son intelligence. L'enfant a honte d'être celui qu'il est, muni, quand il en dispose, de son statut d'assisté ; les parents ont honte d'avoir ainsi fait cet enfant. Aucune des parties n'ira voir en quoi c'est ailleurs qu'en ce petit sujet souffrant que se trouvent les vraies raisons de sa disqualification. Laquelle s'exprimera en négativités, asociabilités allant d'une impuissance intériorisée à la violence. Et quand on assiste depuis plus de trente ans à ces drames, qu'on sait à quel point il est *inacceptable* qu'au bout de quelques mois ou une ou deux années d'école soit dit « en difficulté » un enfant qui ne souhaitait qu'être élève, et même bon élève, dont l'intelligence est vive, et qui se trouve petit à petit disqualifié, puis regardé comme insuffisant, on ne

6. *Les Compagnons de « l'Université nouvelle »*, tome I : *Les Principes*, Fischbacher, 1918, cité par Claude Lelièvre, *Histoire des institutions scolaires, op. cit.* Il s'agit d'un groupe d'universitaires « très sensibles à la fraternisation des classes sociales dans les tranchées et au peu d'instruction de la troupe » qui lança après la Première Guerre mondiale une campagne pour reconstruire l'école.

peut qu'être affligé, consterné, par la démesure de l'écart entre les causes et les effets.

J'ai décrit en détail les charges qui pèsent sur cette école primaire, constituant son « côté sombre », celui qui plonge en particulier les élèves dans l'innumérisme.[7] Je n'aurais pas pu établir ce bilan noir, dont nombre d'acteurs du système éducatif reconnaissent la justesse, mais dont on ne veut pas savoir de quoi il est fait dans les lieux de responsabilité, si je ne l'avais assorti de quelques mesures à prendre d'urgence, et si, surtout, je n'avais exposé dans *Comptes pour petits et grands*[8] cette problématique de *langue* et de *sens* expérimentée dans des classes. Proposant non des modèles, mais des exemples, elle commence à faire son chemin, et donne à penser qu'une *révolution douce* est concevable, pourvu qu'elle vienne de la base. C'est la base, et non l'institution décidément sourde et aveugle à la réalité du terrain, qui peut, qui doit faire « avancer les choses ». Nombre de professeurs des écoles, malgré le carcan des programmes et la directivité des fichiers, innovent comme ils peuvent, au coup par coup, essayant de faire passer telle notion, de donner à retenir telle table de multiplication autrement que par un « par cœur » qui se dérobe à la première occasion. Alors que tout est encore possible, c'est-à-dire à l'école, c'est par la base que peut et doit s'accomplir cette révolution douce : or, elle ne peut advenir que si l'on refuse d'accrocher d'emblée l'étiquette « en difficulté » à un élève dont on ne s'est pas demandé s'il n'a pas été *mis* en difficulté.

Opérations et calculs

Prenons l'exemple d'un archaïsme de la matière.

La tradition désigne par « opération » deux démarches différentes : une *décision intellectuelle* consistant, à partir de

7. Stella Baruk, *Si 7 = 0, quelles mathématiques pour l'école ?*, Odile Jacob, Paris, 2004.

8. Stella Baruk, *Comptes pour petits et grands*, Magnard, Paris, 2003, volume I : *Pour un enseignement du nombre et de la numération fondé sur la langue et le sens*, et volume II : *Pour un enseignement des opérations, des calculs et des problèmes fondé sur la langue et le sens.*

deux nombres, à « agir » sur eux pour en obtenir un troisième, et un *processus de transformation* du résultat obtenu.

Par exemple, à partir de « 45 » et de « 29 » il est possible de constituer, selon le problème posé :

— par addition, « 45 + 29 » ; ce nouveau nombre, « 45 + 29 », est le résultat de l'addition et s'appelle une SOMME ; 45 et 29 sont les *termes* de cette somme ;

— par multiplication, « 45 × 29 », PRODUIT de 45 et de 29 qui sont les *facteurs* du produit ;

— par soustraction, leur DIFFÉRENCE, « 45 – 29 », 45 étant le *premier* terme de la différence, 29 le *second.*

Trouver, pour chaque nouveau nombre ainsi obtenu « combien ça fait » *n'est plus* « faire l'opération » : il n'y a plus de décision à prendre. Alors qu'il est maintenant *fixé* « en quantité », il y a seulement, et quand c'est possible, à lui donner une autre forme. Ce « combien ça fait » confié à une machine habilitée à le trouver, nommée calculatrice, ne met donc en jeu qu'un *calcul.*

Ainsi l'égalité suivante

45 – 29 = 16

une fois séchée l'encre qui en a permis l'inscription, recèle deux étapes qui sont *d'abord*, l'**opération/décision**, *et ensuite*, s'il est à la fois souhaitable *et* possible de l'effectuer, la **transformation/calcul**.

Comment un élève à qui on dit « fais ton opération » pour un calcul, puis « choisis ton opération » pour un problème peut-il s'y retrouver ?

Comment peut-il « choisir » quand à longueur de CP il ne fait que des problèmes d'addition ?

Comment peut-il savoir quel est le sens de cette addition quand il est livré à des écritures « additives » de nombres tels que 1, 2 ou 3, sans que rien les justifie, sans que la nécessité à être de cette opération apparaisse ?

Comment peut-il comprendre l'« addition à trous » ? Voyant ceci, « 5 + ... = 7 », comptant sur ses doigts, il écrira 12 à la place des points.

Comment peut-il savoir quel est le sens de cette addition si ne sont pas distinguées ses conditions d'effectuabilité, selon que l'on est en nombres, ou en nombres-de ?

Comment, s'il ne sait pas qu'un calcul est une phase *seconde*, saura-t-il ce qu'il en est de sa possibilité, ou non, d'être effectué ? Des sommes telles que « 2 km + 3 m » ou « 2/11 + 3/7 » non immédiatement calculables, le seront une fois les deux grandeurs, ou les deux fractions exprimées par les mêmes unités ; en revanche « $\sqrt{3}+\sqrt{2}$ » ou « $a+b$ » – a et b désignant des nombres – sont des sommes *définitivement* non « compressibles » comme le « pensent » pourtant tant de collégiens.

Les professeurs de collège se plaignent de ce que « somme », « produit », « différence », « quotient » sont très difficiles sinon impossibles à faire utiliser par leurs élèves. Forcément. Alors que c'est à peine l'opération et son sens abordés que le résultat doit en être *nommé*, il y a cinq années de manque à gagner dans la conscience des *actions* faites, des *formes* obtenues, essentielles en calcul numérique, ou littéral. Que voudront dire, si les mots et leur sens ne se sont pas incarnés, « factoriser », « le carré d'une somme », une « somme de produits »... C'est bien parce que n'est pas ressentie la légitimité à être d'une forme/somme, que les collégiens ne « supportent » pas « 2a + 3b » et en font *5ab*. Calculite primaire, qui consiste à n'avoir appris qu'à compter, compter, compter...

Écoutons le philosophe : « Nous “rencontrons” *des* cailloux et *des* arbres. Mais *trois* cailloux, *deux* arbres ? Jamais. Pour les voir, il y faut déjà quelque opération. »[9]

Apparemment, l'explicitation systématique de cette « opération », si féconde, est encore dans les limbes. En mathématiques, les objets sont des idéalités, les droites n'ont pas d'épaisseur, les nombres pas de substance ; dans le monde qui nous entoure, nous sommes confrontés à la quantité, consistante mais sujette à variations et souvent périssable, c'est le domaine du *quantitatif*, et aux formes, pérennes ou mouvantes, mais généralement approximatives, c'est celui du *figuratif*.

Avec des mots pour séparer les champs d'effectuation, l'« opération » évoquée plus haut est constituée par des allers-retours entre un domaine d'idéalités, et celui que

9. Jean-Toussaint Desanti, *Les Idéalités mathématiques*, *op. cit.*

nous proposent nos sens et nos pratiques de vie quotidienne. Leur coexistence suppose de reconnaître ce qu'un savoir spécifique doit à une pratique commune, mais aussi la façon dont il s'en sépare.

Comment ces quelques éléments d'analyse de la matière pourraient-ils agir sur la manière ?

FÉCONDITÉ DE L'ERREUR

Soit donc, dans l'air du temps, ce problème de fin de CE1 ou de CE2.

> Un restaurateur achète 45 chaises à 29 euros. Combien doit-il payer ?

Plusieurs cas peuvent se présenter :

a. Tout est juste, opération et calcul. C'est le cas « transparent », on ne sait pas si c'est parce qu'on « est » dans la multiplication. Peu importe. En tous cas la « technique », – le calcul – semble digérée. Bravo.

b. L'opération est juste, le calcul comporte une erreur.

c. L'opération est fausse (par exemple une addition), le calcul juste.

d. L'opération est fausse, et le calcul aussi.

La tradition qui mettait les trois derniers cas dans le même sac commence à évoluer ; mais pas encore assez. C'est par la justesse des commentaires, la prise en compte de *toutes* les erreurs sereinement analysées que justice sera rendue, et que chaque petit sujet pourra, *sans être mis en jugement*, faire l'apprentissage de la rationalité. En mettant au tableau dans quatre colonnes les quatre cas qu'il importe de prendre dans l'ordre inverse, la discussion peut s'engager collectivement.

Commençons par d. Supposons qu'ayant additionné 45 et 29, les calculs aient donné 614, ou 64. Que s'est-il passé ? On met toute la classe « dans le coup ». Il est étonnant de voir à quel point les élèves se passionnent pour ce genre de travail, proposant des hypothèses sur ce qui s'est passé dans la tête de l'un ou de l'autre. Il faut donc remettre le calcul d'aplomb, ce qui bien souvent renvoie à la numération. Et c'est là qu'un observateur qui assisterait à cette *manière* de procéder se demanderait où il est tombé : avoir «fait» 45 plus 29 est archifaux, et c'est de cela qu'on s'occupe ? Pourquoi trouver « combien ça fait », *puisque c'est faux* ?

Parce que c'est seulement à partir d'un calcul juste que l'on pourra discuter de l'opération. C'est le moment de s'interroger sur la nature de ce 74, ce qu'on ne pouvait faire ni avec 614 ni avec 64. Débarrassés de l'opacité « technique » on peut enfin poser que si 45 + 29 font bien 74, 45 *chaises* et 29 *euros*, eux, « font » 74 *quoi* ? Une addition a toujours du sens en nombres, en a-t-elle toujours en nombres-de ? Demandez à quoi sert une addition, vous verrez les yeux ronds des enfants.

Supposons qu'on ait découvert qu'elle sert à « compter ensemble » deux collections d'objets, mais à quelles conditions ? Ici peut-on compter ensemble des chaises et des euros ? Etc. Bien entendu, toutes les réponses doivent être cherchées/trouvées par les élèves. Une réponse apportée trop tôt est un *traumathisme*[10] comme nous en avons tous connus, à des degrés divers.

Passons au cas c. Étant donné l'importance que l'école confère au calcul, il ne faut pas oublier de féliciter les auteurs de calculs justes. On peut alors s'occuper de l'opération.

Une fois débarrassés de l'idée que l'addition aurait pu résoudre le problème, on reprend la question de base, avec des petits nombres : des tartes au lieu de chaises, 3 euros pièce au lieu des 29 : 1 tarte ? 3 euros. Et s'il y en avait 2 ? Ou 10 ? Ou plus encore ? La multiplication doit apparaître *portée* par la langue. Plusieurs *fois* une même quantité, un même nombre, et on juxtapose et complexifie les exemples ; l'idée est d'obtenir un « 45 *fois* 29 euros », qui est la solution. Mais là il faut prendre son temps, et on ne l'a pas perdu si les élèves ont compris que des opérations avaient du sens, pouvaient *se parle*r, et servaient à quelque chose. En particulier, il ne faut pas accepter sous prétexte de commutativité en nombres une formulation inadéquate pour un produit : « 3 *fois* 5 » ou « 5 *multiplié par* 3 » sont deux façons différentes de dire *la même* chose, de rendre compte de

10. C'est un traumatisme *en* mathématiques.

la même organisation. 3 piles de 10 assiettes ne sont pas disposées comme 10 piles de 3 assiettes ; n'allez pas dire à une maîtresse de maison que c'est pareil, sous prétexte que dans les deux cas « ça fait 30 » ! Négliger la cohérence entre ce qui se voit et se dit, ou entre ce qui, dans un énoncé, est proposé comme organisation, est un processus efficace de destruction du sens. Ici seuls 45 *fois 29* euros, ou 29 euros *multipliés* par 45 sont acceptables, et ont du sens.

Quantitatif et mathématique

Ce qui distingue essentiellement, « originellement », les nombres des nombres-de c'est la possibilité des uns à être organisés de certaines façons, à avoir entre eux certaines sortes de relations, alors que les autres servent *à autre chose* chacun à sa façon. Les *sept* nains accompagnant Blanche-Neige sont un nombre-de nains, comptés ensemble parce que tous nains, mais porteurs d'une foule d'anecdotes et de noms qui les individualisent ; « sept » est un nombre, idéalité immatérielle mais représentable, aux unités à la fois distinctes mais indifférenciées, dont on peut dire au CP au moins qu'il est impair, plus tard qu'il permet de deviner la face invisible d'un dé, deux faces opposées totalisant 7 ; plus tard encore qu'il est le quatrième nombre premier, ou le deuxième nombre de Mersenne premier[11], ou la troisième solution du problème de Brocard[12], qu'il est la différence de deux carrés consécutifs, de deux cubes consécutifs ($7 = 4^2 - 3^2 = 2^3 - 1^3$), etc. Les « anecdotes » qui individualisent les nombres n'ont rien à voir avec celles qui individualisent des collections de nains, de pommes, d'euros.

Quantitatif et mathématique ont en commun un tout petit domaine numérique, les entiers naturels, quelques fractions usuelles, des décimaux raisonnablement pourvus de décimales, un tout petit domaine métrique, quelques

11. Les nombres de Mersenne (père Marin Mersenne, mathématicien français, 1588-1648) sont des nombres premiers de la forme 2^n-1. En remplaçant n par 2 puis par 3 on trouve 3, puis 7 qui sont premiers.

12. Les seuls nombres n tels que n!+1 soit un carré sont 4, 5 et 7, dits nombres de Brocard. Pour 7, c'est joli, parce que $7!+1 = 71^2$.(n! est le produit des nombres de 1 à n).

mesures de longueurs, de masse, de capacité, de temps ; la vie en société y ajoute quelques nombres négatifs, météo et ascenseurs. On ne peut pas, par le quantitatif, *amener* le mathématique. En revanche, savoir manier les nombres, opérer et calculer avec des idéalités sensibles, représentables, *organisables* permet, si besoin est, de calculer sur des euros, des mètres, des litres, etc. Nombres et nombres-de malgré des proximités n'ont pas la même finalité, ni la même façon d'occuper le temps, l'espace, l'imagination...

Si la « mondialisation » tend à homogénéiser les modèles sociaux, elle ne touche pas à la condition de millions d'enfants qui dans certains pays travaillent huit ou neuf heures par jour pour un salaire de misère, leur imposant une relation précoce et douloureuse à la gestion de « biens » ; alors que dans les pays dits évolués les enfants n'y sont confrontés que dans ce qui s'en dit dans les familles... ou à l'école.

L'école se trompe en imposant à des enfants dont les familles ne sont pas dans le besoin la gestion d'un argent virtuel, et à ceux qui ont le malheur de manquer parfois de l'essentiel des dépenses somptuaires en jouets, vêtements, loisirs. Un problème comme celui proposé plus haut *pour enseigner les mathématiques* à l'école, ajoute l'indécence à l'absurdité. L'usage que fait précocement l'école de l'argent dans les problèmes est parfaitement scandaleux, et ravageur. *Quand* ceci sera-t-il compris ? *Quand* l'école laïcisera-t-elle ce culte de la consommation, du meilleur prix, des soldes, *quand* le renverra-t-elle à plus tard, bien plus tard que ces années d'enfance où l'appétit de savoir est intact, et qu'on occupe à compter des sous, ou à les dépenser ? Cette erreur, origine d'un gâchis dont on n'imagine pas l'ampleur, a eu ses raisons.[13] Mais aujourd'hui pourquoi prendre l'argent comme sujet à peu près unique des problèmes, voire comme auxiliaire dans l'apprentissage de la numération, ce qui est proprement sidérant et ne résiste pas une seconde à l'analyse ? Selon les modalités de son désir de survivre, vivre, ou mieux vivre, un sujet donné sera inévitablement confronté au quantitatif, qui n'a pas forcément besoin de

13. J'ai développé la problématique de l'argent dans *Si 7 = 0, quelles mathématiques pour l'école ?*, chapitre XI, *op. cit.*

l'école pour s'imposer à chacun. En revanche, ce n'est ni dans la rue ni dans les supermarchés qu'on apprend les mathématiques.

Organiser pour quantifier

Supposons que grâce à une nouvelle manière de travailler, posant que tout apprentissage n'a pas à être sans cesse évalué en termes de « mérite » de l'élève mais de résistance de la matière, se constitue à partir de chaque résultat non conforme un mode systématique de *réflexion* mettant en question pour l'enseignant sa propre pratique *et* celle qu'impose l'institution. Et que l'on comprenne, par exemple qu'addition et multiplication sont deux opérations structurantes, permettant aisément l'utilisation de l'outil mathématique pour décrire le monde extérieur. Ayant distingué le discret du continu, il est facile d'assigner à des points et des lignes une fonction de représentation qui a un fort pouvoir d'évocation.

Soient ici deux représentations de juxtapositions ; discrète, celle de deux groupes d'enfants ; continue, la longueur de fil de fer nécessaire pour confectionner un L (pour écrire LIBERTÉ, ou ÉCOLE, ou ce qu'on voudra). Dans les deux cas, compter ensemble les enfants ou les grandeurs se traduit, en nombres, par 9 + 6.

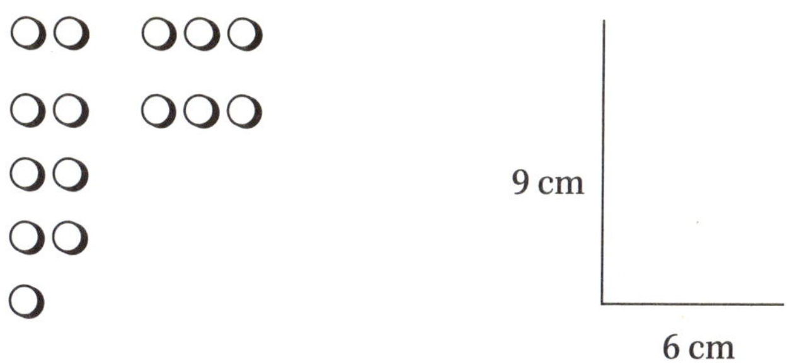

Soit à présent ces autres organisations : 5 groupes de 3 enfants, ou un pentagone qu'on dira être *régulier* de 3 cm de côté. Dans les deux cas, compter ensemble les enfants ou chercher la longueur du tour se dira, en nombres, « cinq *fois* trois », ou « trois *multiplié par* cinq » et s'écrira

5 × 3 ou 3 × 5
f m

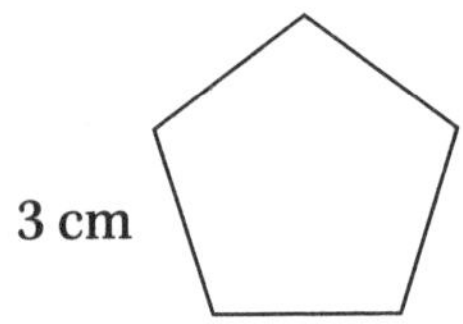

Imaginons maintenant cette autre organisation :

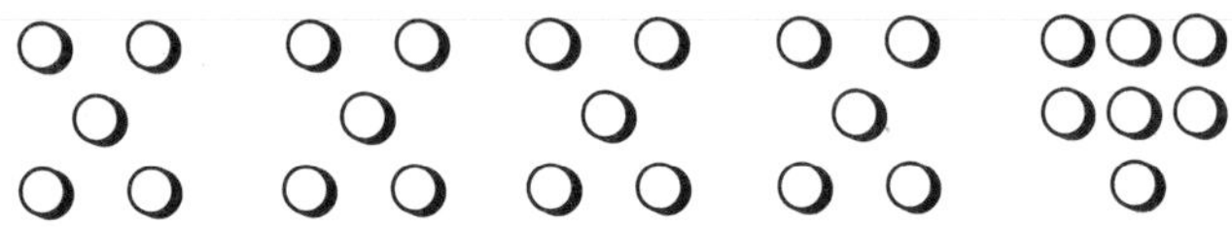

Toujours dans une visée « totalisante », elle se *dit* aisément « quatre *fois* cinq, plus sept », et s'écrit tout aussi aisément

4 × 5 + 7 ou 5 × 4 + 7
f m

tout comme le tour d'un pentagone qui ne serait plus régulier, mais qui bénéficierait de quatre côtés de même longueur.

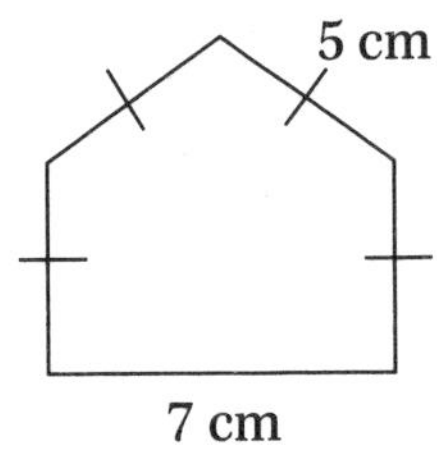

Il ne faut pas se méprendre sur l'expression « compter ensemble » ; elle rend compte d'une *intentionnalité*, mise en acte grâce aux outils que constituent les opérations et non d'un comptage effectif. On pourra voir[14] comme ces « descriptions » quantifiées du monde extérieur sont aisées à obtenir des enfants, qui arrivent en milieu de CE1 à décrire, écrire, et calculer correctement des organisations aussi complexes que

5 + 3 × 7 + 4 × 6

14. *Dans Comptes pour petits et grands*, volume II, *op. cit*

Aucune difficulté alors, pour savoir *lire* cette expression, alors qu'au collège on a le plus grand mal à obtenir des élèves qu'ils ne calculent pas un « 5 + 3 », qui n'existe pas.

Si, une fois ayant maîtrisé ces descriptions d'un monde quantifié, et organisé – il faut, évidemment, avoir travaillé chaque opération pour elle-même, et leur coexistence « pacifique »–, on tient absolument à mettre en scène des euros, on peut inventer un goûter de classe, qui aura supposé, payés par la caisse de l'école, une tarte à 5 euros, 3 pains surprise à 7 euros, et 4 paquets de chocolat à 6 euros. Et constater que l'écriture qui dit le nombre d'euros, soit

$$5 + 3 \times 7 + 4 \times 6$$

n'est autre que celle qu'on connaît déjà, *en clair*, sur du discret ou du continu.

Il paraîtra cohérent de donner alors à la soustraction, puis plus tard à la division, leur vrai statut : opérations inverses des deux premières, elles mettent en jeu une problématique particulière.

Écrire les nombres en école première

Voyons comment ce mode systématique de *réflexion* pour l'enseignant de sa propre pratique *et* de celle qu'impose l'institution peut intervenir dans le domaine essentiel de la numération. Puisqu'on enseigne des écritures telles que

trois cents/300 et sept/7

pourquoi celle de trois cent sept

ne serait-elle pas, *logiquement* 3007 ?

Si on comprend alors que, non, il ne fallait pas que l'élève pense que trois cents *c'est* 300, mais seulement un 3 à la place des cents, puisque dans 327, 349, 304, le 3 se lira « trois cents », voici qui change tout ; qui confère aux zéros leur rôle de remplisseurs de places vides, muets par-dessus le marché, puisqu'on n'entend pas ces « chiffres du silence », qui ne sont là que parce qu'on n'a plus rien à dire ; qu'il faut remiser « unités, dizaines, centaines » au magasin des accessoires d'où on les tirera quand on en aura besoin. On ne lit ni n'énonce un nombre comme 327 en disant « trois centaines deux dizaines sept unités ». Pour qu'un élève reconnaisse dans une lecture/écriture de nombre ce qu'il entend autour de lui, il faut parler en « cents », en « dix » et expliciter quand il le faut en « uns » le chiffre « qui dit la vérité » : le 7 de 327 dit la vérité, il vaut 7, c'est-à-dire 7 « uns », le 2 vaut vingt et s'analyse comme 2 « dix », le 3 vaut trois cents et s'analyse comme 3… «cents ».

Voici qu'on apprend les « mille ». Mille tout seul, c'est, croit-on, 1 000. Alors il ne faut pas s'étonner d'avoir pour

mille six cent quarante neuf, 1000649

Supposons maintenant qu'à force de répétitions, de tableaux à cases udcm le petit élève écrive 1649.

Que penser de

quatre mille six cent quarante-neuf

sinon qu'il s'écrit *4* 1 649 ?

Si, muni de sa *réflexion*, le professeur « éprouve » que mille six cent quarante neuf est bien plus difficile à écrire et comprendre que

vingt-cinq mille six cent quarante neuf.

parce que *mille* est un nom de classe, et que, entouré comme ceci

vingt-cinq (*mille*) six cent quarante neuf,

sa valeur « qualitative » devient *visible*, il fera découvrir aux enfants que pour traduire en chiffres le sens de cette suite de *mots* il suffit d'écrire vingt-cinq/25, et à sa suite six cent quarante-neuf/649, choses que l'on sait faire. Et le tour est joué.

Que se passe-t-il donc pour « mille six cent quarante neuf » ? Entouré, le mille se trouve orphelin de ce qui le dénombre :

(mille) six cent quarante neuf.

Encore un tour que joue la langue. Il y a du mille, mais ça ne se dit pas : on ne dit pas *un* mille, comme on ne dit pas *un* cent. Ce « un » manquant demande une explicitation particulière. Tout se passe donc comme si on avait

un (mille) six cent quarante-neuf.

Ce « un » muet est si pauvre en substance qu'il trouble nombre d'élèves petits ou grands, qui croient que mille est 1000, parce qu'on aime traditionnellement à le faire croire en s'inclinant très respectueusement devant ses trois zéros, qui déboulent après trois 9. Mais mille, c'est donc seulement un 1, muet, mais d'une autre mutité que les zéros, subtilité qui, une fois débusquée, fait tendre l'oreille pour analyser de quelle sorte de silence il s'agit. Donc, 1, écrit dans la classe des mille, vaut mille, et s'écrit 1000 une fois sur... mille. C'est en appauvrissant un nombre « consistant » de mille qu'on arrive à lui donner du sens.

Découvrir que mille est plus difficile à écrire et comprendre que vingt-cinq mille six cent quarante-neuf, que trois cents n'est pas 300, que l'écriture des nombres est généralement d'une complexité extrême posant toutes sortes de questions du même ordre change radicalement l'abord que l'on peut avoir à son enseignement. C'est pourquoi il me semble qu'en « soustrayant » le négatif, les archaïsmes, en évoluant de la façon antique d'enseigner la numération et les opérations à celle qui *prend en compte* la langue et le sens, on peut imaginer que, par la suppression des agents pathogènes, la mise en jeu d'éléments manquants peu à peu découverts, les enseignants seraient en mesure de faire évoluer l'école primaire vers celle, encore dans les limbes, que ne désavoueraient ni le collège ni l'université. Il est alors permis de penser que les analyses des vrais problèmes de l'école tout court, tels qu'abordés dans cet ouvrage, accompagnées des potentialités d'une école première, gagneraient en fécondité.

CHAPITRE XI

CE QU'APPRENDRE À LIRE VEUT DIRE

Pourquoi, alors que l'école est ouverte à tous les enfants, qu'ils y entrent plus tôt, qu'ils ont bien plus qu'il y a quarante ans accès au monde des adultes (publicité, télévision), qu'ils s'ébattent très tôt sur internet... pourquoi lisent-ils si mal ? Pourquoi font-ils tant de fautes d'orthographes ? Pourquoi leurs écrits suscitent-ils, jusqu'en faculté, l'effarement, le scandale ?[1]

Cette dégradation s'amplifie d'année en année. Elle est telle, malgré certaines dénégations désespérées, que l'Éducation nationale elle-même dut transmuer une « dyslexie » proliférante en illettrisme, terme qui respecte la réalité banale – mais non bénigne – d'un phénomène en pleine expansion : plus de la moitié des enfants entrant au collège n'ont pas *appris* à lire.

L'Éducation nationale luttera donc, dit-elle, contre l'illettrisme. Elle se veut d'abord rassurante : l'école est plus

1. Les observations présentées dans ce chapitre s'appuient sur l'expérience d'une carrière professionnelle d'orthophoniste. On en trouvera un exposé plus développé *in* Colette Ouzilou, *Dyslexie, une vraie fausse épidémie*, Presses de la Renaissance, Paris, 2001.

que jamais respectable, ses maîtres compétents et dévoués. Mais le public scolaire...

Il faut chercher, disent les responsables du primaire, chercheurs patentés, inspecteurs d'académie ou professeurs d'écoles, il faut chercher dans le public scolaire la cause des échecs : les enfant plus nombreux, leurs parents, le niveau social, l'immigration (prudemment implicite) et donc sa « massification » hétérogène, plus précisément son niveau culturel et linguistique. L'illettrisme, dit-on aujourd'hui, débute en maternelle avant tout enseignement. Renonçant à la « dyslexie » peu crédible d'un bon tiers de la population, les responsables découvrent la « dysphasie », pathologie du langage lourde et rare. Le moindre retard de parole assumera désormais l'échec en langue écrite dont l'enfant portera seul le poids.

Que cette population vivante, active, concernée, le plus souvent urbaine, ne soit guère comparable à celle que Jules Ferry instruisait au XIXe siècle, que l'école ait démultiplié le nombre de ses enseignants, que les enfants soient 20 à 25 par classe et non plus 40 à 50, n'interfère en rien, semble-t-il, sur un analphabétisme dont le contenu des cinq années primaires ne serait en rien responsable.

Avec une série de réformes, mesures, structures de rattrapage, voies parallèles, heures en plus pour ceci (prévention et compensation de l'échec), heures en moins pour cela (enseignement de la lecture proprement dit), le budget de l'Éducation nationale croît sans résultat.

Venu des États-Unis dans les années 1950, un courant linguistique remet en question l'alphabet, sa vocation phono-graphique et son efficacité pédagogique. Il s'agit des « idéographistes »[2] pour qui le lecteur procède par perceptions globales des mots, sans recours aux lettres qui les composent, leur « silhouette » suffisant à l'accès au sens. Lecture « directe » et « prévue » par le seul regard du vrai lecteur. L'usage du code alphabétique, jusqu'alors enseigné, produirait une sous-lecture dépourvue de sens qu'il est préférable d'éviter.

2. Notamment Frank Smith, *Comment les enfants apprennent à lire*, Retz, Paris, 1980 ; et *Devenir lecteur*, Armand Colin, Paris, 1989.

Notons qu'aucun travail expérimental n'a précédé ces assertions, ni jamais cherché depuis à les justifier. Seule l'observation de la lecture silencieuse chez l'adulte efficace contente leurs auteurs. L'usage de l'alphabet doit s'acquérir intuitivement, par habitude : il suffit de lire pour savoir lire.

L'instruction publique d'alors y voit-elle de bonne foi une réaction nécessaire à la nouvelle « masse » scolarisée ? « Considérant que la société n'a jamais eu besoin de plus de 20 à 30 % de lecteurs efficaces... on ne transmet pas (plus) de technique préalable, mais on aide au développement de celles que l'enfant invente pour régler, dans l'écrit, les problèmes qui le concernent. »[3] Quoi qu'il en soit, dès les années 1960, l'Éducation nationale change d'objectif pédagogique et abandonne les méthodes traditionnelles.

Une nouvelle recherche est mise en place. Par le biais du mouvement « constructiviste » selon lequel l'enfant doit construire seul son savoir, elle s'oriente vers le rejet de la pédagogie « frontale » donnée par un maître enseignant. L'enfant apprendra à lire comme il apprit à parler, par osmose, en groupe, dans des activités de préférence ludiques, à l'abri de tout dirigisme magistral. Il sortira ainsi seul de son ignorance, sous la surveillance bienveillante d'un adulte intervenant le moins possible.

La méthode mixte

Il fallait, ne serait-ce que pour assurer une transition avec l'école qui enseigne, il fallait une méthode pour la lecture, plus exactement un système méthodique. Ce sera vite, et officiellement, le système dit « semi-global », ou méthode « mixte », qui n'a pris de la méthode globale (utilisée dans certains cas par les professionnels) qu'une apparence vidée de son contenu pédagogique. Sa première démarche, en effet, que la vraie globale récuse, est d'exiger du débutant une « reconnaissance » visuelle de nombreux mots *dont il ne*

3. Jean Foucambert, *Apprendre à lire pour les 2-12 ans*, supplément commun aux revues : *Les Actes de lectures*, *Cahiers pédagogiques*, *L'Éducation*, *Vers l'éducation nouvelle*, 1983.

connaît pas les lettres. C'est la phase dite « logographique » qui induirait l'accès au sens, et même sa « prévision ».

L'enfant dispose, pour ce faire, d'un équipement instrumental : éveil perceptif de l'œil, maîtrise et orientation du corps dans l'espace, latéralité homogène, gauche ou droite. En toile de fond, son support psychoaffectif, linguistique et culturel. Le bébé affûte ces fonctions dès sa naissance. Chez l'enfant de cinq à six ans elles sont loin d'être toujours arrivées à maturité. Ce qui est banal, nullement pathologique, mais impose des apprentissages qui tiennent compte de leur progression et la favorisent.

Or la phase « logographique », donnant à retenir des structures sans repères signifiants, fait tout le contraire. Cette mémorisation d'ensembles dont les éléments sont inconnus, donc arbitraires pour le non-lecteur, se contente de le mettre à l'épreuve. En proie à des indices subjectifs, incertains, il se débrouille selon ses moyens. Les troubles de parole, par exemple, souvent non perçus de l'entourage, touchent 30 % de ce jeune public. Ce petit débutant dit « ze zoue » (je joue), « favon » (savon), « patalon » (pantalon), « redarde » (regarde). Sans le repère des sons, à la merci de légers retards fonctionnels, il ne peut prendre conscience de son erreur, ni donc la corriger. Le rapport lettre/son est perverti.

Comment alors ne pas déplacer, inverser, oublier, confondre ces lettres amputées de leur identité sonore ? Si sa mémoire visuelle est suffisante, peut-être l'enfant fera-t-il la différence entre « marron » et « marin », mais pas entre « coussin » et « cousin » réglés par les lois de combinaison des lettres entre elles (combinatoire). Ni surtout entre les « mots-outils » – articles, prépositions, et/est, ou/on, etc. – donnés dès les premiers pas à reconnaître et qui, confondus, mènent au non-sens.

La phase « logographique » maintient donc le débutant dans son ignorance. Elle laisse en état, sinon aggrave, ses insuffisances visuelles et auditives. Elle sanctionne d'emblée, durement, son niveau linguistique en hypertrophiant, sans aucun bénéfice éducatif, le rôle du langage dès la maternelle. L'entraînant à simuler la lecture, elle le trompe sur ses aptitudes et sur la valeur de ses acquis. D'autant qu'il sera évalué sur son habileté à utiliser ces faux-semblants.

Une pseudo-pathologie va s'installer dès le CP. Elle opère une première sélection qui fournira une tranche précoce de « dyslexiques ». L'écrit présenté comme une série d'images-concepts prive le débutant du son discriminant des lettres : amputation sévère pour les enfants un peu immatures, *mais handicapante pour tous.* Quelles que soient ses aptitudes, l'enfant ignorant la densité sonore de la lettre reste sourd à l'écrit.

Il en garde un malaise très sensible en rééducation, où le premier objectif sera de lui rendre son oreille. Sans rééducation à ce niveau, des troubles dyslexiques et dysorthographiques *acquis à l'école* vont apparaître.

Dans la pratique scolaire, la position initiale pure et dure des idéographistes niant la fiabilité de l'alphabet a dû être modulée : les chercheurs constatent *aujourd'hui* que « la conscience phonologique (connaissance des sons du langage) est indispensable à la lecture ». Reconnaissent-ils pour autant que *du son des lettres naît le sens*, ce qui remet en cause le pernicieux « départ visuel global » de la méthode mixte ? Reconnaissent-ils du même coup que la lettre/son est la première unité de traitement de la lecture et la pierre d'achoppement sur laquelle butte tout mauvais lecteur ? Non. La phase dite « d'assemblage » se contentera d'introduire plus ou moins tôt les lettres et les graphèmes[4] (ou, an, oin, etc.). L'enfant saura finalement réciter l'alphabet. Mais, pour devenir « lettré » il faut savoir s'en servir. Qu'en fera-t-il ?

La pratique scolaire commence par un interdit : pas de syllabation à voix haute... Ce qui veut dire : pas d'écoute ni de mise en œuvre des graphèmes, pas de synthèse des lettres entre elles, premier et seul acte donnant accès à la structure intime de l'écrit. Le refus de syllabation révèle chez ces nouveaux théoriciens de la lecture beaucoup d'ignorance... ou d'inconscience ? Le travail oral/écrit sur la syllabe ne se contente pas de structurer et « d'agir » l'écrit, d'organiser son déroulement de gauche à droite ; il compense, ce faisant, des déficits éventuels, développe les

4. « Graphème » : notation graphique des sons élémentaires de la langue (le français écrit utilise 80 graphèmes – dont 26 lettres – permettant de noter quelques 35 sons, ou phonèmes).

aptitudes sensorielles et surtout les mène à maturité. C'est grâce au son de chaque lettre que le pré-lecteur, affinant son œil et son ouie, fera la différence entre b et d, et développera cette conscience phonologique qui occupe tant, aujourd'hui, pédagogues et détecteurs de dyslexie. Sans la syllabation qui structure et ordonne l'écrit, l'enfant inactif devant des lettres « mortes » reste étranger à la combinatoire. Alors pourquoi cet interdit ?

Il répond, disent les nouveaux théoriciens constructivistes, à la « construction des savoirs » qui donne pour *devoir* au débutant de découvrir et d'installer seul tout cela. C'est, disent-ils surtout, la seule voie d'accès au sens de l'écrit. Pour mieux comprendre, le débutant devra comparer les mots nouveaux aux mots appris par cœur et en déduira, grâce aux quelques lettres reconnues, leurs lois de combinaison. Il tentera d'utiliser ses déductions en synthèse mais en silence, « dans sa tête » (comment ? ce n'est pas dit), sans syllabation effective.

Le code alphabétique, comme tout système codé, est tout à fait arbitraire, mais ses lois sont précises et incontournables. Reconstruire le code seul revient donc à le réinventer. Ce qui est impossible à six ans. Ouvertement antipédagogique, cette démarche « constructiviste » équivaut à en interdire l'accès.

Pour pallier ce code à peu près inaccessible et mieux comprendre encore, la « prévision de sens », chapeautant le tout, sera systématisée. Afin de remplir son rôle de substitut au « pédagogisme » volontairement absent, une éthique du lire s'imposait : le lecteur n'est plus receveur du sens contenu dans le texte et à lui destiné, comme l'est l'écouteur dans un échange dialogué ; il sera créateur du sens d'un corpus... qu'il lui faut néanmoins respecter.

Une promenade stratégique autour du texte, indispensable en effet dans ce système d'accès au sens sans accès aux lettres, va mener le petit quêteur d'indices à le « prévoir ». Cela exige des moyens nombreux et de qualité : un riche vocabulaire, de l'imagination pour compenser ses manques, une intuition respectant et même devançant la pensée d'autrui... Et surtout une solide motivation, étant donné la gymnastique intellectuelle qu'elle impose.

Est-il motivant de deviner une histoire ? Regarder des images, interpréter les supports, reconnaître un mot ici et là, harceler le grand frère, tout cela donne-t-il à l'élève envie de poursuivre seul l'histoire si gentiment lue par le maître ? Intelligent, l'enfant se sent floué ; passif, il se laisse vivre et « bricolera » comme il peut.

D'autant que, dans ce système à deux voies, l'enfant écartelé est amené à sans cesse passer d'un type de stratégie à une autre, du global, dont l'unité de traitement devient le mot, à la lettre qu'il n'utilise qu'en manque du mot. Tiraillé entre deux démarches incompatibles, il ne maîtrisera ni l'une ni l'autre. Car choisir l'une, c'est interdire l'autre, passer de l'une à l'autre, c'est condamner les deux : la l'assemblage, sous-valorisé comme un recours possible, reste boiteux, la « reconnaissance » du mot, avec son flou sémantique et ses confusions inévitables, plus qu'aléatoire.

Nous recevons en orthophonie deux sortes de mauvais lecteurs, entre huit et quinze ans. Celui qui fonce résolument sur les mots dont il survole la silhouette et « lit », fort de quelques indices glanés, son sens à lui, souvent très loin de celui du texte. L'autre, accroché au graphisme, tente de décoder, butte, revient en arrière, parfaitement indisponible au sens. Chez celui-ci l'essai de décodage, bien qu'inefficace, montre une attention aux lettres qui lui permettra, s'il est encore en primaire, d'apprendre à s'en servir.

La rééducation du premier – souvent préadolescent – exigera, pour obtenir un regard actif sur le graphème, un abandon des habitudes de « prévision » qui lui ont interdit l'accès à la réalité du texte. Ce qui parfois pèse le poids d'un deuil à accomplir, celui de tout un passé scolaire qu'il va devoir renier.

À PROPOS DU « CONSENSUS DES EXPERTS »

Si l'Éducation nationale ne peut plus ignorer l'étrange montée de l'illettrisme, comment conçoit-elle sa part de responsabilité ? Remet-elle en question l'efficacité de ses instituteurs, inspecteurs d'académie, promoteurs de réformes, etc. ? Il n'en est, pour l'instant, pas question. Les conclusions de la « conférence de consensus » sur la lecture organisée en décembre 2003 et le rapport Thélot en 2004, tout en accordant au traitement phonographique une relative importance, maintiennent les principes de la méthode mixte.

« Il paraît prioritaire, disent les experts, d'entraîner les élèves à déchiffrer quand ils devinent ou à repérer des indices quand ils déchiffrent en veillant à privilégier chaque fois le sens dans la reconnaissance des mots. » Lettres et syllabes restent donc des accessoires intermittents. L'enfant se trouve, de plus, fermement réprimé dans son élan vers une voie unique.

Ils poursuivent : « L'automatisation de la reconnaissance des mots ne s'oppose pas à la compréhension : elle en est une condition nécessaire ; plus elle est rapide, plus et mieux l'on comprend. ». Mais d'ajouter : « Ceci ne veut pas dire que cette automatisation suffise : la compréhension doit aussi s'enseigner et s'apprendre. *La difficulté est de l'ordre du comment faire* » (souligné par moi, C. O.).

Seule réponse ferme au « comment enseigner la compréhension » : le déchiffrement n'y suffit pas. Autrement dit : accéder au texte ne suffit pas pour accéder au sens.

La « reconnaissance automatisée des mots » n'est guère plus claire. Tout bon lecteur croit la ressentir devant l'écrit survolé et compris à tout allure. Cette structure reconnue « vient »-elle naturellement ? Sans autre précédent que la mémoire visuelle ou qu'un assemblage intermittent ? Pas de réponse des chercheurs.

Tout comme le pseudo-lecteur écartelé, les théoriciens experts dansent d'un pied sur l'autre. Non seulement ils doivent renoncer au « constructivisme » laissant libre choix de ses stratégies au petit lecteur, mais ils ne savent par quel bout prendre cet essai de lecture sautant d'un décodage abordé de biais, boiteux et inefficace, à la recherche d'un sens introuvable... Sans pour autant, n'ayant pas épuisé leurs mystères, renoncer aux principes de la méthode mixte qu'ils maintiennent fermement.

Leur impuissance manifeste met pourtant le doigt où le bât blesse : une conception du lire dissociant le contenant-corpus de son contenu sémantique. Ce « non sens » est-il le fait d'un a priori têtu ou d'une ignorance confondante ?

Si leurs questions restent sans réponse, c'est que les experts ne tiennent aucun compte de la logique temporelle de tout apprentissage : il a un début, un déroulement et une fin. Or, pour eux, l'acquisition de la lecture n'a pas de fin... ni d'ailleurs de début. Quelle automatisation doit être acquise ? Et quand ? Quand le jeune lecteur doit-il procéder à une « interprétation cohérente du texte » ? À quel niveau pourra-t-il abandonner prévision et recherches d'indices ? Car enfin où les trouver dans un article isolé ou dans un livre vierge d'images ? De quel enfant parle-t-on ? CP ? CM2 ? collège ? Les conclusions ne précisent jamais de quel niveau scolaire il est question. Désordre temporel et désordre conceptuel y règnent.

Si l'on mesure l'aptitude à lire au nombre de mots reconnus et peut-être compris, il est certain « qu'on n'a jamais fini d'apprendre à lire ». C'est pourquoi sont « mixés » apprentissage de mots par cœur et recherche d'indices *autour* du texte, *au CP comme au CM2 comme au collège* où se retrouvent prévision de sens et déchiffrement. Recherche d'indices et prévision de sens se sont substitués à l'ancienne explication de texte, classique de l'ancien collège, et sévissent dès le CP.

Ces stratégies qui ne reposent sur aucune base théorique se poursuivent de la dernière section de maternelle jusqu'à... pas de fin. Un apprentissage jamais fini n'est d'évidence jamais acquis.

Or *rien* ne s'acquiert à l'école, ni ailleurs, sans une lecture correcte. Si « socle » il doit y avoir, selon la loi Fillon, c'est bien le premier à construire. *L'enseignement de la lecture doit donc être limité dans le temps.* Le CP y suffit pour au moins 90 % des enfants ; il se poursuit jusqu'au CE1 pour les enfants plus lents. Ce temps, relativement court, est suffisant si l'on admet que la lecture *s'apprend.* C'est un choix. Et une prise de responsabilité qui engage sérieusement l'Éducation nationale.

Le « bon sens »

Pour comprendre et suivre les étapes de cet enseignement, il nous faut faire un détour par l'alexie, perte de l'aptitude à lire, complication de l'aphasie bien connue des neurologues et des orthophonistes. L'atteinte neurologique responsable se situe dans l'aire du langage (hémisphère gauche du cerveau), zone de traitement des symboles, donc de l'alphabet.

Dans certaines alexies, le patient a perdu le versant sonore du phonographème : les lettres ne lui « disent » plus rien. Il ne peut plus, il ne sait plus lire et se trouve, comme le débutant, confronté à des signes muets. Il devra les « programmer » à nouveau. C'est une situation que le lecteur efficace oublie vite et totalement, tant l'écrit lui est devenu *audible à l'œil.*

La perte pathologique du versant sonore de l'écrit rend toute lecture impossible. La rupture entre la lettre et son contenu sonore donne à constater et à affirmer la permanence de l'*acte* de décodage dans tout *acte* de lecture, *quel que soit la virtuosité du lecteur.*

Cette opération n'est pas – comme l'ont prétendu les novateurs des années 1950 – une « traduction » de l'écrit en oral – ce qui sous-entendrait un changement de code de l'un à l'autre – mais le simple et intégral emploi de la lettre, structure symbolique à double face, visuelle et sonore : nous entendons ce que nous lisons des yeux.

La sonorisation implicite de l'écrit sous-tend donc toute lecture, silencieuse ou non, rapide ou non. Elle obéit à la fonction interprétative de l'hémisphère gauche, et aux exigences neurophysiologiques élémentaires de la lecture.[5] Sa permanence, transmuant l'écrit en langage et inversement, apporte confort et sécurité. Une fois programmée, elle opère spontanément, que les mots soient connus ou inconnus. Le lecteur décode l'écrit à son insu, le scripteur l'encode de même.

Après plusieurs rencontres décodées syllabiquement, le mot, construit lettre à lettre dans un déroulement opéra-

5. Robert W. Sperry, "Some effects of disconnecting the cerebral hemispheres", *Sciences*, n° 217, 1982. John K. Torgensen, "The prevention of reading difficulties", *Journal of School Psychology*, n° 40, 2002. Elise Temple et *al.*, "Neural deficits in children with dyslexia, ameliorated by behavioral remediation : Evidence from functional MRI", *Proceeding of the National Academy of Sciences USA*, n° 100.

toire rigoureux, s'automatise; son orthographe précise en conditionne le sens, et se schématise. Cette programmation n'est donc effective que précédée de l'étude de chaque lettre et graphème qui le composent et de leurs lois d'association. Ce mot schématisé s'offre ainsi à l'œil comme un ensemble signifiant, instantanément compris et correctement écrit. Ce qui n'est pas le cas du mot reconnu pat l'œil sans précédent syllabique décodé, sa structure non exploitée restant arbitraire, variable et à la merci des aptitudes du débutant.

La médiation phonographique installée et les schèmes se multipliant en cours d'apprentissage mènent peu à peu et directement à une lecture évidente, fluide, qui traite aussi bien les mots nouveaux dont elle structure l'orthographe, que les schèmes constitués.

La médiocre maîtrise de cet acte médiateur, son emploi conscient et laborieux et les recherches hypothétiques de sens qui en résultent donnent tous les signes apparents d'une dyslexie. C'est dans l'absence de cette médiation/réflexe que se situe précisément la genèse de l'illettrisme.

Ce n'est donc pas la « reconnaissance visuelle globale », parcellaire et restrictive, de mots instructurés qu'il faut automatiser, mais l'utilisation spontanée, permanente et implicite du système codé, ouvrant un champ de lecture illimité.

Le code et sa combinatoire doivent s'automatiser au fur et à mesure de l'introduction des graphèmes. L'accès au sens suit d'un même pas l'accès au texte. Séparés par des stratégies annexes, ils sont incompatibles, tout comme sont incompatibles la lecture spontanée quand on sait lire et la pratique compliquée du « lire » quand on ne sait pas.

Dès la première syllabe décodée, le premier mot structuré, écouté, compris, le débutant s'ouvre à l'écrit. Ce champion du Playmobil a l'âge de la synthèse – l'analyse vient plus tard –, il aime et sait construire. Lettre à lettre, il construit ses mots. Les bases de la combinatoire s'automatisent là, en CP, sous contrôle jusqu'à la mi-CE1. Très vite, l'enfant prend conscience que l'écrit lui parle, qu'il le comprend s'il l'écoute. À six ans, le décodage/réflexe est vite acquis, c'est avec plaisir qu'il exerce ce pouvoir actif sur les mots et, s'il n'est pas bousculé, il ne demande qu'à poursuivre. C'est cet élan qu'il faut exploiter. Passé le CE1, ressasser le code est ingrat et inefficace.

La médiation phonographique automatisée laisse le petit lecteur disponible à l'écoute du sens. C'est le point de départ d'une lecture évidente, reçue comme une parole et comme elle comprise, selon les aptitudes culturelles et langagières du lecteur et l'attention qu'il lui prête. La lecture silencieuse suit spontanément.

Le lecteur – vous, moi, l'enfant – comprend-il toujours ce qu'il lit pourtant bien ? Non. Mais il sait quand il ne comprend pas. Le « lire c'est comprendre » des novateurs semble oublier qu'un texte ennuyeux ne s'« écoute » pas, et que pensée et langage du scripteur ne sont pas toujours juxtaposables à ceux du lecteur. Pour comprendre par exemple : « un stemmate brille dans l'ombre », ou bien « la singalette est démodée », nombre de mes lecteurs – « vrais » et bons sans doute – vont recourir au dictionnaire ! Dès ses débuts, l'apprenti doit être soumis au risque normal de ne pas comprendre *tout* ce qu'il lit pourtant très bien ; l'essentiel est qu'il soit interpellé par ce qu'il ne comprend pas. Tout comme, écoutant un bavard, il nous arrive de penser : mais que veut-il dire ?

Lecture et langage – l'aurait-on oublié ? – s'enrichissent mutuellement. La confrontation à la structure écrite d'un oral défaillant corrige, souvent spontanément, des troubles de parole chez le débutant et organise sa syntaxe. Inutile de traquer la « dysphasie », aussi rare que la dyslexie, jusqu'en maternelle où elle serait responsable d'illettrisme avant tout apprentissage : c'est une fausse piste. Le retard de langage, banal, empêche d'apprendre à lire si la méthode ne sait pas le compenser. C'est le cas de la méthode mixte qui exige du débutant un potentiel instrumental parfait... et rare. Ce qui justifie les textes ressassés de ces méthodes, prudemment expurgées de mots et tournures méconnus de l'enfant, et qui laissent son langage « en l'état ».

L'apprentissage syllabique reposant sur la lettre est, il faut le redire, le meilleur outil de maturation instrumentale, langage compris. Que le débutant maîtrise cinquante mots ou cinq cents ne change guère son parcours. Nombre d'enfants immigrés apprennent en même temps à parler et à lire le français.

Ces précisions sur le rapport direct entre lecture et langage répondent à l'embarras de la conférence du consensus quant à la compréhension du « lire » : la compréhension ne s'apprend pas ni ne s'enseigne. Mais elle se prépare ; par la fluidité du décodage instantané que je viens de décrire et de son écoute spontanée ; par l'introduction précoce et parallèle des signes grammaticaux simples (*s* nominal, *nt* verbal) qui permettent de personnaliser verbe, nom et pronom, et amorcent la syntaxe. La syllabation favorise le tri entre phonographèmes et signes grammaticaux, tri impossible dans la saisie globale.

La compréhension se pratique... ou non. C'est une aptitude en quelque sorte gymnique qui n'a besoin, pour s'exercer, que plaisir et curiosité. Et le plaisir exige d'évidence un accès spontané au texte. La lecture laborieuse induite par la course d'obstacles de la méthode mixte reste un travail pénible et sans profit. L'enfant s'en détourne. C'est ainsi, aujourd'hui, pour 60 % au moins des élèves en primaire. Parmi eux, un très faible pourcentage de dyslexiques.

Dyslexie, dysorthographie

Le caractère spécifique avant tout autre du dyslexique est de peiner, parfois gravement, sur la maîtrise signe/son de la lettre et son utilisation syllabique.

Ces pratiques indispensables étant justement celles que la mixte évite, élude ou même ignore, la confusion est inévitable entre l'enfant qui ne les a pas apprises et celui qui ne *peut pas* les apprendre. Ils présentent les mêmes troubles dont l'étiologie est camouflée par la perception globale et la confrontation tardive au caractère phono-graphique de la lettre.

Il est relativement rapide, en orthophonie, de dépister la dyslexie, sa crispation spectaculaire sur la structure syllabique, sa difficulté à synchroniser les actes sensorimoteurs, problèmes inexistants ou vite résorbés, à condition d'être tôt corrigés, chez le mal-lisant par lacunes pédagogiques.

Mais ce second représente au moins 90 % de nos jeunes patients.

Chez l'un comme chez l'autre, les résultats de la prise en charge dépendent beaucoup de sa précocité. Dans le cas contraire les difficultés, qu'elles soient dyslexiques ou dues à une ignorance mal compensée par des habitudes néfastes, lèsent *durablement* les aptitudes potentielles de l'enfant. Dès le CM2, la rééducation des mal-lisants accidentels est laborieuse et aléatoire.

La dysorthographie, avec ses deux versants – phonologique et grammatical également touchés –, est inquiétante à tous les niveaux, bac inclus. Rarement isolée, elle parasite une vraie dyslexie ou cristallise les lacunes d'un apprentissage non structuré. Elle est alors la conséquence directe de la perception globale initiale, et des désordres phonographiques que j'ai décrits plus haut. Ces troubles sont devenus d'une telle banalité que les maîtres, non formés à l'enseignement de la combinatoire, ne savent pas y remédier et les mettent sur le compte d'une dyslexie.

Curieusement, la grammaire structurale, introduite dès 1965, obéit au « syndrome global ». Dès le CE1, l'enfant est confronté à la découpe des phrases en « groupes fonctionnels », dont la définition, réduite à un sigle, est vite oubliée. Ces groupes sont personnalisés soit par la catégorie (ou « nature ») d'un des éléments (GN : groupe nominal), soit par nature et fonction mêlées : GNS ou GNC pour les fonctions sujet et complément. Le pronom sujet, *seul*, est « groupe nominal sujet »... Le verbe, qu'il soit infinitif, conjugué ou participe, additionné ou non d'un complément, est indifféremment GV. Comment « sigler », dans ces conditions, « une machine à laver ronronne », ou bien « travailler fatigue » ?

Dans la mesure où un groupe de mots est défini par la nature et/ou la fonction d'un seul de ses mots (choix arbitraire pour l'enfant qui ne sait pas les différencier), que deviennent les autres ? Pour orthographier : « une quantité de plaques de mazout recouvre l'étendue des plages », à quelle logique, à quel saint l'enfant va-t-il se vouer ? Les *s* et *nt* seront distribués au hasard.

C'est au niveau du mot identifié par sa nature que l'orthographe se « raisonne ». Sans ce recours conceptuel précis, comment l'enfant peut-il échapper à son imagination riche ou pauvre, à son instinct bon ou mauvais ? Interrogé sur « il s'en va » qu'il écrit « il sans vat », un enfant (douze ans) justifie le « sans » privatif par : c'est une négation. Dans ce système pédagogique, une logique en vaut une autre. Mais la vaut-elle ?

Sans un peu de bon sens, le maître, lui aussi, est impuissant. Aussi se plie-t-il volontiers à l'optimisme ambiant en gratifiant les « non-fautes » de quelques points en plus. Dans l'état actuel de l'enseignement, que vaut la dictée ? Rien si elle n'est qu'un contrôle : l'enfant n'y voit qu'une contrainte. Elle peut beaucoup, sinon tout, si l'intelligence de l'enfant est en mesure d'« agir » des lois et concepts clairement définis. Il peut alors y exercer un pouvoir opératoire maturant, gratifiant, et, dès les premiers acquis, l'aptitude à reconnaître ses erreurs et à les corriger.

Les choix pédagogiques mis en place au CP conditionnent entièrement et définitivement l'aptitude de l'enfant aux acquis intellectuels à venir. Si la voie scolaire actuelle perdure, rien ne résistera à l'illettrisme, pas même l'informatique devant laquelle on plante aujourd'hui, sans profit, le « dyslexique ».

Le constructivisme imposé par les novateurs n'est pas une découverte. Autrefois on disait : apprendre en se brûlant. Mais jusqu'où laisser l'enfant se brûler ? Qui limitera les dégâts pour qu'il puisse survivre, progresser, faire progresser ? Si transmettre un savoir est interdit, où s'en va la civilisation, qui n'est autre qu'un savoir précieusement transmis ? L'enfant doit-il seul découvrir que la Terre est ronde ? De la pierre taillée aux premiers pas sur la Lune, l'enfant reçoit des cadeaux que personne ne lui chicane. Pourquoi pas l'alphabet ? Pourquoi donc l'alphabet ?

La politique – puisqu'en effet politique il y a – d'une suppression délibérée des bases conceptuelles clairement définies et enseignées, *que nul ne peut découvrir seul*, interdit l'accès à la pensée symbolique donc intellectuelle sur laquelle repose tout ce pourquoi l'enfant va à l'école : lire, écrire, compter.

La conséquence en est, sensible depuis une quinzaine d'année au moins, un potentiel d'intelligence laissé en friche. Il se manifeste non seulement par la dégradation d'une langue encore française, mais par le nihilisme déprimant qu'engendrent l'inculture et sa vacuité, et que comble une violence pulsionnelle sous-jacente mal endiguée. L'absence voulue des structures de base viserait-elle le maintien contrôlé des « masses » ?

Chapitre XII
La confrontation à la lettre

Du « je sais » au « je ne sais pas »

Soutenir le « je ne sais pas » n'est jamais un acte facile. De l'enfance à l'âge adulte nous nous organisons souvent pour éluder le « je ne sais pas », dévier vers autre chose, retrouver la tranquillité apparente du « je sais ».

L'on connaît la gourmandise de l'enfant à répéter le « je sais, je sais » qui met fin aux explications longues et confuses de l'adulte ; le « je sais » agacé de l'adolescent soucieux d'échapper à l'ennui d'une leçon de cours ou de morale ; le « je sais » plus discret de l'adulte qui oriente la discussion dans d'autres directions.

Dans nos sociétés, lorsqu'il s'agit du « je ne sais pas lire-écrire », l'assertion est presque impossible à soutenir. Les savoir lire-écrire, à la fois précoces et nécessaires, sont vécus comme presque « naturels ». Si l'on admire l'enfant qui commence à lire et à écrire, l'on ne s'étonne plus du savoir lire-écrire de l'enfant de neuf ans, ou encore moins de celui d'un adolescent ; et l'adulte qui ne l'a pas acquis est désigné comme analphabète ou illettré.[1] De là la langue glisse facilement à crétin, idiot, semi-débile, il suffit d'y mettre un peu d'emphase.

Le sentiment qui naît de cette désignation est non seulement la peur de n'accéder jamais à une culture mais surtout la honte d'être enfermé dans une catégorie très dessinée. Catégorie toute faite déjà bien enracinée et lourde de sens : celle de handicapé. Quand il est craint comme tel, comment ce handicap est-il vécu, quel poids a-t-il dans la relation entre l'élève et le savoir, entre l'institution scolaire et le savoir ? C'est à partir de mon expérience dans une institution spécialisée, un « institut de rééducation », que je tenterai d'en rendre compte.[2]

DÉNI DU « JE NE SAIS PAS » OU « TU NE SAIS PAS »

Tout d'abord comment ce non-savoir lire – non-savoir écrire – non-savoir compter est-il vécu par l'élève ?

En fait il n'est jamais dit par l'élève lui-même. Jamais je n'ai entendu : « je ne sais pas lire », « je ne sais pas écrire », « je ne sais pas compter ». Il ne s'agit même pas d'une dénégation qui pourrait prendre la forme du « ce n'est pas vrai que je ne sache pas lire ». Nier le non-savoir lire serait déjà une sorte d'« acceptation intellectuelle du refoulement » (Sigmund Freud, *Die Verneinung*). Dénier quelque chose dans le jugement veut dire au fond : « C'est quelque chose que j'aimerais mieux refouler. » Ce serait déjà penser, sous la forme négative, un non-savoir lire. Or, avec ces élèves, la non-acquisition du savoir ne peut même pas être pensée : ils sont davantage dans le déni que dans la dénégation.

Déni déjà inscrit dans la première rencontre : « On m'a dit de venir vous voir. » « Pourquoi ? » « Je ne sais pas », ou encore : « Je sais lire à voix basse et pas à voix haute », ou encore : « Je veux apprendre à signer mon nom » (sous-

1. Analphabète : du grec tardif, littéralement « qui ne sait ni A ni B », en somme qui ne connaît pas la lettre ; illettré : employé pour qui ne sait ni lire ni écrire, « incapable de maîtriser la lecture d'un texte simple », en somme un tout petit peu plus de savoir que le b.a.-ba, selon *Robert, dictionnaire historique de la langue française*, Paris,

2. Cet I R reçoit des jeunes gens de 11 à 16 ans, dont certains ne savent ni lire ni écrire ni compter, ce que je m'efforce de leur apprendre.

entendu: je sais écrire mais je ne sais pas cette écriture particulière qu'est la signature), ou encore: «Je veux passer mon permis de conduire donc je veux lire le code de la route» (sous-entendu: je sais lire le reste mais pas le livre du code de la route), etc.

Tout se passe comme si c'était le «je sais» qui constituait le sujet et comme si le «je ne sais pas», lorsqu'il s'agit des savoirs «de base» de notre société, mettait le sujet dans un tel danger qu'il ne lui était même pas possible de le penser. Le risque semble immense comme si le «je ne sais pas» s'entendait plutôt comme un «je ne suis pas». Ne pas savoir lire-écrire-compter à 14, 15 ou 16 ans, c'est ne pas être. On ne peut ici que penser au «je sais, je sais» impatient de l'enfant qui interrompt constamment toute explication un peu longue, tout conseil quotidien, qui lui mérite si souvent le qualificatif de «mademoiselle je-sais-tout» ou «monsieur je-sais-tout». Comme si l'enfant s'irritait dans son être même du «tu ne sais pas» pour opposer une plénitude redoublée de son être «je sais, je sais».

Le «tu ne sais pas», leitmotiv constamment répété à ces adolescents, s'accompagne pourtant d'explications gentilles: «Mais ce n'est pas mal de ne pas savoir, ce n'est pas honteux de ne pas savoir, moi aussi il y a des choses que je ne sais pas et je le dis, etc.» Le «tu ne sais pas» se prolonge en injonctions agacées et irritées: «Reconnais que tu ne sais pas, tu ne vas pas en mourir...» Et cependant rien à faire, le «je ne sais pas» ne sort pas, l'aveu ne sera pas articulé, silence redoublant l'irritation des parents, éducateurs, professeurs... «Il pourrait quand même le reconnaître qu'il ne sait pas compter...» Eh non, il ne peut pas.

Plus: il a mis en place une multitude de comportements d'évitement pour ne pas le reconnaître, pour ne pas être confronté lui-même à cette méconnaissance et pour que l'autre ne la perçoive pas.

Les élèves de cette institution sont dits «caractériels» et ce sont souvent des problèmes de comportement qui les y ont amenés. Dès la première séance avec un élève qui m'est adressé, je mesure presque le degré de non-acquisition des savoirs à son comportement dans mon bureau. Le non-savoir écrire se mesure au nombre de pages raturées, déchirées, griffées de marques illisibles que la colère engendre chez celui-là qui ne veut pas être confronté à son impuissance. Conduites violentes que cela peut déclencher, prendre les livres, les déranger, se saisir du téléphone, composer des numéros, se lever, dessiner au tableau, bouger, chanter, cracher, etc.

Tous ces comportements, ces conduites violentes sont, je m'en suis aperçue petit à petit, destinées à détourner mon attention, à camoufler le non-savoir lire écrire compter ; conduites d'évitement jusqu'à rendre impossible le travail à deux. Au début de mes interventions dans l'institution, il m'est souvent arrivé d'interrompre le travail : « ce n'est pas possible de travailler avec vous », « vous ne tenez pas en place », etc., et de déclarer forfait. C'est à comprendre sans doute que ces violences ne me sont pas adressées, sinon indirectement, qu'une dialectique a pu s'engager et me rendre possible et supportable la présence de ce corps de l'élève.

Mais pourquoi cette violence, pourquoi ces mouvements irrépressibles du corps comme déchaîné ? Détourner mon attention, détourner l'attention de la prise de conscience éventuelle de leur non-savoir, pourquoi cela passe-t-il par le corps de manière aussi forte lorsqu'il est question de lecture, d'écriture, de mathématiques (d'entendement) ? Être violent, être caractériel, compense largement les savoirs non acquis. C'est toute une organisation là encore qui est mise en place. Organisation du côté de l'élève dit caractériel ou violent, pas seulement en classe mais aussi au dortoir, au sport, dans toutes les activités. Être caractériel ou violent suppose une constance peaufinée à tout instant.

À l'opposé de ces comportements, le jeune caractériel peut se conformer à l'image du débile moyen, figé, immobile, statufié, raide, articulant difficilement d'une voix surfaite, lente, ennuyeuse, endormante. Ainsi Dave, immense, fort, se meut avec lenteur, sans expression. Il ne sait ni lire ni écrire, il feuillette en m'attendant un journal sur les motos : c'est lui qui veut apprendre à lire le code de la route. Pourquoi cette immobilisation du corps ?

De Dave on ne voit pas qu'il ne lit pas, n'écrit pas, ne compte pas : on ne voit que ce grand jeune homme emprisonné dans une structure immobilisante et que l'on a envie de secouer pour le faire accélérer un peu. D'ailleurs l'institution confirme : il doit savoir lire écrire, mais il ne veut pas le montrer.

Bien sûr ces violences ou ces immobilisations du corps, autre forme de violence, peuvent être une réponse aux violences subies par ces jeunes eux-mêmes, violence en réponse à la violence. C'est là la perspective de Stella Baruk qui parle de violences faites à l'entendement des enfants – dans l'apprentissage des mathématiques – et qui voit dans cette violence faite à l'entendement la cause principale des violences des élèves.[3] On a là une amorce de réponse à la question. Mais il me semble qu'il faut également garder à l'esprit l'idée que cette violence n'est pas nécessairement orientée vers les éducateurs, les professeurs, lieux scolaires, etc., elle vise comme un au-delà ou un en-deçà. Barthes nous oriente dans d'autres directions de recherche lorsqu'il insiste tant dans ses textes sur l'engagement du corps dans l'écriture et dans la lecture.

Bien sûr, nous le savons, nous savons combien les injonctions scolaires s'adressent aux corps des enfants et ceci de plus en plus tôt, mais nous oublions souvent pourquoi. Règles imposées au corps physiologique, souligne Barthes.[4] Mais au-delà du corps physiologique c'est au corps sexué, et au rythme du corps que l'écriture impose ses règles.[5] L'écriture c'est le corps, et ajoute Barthes en un troisième point qui nous intéresse ici : « Parce qu'elle prolonge le corps l'écriture engage immédiatement une éthique. »[6]

3. Stella Baruk, *C'est-à-dire*, Le Seuil, Paris, 1993.

4. La physiologie du corps en train d'écrire obéit en Occident à une véritable économie : « Nous savons que nous traçons les ronds de nos lettres dans le sens rétrograde [...] que nous faisons les tracés longs plus rapidement que les tracés courts », Roland Barthes, *Le Plaisir de l'écriture*, Le Seuil, Paris, 2000, p. 63.

5. « Il faudra un jour s'interroger sur ces deux fonds de l'écriture : d'une part la sexualité (tout le monde sait qu'en arrivant à la puberté les enfants changent d'écriture comme de voix) et, d'autre part, le rythme. » *Ibidem.*

6. Valorisation, à la fin du XIXe siècle, de l'écriture droite obligeant l'enfant à tenir son corps droit, « écrire droit, c'est écrire franc, à la limite c'est obligatoirement ne pas mentir ». Et si le XXe siècle adoucit

Peut-être ces comportements violents visent-ils, plus loin que des sujets ou des biens matériels, l'écriture elle-même, la lecture elle-même, leurs essences corporelles ?

Destruction poétique de la langue

Hypothèse que nous pourrions conforter un peu en nous appliquant à analyser ces créations modernes de la jeune génération que sont le tag, les graffes et le rap. Rappelons les signes dans la création poétique de cette violence vis-à-vis de l'écriture. Mallarmé parle de « creuser le vers », de « ronger la parole jusqu'à l'os » à propos de tout le travail de déconstruction que suppose sa poésie. Écrire pour Flaubert c'est surtout « désécrire », c'est raturer, barrer, rayer des pages et des pages pour ne garder que deux ou trois lignes au bout d'une journée de travail et de déambulation de long en large dans le grenier où il écrit. On retrouve dans les graphes cette déconstruction de l'écriture qui, rejoignant le dessin, rappelle les idéogrammes des autres écritures ou les majuscules d'autres alphabets. Influencés par les graphes ou retrouvant ce même geste de destruction, les élèves que je reçois et qui ne savent pas du tout écrire dessinent sur des pages entières des graffes en une violence qu'il leur faut abandonner pour accéder à notre écriture. Ces lettres d'imprimerie sans liens de celui qui n'a pas dépassé dans les apprentissages ce que la maternelle lui a permis d'acquérir déconstruisent, découpent notre écriture, cassent, saccagent ce « glissant » qu'évoque Barthes.

Destruction plus forte encore dans les tags où ce qui se lit dans la signature ainsi imposée sur les murs est la marque du nom propre réduit à une seule forme. Il s'agit bien là de viser l'écriture dans son essence et presque dans son origine, graffes et tags retrouvant ces premières écritures avant leurs codifications complexes ultérieures. Signes, parfois illisibles comme ces écritures indéchiffrées qui attendent leur Champollion. Écritures sur les murs, murs dont nous parle Barthes. « Le mur, on le sait, appelle l'écri-

(*Suite de la note 6 de la page 217*) la morale et prône une écriture penchée, l'écriture doit réaliser cette valeur suprême qu'est la liberté. *Ibidem*, p. 64.

ture : pas un mur dans la ville sans graffiti. C'est en quelque sorte le support lui-même qui détient une énergie d'écriture, c'est lui qui écrit et cette écriture me regarde. »[7] Le rap s'attaque, lui, plus directement à la langue, cassant chaque mot pour en détacher chaque syllabe, comme ce jeune qui décrypte syllabe par syllabe un mot ou une phrase. Lecture cassée, mots brisés, phrases abolies, la violence poétique du rap s'adresse non seulement à l'écriture et à la lecture mais surtout à la langue elle-même, il faudrait dire aux langues, visant par-delà les langues et leur séparation cette tour de Babel où tous, avant d'être punis, articulaient une langue unique, rap où les mots peuvent être puisés, extraits de l'arabe, de l'espagnol, de l'italien ; où l'interdit de mélanger les langues est levé lui aussi.

Si c'est la langue qui est visée dans cette poétique moderne, c'est aussi une destruction de la langue que nous pouvons entendre dans les manières de parler des jeunes que je rencontre dans l'institution. Influencés sans doute par le rap, l'articulation, le rythme, sont souvent les mêmes, hachés, syllabe par syllabe. Paroles ponctuées d'injures, du NTM qui colore en discontinu les hurlements institutionnels, aux injures répétées en arabe ou en anglais, le fil du rap est vite pris et oublieux du poétique il confère une jouissance que rien ne peut interrompre. Destruction de la langue qui permet de détourner celui qui écoute de la vision des savoirs non acquis : comment articuler 3 680 200 327 dans cette langue-là, comment s'attarder, dans cette langue-là, sur les malheurs du Petit Prince, son amour pour sa rose et le renard apprivoisé ? Le Petit Prince ne ponctuait pas encore de sa petite voix ses énoncés de « merde » bien articulés en arabe. Même si je reçois violemment le « nique ta mère, connasse », je tiens fortement que c'est la langue qui est l'adresse de cette phrase.

Du côté de l'institution : l'effroi de la lettre

Globalement, je dirais que l'école met en place un éloignement de la lettre. Et cela même dans le parcours classi-

7. *Ibidem*, p. 74.

que du CP à la terminale. Textes imagés de l'école primaire où l'on apprend à lire le texte de la même façon que l'on lit une image, où l'image est là pour donner le mot à lire, textes encadrés du secondaire, précédés d'informations, de résumés, textes coupés, textes découpés dans la marge, où ce qu'il y a à voir est presque plus important que ce qu'il y a à lire. Tout cela pour compenser la supposée difficulté de lire. Tout cela pour rendre plus facile la lecture.

L'apprentissage de la lecture, en favorisant un temps la méthode globale, privilégie le sens, privilégie le signifié aux dépens du signifiant. Tout cela pour rendre plus facile la lecture. Lire vite la phrase, en comprendre le sens, en deviner les mots : ainsi laitue devient salade et carotte devient navet.

Lire a été également pris dans la méthodologie :

— du codage : signes alignés,
— de la prise d'indices,
— de l'anticipation sur le sens,
— de la contextualisation.

Comme si la confrontation à la lettre était source d'effroi et qu'il fallait y aller doucement.

Si ce qui compte c'est le sens, le signifié visé n'est pas n'importe quel signifié. C'est celui de l'école, c'est dire qu'il est unique : chaque mot a un sens, chaque signifiant s'accompagne d'un signifié et d'un seul, celui de l'école. Éloignement de la lettre donc, mais également dénaturation de la lettre, et dénaturation de la lecture. Car si la lecture peut être passionnante, c'est qu'elle est interprétation, c'est que peut se tisser entre le lecteur et le texte un « texte de travail » où la signifiance prévaut sur la signification. Si le mot n'a qu'un sens, celui de l'école, lire n'est plus alors cette création de sens joyeuse d'où naît le plaisir intellectuel que je ne connaîtrai jamais. Alors autant ne pas lire. C'est bien ce qui se passe, les élèves ne lisent pas ou peu.

Toutes ces méthodologies éloignent de la lecture comme de l'écriture. À s'attarder à multiplier les méthodologies il ne reste qu'elles des textes que j'ai à lire ou à écrire, et la lecture et l'écriture deviennent alors impossibles. À ne pas décrypter la lettre on peut ne pas accéder à l'écriture et à la lecture ; à ne chercher qu'un sens dans le texte on peut perdre un désir de lire et d'écrire échoué dans les sens interdits.

Si la lettre effraie c'est qu'elle est de l'ordre de l'abstraction, or pour l'école abstraire est difficile, il s'agit de commencer par le concret. Absurdité de cette affirmation. Abstraire suppose des mots. À partir du moment où l'enfant parle il est dans l'abstraction, le concret est déjà loin. Le monde des mots n'est pas le monde des choses, ce qu'à méconnaître on construit une langue de bois où chaque mot renvoie à une chose et à une seule. Toutes les activités ludiques proposées par les apprentissages partent de l'idée qu'il s'agit de passer du concret à l'abstrait (c'est dans le concret que l'on est supposé jouer) et à éloigner l'enfant ou l'adolescent du difficile de l'abstraction. Une explication par l'école de ces activités ludiques : jouer avec des billes pour apprendre à compter fait passer plus facilement l'apprentissage de la numération. Lire les images, jouer avec elles fera passer plus facilement la lecture d'un livre, donnera le désir de lire…

Le peu de place accordée à l'oralité dans l'apprentissage de la lecture va dans ce sens : il s'agit de regarder, de voir, et non pas d'articuler ou d'entendre. Entendre, articuler, serait-ce plus abstrait que regarder ? C'est là sans doute le point de vue de l'école. Il lui faut, en mathématiques, donner un sens concret aux problèmes. En français, pourquoi étudier Baudelaire ou Chateaubriand, si loin des préoccupations quotidiennes des lycéens ? Un texte de journaliste sur la violence à l'école ou la drogue les intéressera bien davantage, c'est plus proche d'eux que la Beauté baudelairienne ou que les larmes de Rimbaud. Le rôle de l'école serait-il de les amener là où ils sont déjà supposés être ?

Dans les institutions spécialisées l'écart avec la lettre est encore plus grand. Comme si elle effrayait davantage. Puisqu'ils ne peuvent apprendre comme les autres, puisqu'ils sont violents et inadaptés, apprenons-leur au moins à vivre ensemble. Tout apprentissage devient soit une activité ludique soit apprentissage d'un savoir-faire. Les savoirs eux-mêmes sont abandonnés. Ainsi la vie avec les chevaux, la confrontation à l'animal apprendra à l'élève la patience, l'attention, le confrontera aux limites nécessaires à placer…

Ainsi un voyage au Canada dans la nature sans homme lui apprendra les lois de la nature, lui permettra de réussir des exploits. Nous sommes alors bien loin de la lettre. Tout devient équivalent. La loi de la nature, la loi du marché, la loi du vivant, la loi pénale. Qu'en est-il dans tout cela de la loi du langage ? Et pourtant ces élèves-là eux aussi parlent.

Mon intervention dans l'institution, mon travail avec ces jeunes s'identifie pour moi de plus en plus clairement à une déconstruction lente de ces mécanismes d'évitement, ceux des élèves et ceux de l'école. Il s'agit bien en effet de retrouver le sujet dégagé de ses mécanismes de prestance ou d'inhibition. Cela ne peut se faire pour moi qu'au prix de l'abandon radical de cette image construite en manques ou en plus, de ces identifications. Au prix de l'abandon également de ce désir de donner à l'élève ce qu'il est censé ne pas avoir ou de lui retirer ce qu'il est censé avoir en trop. Travail lent et minutieux qui consiste à rendre petit à petit possible cette confrontation à la lettre, qui consiste à parier sur les capacités d'abstraction de ces jeunes qui ont accès au langage. À déconstruire les effets de déni du « je ne sais pas » ou « tu ne sais pas », mais surtout désir de voir apparaître l'aveu du « je ne sais pas ».

Cela est possible à partir du moment où l'on a compris que la lettre est un élément de structure de la langue, à considérer comme un élément « neutre », qu'il ne s'agit ni d'érotiser ou de magnifier ni de haïr, la lettre ou plus largement le signe linguistique, le mot, la phrase, le texte, le nombre mathématique. Être confronté à la lettre, cela n'est pas être confronté à un autre. Lire est une histoire qui se passe entre moi et le livre, écrire est une histoire entre moi et la feuille blanche, le stylo ou l'ordinateur. Lire est une histoire qu'il y a à permettre entre l'élève et le livre, et qui ne se joue pas entre moi et l'élève. Il est devant le livre, je suis devant le livre. Il se joue là deux histoires parallèles qui n'ont pas à être brouillées par ce que je ressens vis-à-vis de lui ou ce qu'il ressent vis-à-vis de moi, deux histoires qui ne sont pas les mêmes, et n'ont ni les mêmes joies ni les mêmes blessures.

C'est là la condition première d'un travail possible. À partir du moment où l'élève a compris cela quelque chose se met en route que l'on appelle apprentissage de la lecture, de l'écriture, ou apprentissage des mathématiques. Il n'y a rien de plus neutre que la lecture-écriture de 3 200 322 425. C'est entre ce nombre et moi, ce nombre et l'élève que quelque chose se passe de difficile d'abord, de facile ensuite, de joyeux enfin lorsque apparaît le « je sais ».

Un remaniement de la relation à la langue

C'est tout un remaniement de la relation de l'adolescent à la langue qu'il s'agit d'opérer dans cet apprentissage tardif de la lecture et de l'écriture. Les difficultés de lecture s'entendent déjà dans la manière de parler des adolescents. Les mots ne sont pas articulés, quelques syllabes sont éludées, certains mots eux-mêmes disparaissent, aucune ponctuation ne permet la respiration nécessaire à la parole, l'élocution est la plupart du temps extrêmement rapide comme s'il s'agissait de dire le plus vite possible une parole sans silences, sorte de texte plein que l'on entend sans toujours le comprendre.

L'apprentissage de la lecture s'effectue par un va-et-vient constant entre la parole et le texte. Il s'agit dans un premier temps de rendre le lecteur sensible à tous les découpages inscrits dans le texte, ceux qu'opère la ponctuation : majuscules et points séparant les phrases, chaque phrase se découpant en mots séparés chacun par un espace vide que l'on désigne pour qu'il soit vu. Chaque mot lui-même se décompose en syllabes qu'il s'agit chaque fois d'articuler et de compter. Les syllabes à leur tour se décomposent en lettres que l'on peut nommer et différencier en consonnes et voyelles. Lorsqu'elle n'est pas familière, la lecture de la syllabe est apprise à ce moment-là.

Ce passage par la nomination des voyelles et des consonnes, en soulignant la nature de la première lettre qui compose le mot, permet à chaque fois de corriger les lectures qui pourraient se donner comme manifestation d'une « dyslexie ». Reconnaître que c'est la voyelle *i* et non la consonne *l* qui commence le mot *il* va conduire assez vite à rectifier l'inversion fréquente du *il* en *li.* Tous ces types d'inversions seront évités au bout d'un moment grâce à cette distance prise par rapport au mot, qui rend l'apprenti lecteur attentif à l'identité des lettres dont il renversait l'ordre jusque-là. Connaître l'identité de la lettre, pouvoir la nommer rend attentif à la lettre elle-même, et permet d'articuler le son correspondant au signe.

La lecture d'un texte est souvent complètement brouillée par la méconnaissance des accents. Comment lire le mot *élève* si l'on ne sait pas quels sons correspondent à l'accent aigu et à l'accent grave ? La plupart des adolescents que je reçois ignorent ces distinctions. Tout un détour alors est nécessaire pour apprendre à différencier le *é* du *e*, du *è*, du *ê*, du *ait*, du *est*. L'étude du *e* exige un passage constant de la lecture à l'écriture et à l'articulation sonore. Là encore l'apprentissage ne peut être véritablement acquis qu'à partir du moment où l'accent est désigné : accent aigu, accent grave, accent circonflexe. Comme si la capacité de nommer la lettre et l'accent pouvait seule conférer la distance nécessaire à la reconnaissance du signe et à son articulation. Éluder l'acquisition de la métalangue, c'est d'une certaine manière rendre impossible l'acquisition véritable de la lecture.

Le découpage d'un texte préalablement plein et continu, sans articulation ni respiration, exige l'apprentissage de la ponctuation dans son rôle de métrique. Il s'agit d'apprendre à distinguer les virgules, les points-virgules, les points, les points de suspension, et à respecter à la lecture des temps de silence adéquats. Demander à entendre un temps de silence pour la virgule, deux pour le point-virgule, trois pour le point, c'est obliger l'élève à lire la ponctuation en même temps qu'à donner un rythme à la phrase. C'est interdire la lecture habituellement hâtive, précipitée de la phrase, qui sans ponctuation est strictement incompréhensible. L'apprentissage de l'intonation nécessaire qui accompagne le point d'exclamation ou le point d'interrogation oriente l'articulation de la phrase et, jouant sur la modalité des sons, rompt la monotonie préalable qui s'entendait comme un décryptage.

Tout ce travail d'articulation de chaque signe du texte, de transformation des signes en sons, permet la lecture à voix haute d'une phrase où chaque syllabe est articulée, chaque mot séparé, chaque signe de ponctuation respecté. À aucun moment cet apprentissage n'est interrompu par la question du sens. D'une certaine manière la question de la signification ne se pose pas, le sens est perçu au fur et à mesure que la phrase est lue correctement à voix haute. À entendre la phrase articulée par lui, l'adolescent en comprend toujours le sens très exactement comme s'il l'entendait d'un autre dans un dialogue. Or ces adolescents parlent, ils comprennent ce qu'on leur dit, il n'y a aucune raison pour qu'ils ne comprennent pas le sens d'une phrase qu'ils s'entendent prononcer.

Le savoir grammatical permet d'une autre manière la distance nécessaire à la lecture en même temps qu'il permet un autre découpage de la phrase. En ce sens il joue un rôle fondamental dans l'apprentissage de la lecture : dans la transformation des signes en sons en même temps que dans l'acquisition des significations. Faire correspondre à chaque mot de la phrase sa dénomination dans le savoir grammatical, c'est rendre attentif aux mots d'une autre manière. Distinguer les noms, les articles, les adjectifs, les pronoms, les verbes, adverbes, prépositions et conjonctions, c'est à nouveau découper la phrase. C'est également acquérir un savoir sur la langue elle-même. C'est effectuer une sorte de passage entre les mots eux-mêmes et le savoir que la grammaire propose à propos de ces mots, c'est effectuer une sorte de translation d'un savoir à un autre, au fur et à mesure de la lecture, qui rend sensible à la fois à la place du mot dans la phrase et à son sens. Reconnaître la terminaison en *ent* de la troisième personne du pluriel d'un verbe du premier groupe, c'est se donner la possibilité de lire ce verbe accompagné du son *e* et non du son *an* comme le lisent souvent ces adolescents.

L'apprentissage de la décomposition de la phrase en propositions, propositions indépendantes, principales, subordonnées, joue simultanément et sur la lecture à voix haute de la phrase, en rendant sensible d'une autre manière à la ponctuation, et sur l'acquisition des significations de la phrase. Là encore la phrase est divisée en séquences et ce travail nécessite une sorte de comptage en même temps qu'une réflexion sur les mots. Il s'agit d'abord de distinguer les verbes non conjugués des verbes conjugués, de les compter, de savoir alors le nombre de propositions, de les distinguer, de les nommer. Ce travail d'abstraction sur le texte en dévoile immédiatement le sens, met en jeu là encore une distance par rapport au texte obligeant à une lecture plus lente, à une intonation différente selon la nature des propositions.

Tous ces savoirs peuvent s'acquérir oralement, et sont constitutifs de l'apprentissage de la lecture à haute voix. L'attention constante portée ici à l'articulation de chaque syllabe se retrouve dans l'apprentissage de l'écriture. On observe en effet à l'écrit les mêmes problèmes : les syllabes ne sont pas toutes connues, certaines sont éludées dans l'écriture des mots, ceux-ci ne sont pas séparés correctement, certains disparaissent. Il est indispensable de faire prononcer chaque mot à voix haute avant qu'il soit écrit, de rendre attentif à chaque syllabe, à chaque espace séparant les mots, à toute ponctuation. Les connaissances grammaticales nécessaires sont rappelées au fur et à mesure de l'écriture de la phrase : pluriels, conjugaisons, accords des participes passés... Toutes les circulations possibles entre l'écriture, l'écoute, la parole, doivent être mobilisées. Entendre un mot, l'articuler à voix haute, s'entendre soi-même le prononcer, l'écrire enfin permet d'accéder à une écriture lisible où l'élève peut relire le texte qu'il a écrit sous la dictée et le comprendre. La reprise par la parole de ce qui est entendu favorise une tout autre appropriation du texte que s'il était seulement écouté. L'apprentissage de l'écriture se fait et s'enrichit de ces étapes très distinctes : écouter une phrase dictée, dire tout haut chaque mot de cette phrase, l'écrire, lire le mot écrit, lire la phrase écrite. Lors d'une dictée, ce passage du mot entendu au mot énoncé, qui n'a souvent aucune place dans l'enseignement scolaire, se révèle particulièrement important. C'est qu'il confronte l'élève à chaque élément constitutif de la parole, à chaque phonème, en même temps qu'il situe la parole dans la diachronie nécessaire à sa compréhension.

Un cas de « dyslexie »

C'est un diagnostic de dyslexie qui a arrêté Antoine, élève en classe de 4e, dans son apprentissage de la lecture et de l'écriture.[8] Il le dit clairement: « Je ne peux pas lire et écrire parce que je suis dyslexique. » La lecture est extrêmement rapide, de nombreuses syllabes ne sont pas articulées, des mots ne sont pas lus, certains sont inventés, les mots ne sont pas articulés séparément, aucun silence ne ponctue sa lecture. Une hésitation marque la lecture de la première syllabe d'un mot et inverse parfois l'ordre des lettres, *ba* peut être lu *ab*, *il* est lu *li*, etc.

L'écriture redouble les effets de cette lecture: la césure entre les mots est absolument aléatoire, des sons disparaissent. Arbre est écrit *abe*, aucune connaissance grammaticale n'est mise en jeu, sinon de façon absolument fantaisiste: quelques *s* mis au hasard pour désigner des pluriels inexistants, certains verbes du premier groupe se terminent par *ent* à la troisième personne du singulier, etc.

Nous entamons un travail à partir de quelques phrases d'un texte. Je rends Antoine attentif aux majuscules et aux points qui découpent le texte en phrases, puis à l'intérieur de la phrase au nombre de mots qui composent la phrase, pour chaque mot au nombre de syllabes, pour chaque syllabe aux lettres, voyelles et consonnes, en remontant ainsi aux plus petits éléments constitutifs de l'écriture. La lecture de la première phrase est reprise afin de laisser le temps à la voix d'articuler chaque syllabe, de donner à entendre chacun des silences qu'appelle la ponctuation.

Assez rapidement la phrase peut être lue correctement, au grand étonnement d'Antoine qui voit ainsi se dissoudre cette dyslexie qui faisait écran entre le texte et lui. Un long travail s'engage alors, identique au précédent, qui autorise une lecture correcte de paragraphes plus longs.

8. Antoine m'est adressé en consultation particulière. De milieu favorisé, sa « dyslexie » a été signalée dès le CP. Depuis lors, ses parents, très désemparés, ont tenté diverses thérapies, jusqu'au stage de « cri primal » auquel ils ont été eux-mêmes invités à participer. Antoine est aujourd'hui accueilli dans l'enseignement privé.

Le passage, oralement, à la grammaire permet de constater qu'Antoine a acquis un certain nombre de connaissances grammaticales, la conjugaison des verbes par exemple, mais qu'il n'a jamais appliquées aux textes lus, comme si la grammaire était un savoir complètement indépendant de la langue.

Côté écriture, chaque mot dicté et entendu par Antoine est articulé par lui avant d'être écrit, puis chaque syllabe est dite au moment de l'écrire. Ainsi s'effacent les inversions de lettres, les suppressions de syllabes, et la séparation des mots est respectée. Tout se passe comme si le passage par la parole, tant du côté de la lecture que du côté de l'écriture, permettait la constitution d'un véritable texte, soit à lire soit à écrire, texte dont le sens se découvre au fur et à mesure de l'écriture ou de la lecture. Il reste à acquérir ce travail de connaissance de la langue, connaissances grammaticales immédiatement mises en jeu dans la lecture et dans l'écriture, et à connaître, à partir de textes plus importants, ce qui peut se découvrir comme plaisir de lire et d'écrire.

Écrire les nombres

À l'école primaire, apprendre à lire, à écrire, à compter, s'effectue simultanément. L'enfant s'exerce à la lecture en même temps qu'à l'écriture ; et apprendre à compter suppose l'exercice de l'écriture numérique (écriture des nombres par les chiffres), acquise dans le meilleur des cas en même temps que l'écriture numérale (écriture des nombres par les lettres).

Cette simultanéité facilite l'apprentissage. Passer de la lecture à l'écriture, de l'écriture à la lecture, inclure dans l'apprentissage de la lecture le numérique, le numéral, inclure dans l'apprentissage de l'écriture l'écriture numérique et l'écriture numérale, c'est permettre à l'entendement de l'enfant de grandir en investissant des champs sans doute hétérogènes ultérieurement mais au commencement d'une grande homogénéité puisqu'il s'agit dans chacun de ces apprentissages de partir de la parole. Avant d'être écrite, avant d'être lue, toute phrase est parlée. Il en est de même pour chaque nombre : avant d'être écrit le nombre se parle et s'entend. La langue des nombres fait en effet partie intégrante de la langue.

Les mathématiques offrent là, dans ce passage de l'oralité à l'écriture numérique, puis dans ce passage de l'écriture numérique à l'écriture numérale, une occasion particulièrement intéressante d'entamer l'apprentissage de la lecture et de l'écriture avec des adolescents qui ne savent ni lire ni écrire. Entamer ces apprentissages par l'acquisition de la lecture-écriture numérique des nombres c'est déjà souvent répondre à une demande qui est la leur. Une fois ce savoir acquis c'est un véritable plaisir intellectuel qu'ils connaissent alors. Le « je sais lire tous les nombres », « je sais écrire tous les nombres », qu'ils articulent à un « je sais lire en mathématiques », « je sais écrire en mathématiques », est toujours accompagné des manifestations physiques du plaisir intellectuel (rougeurs, confusion, étonnement, joie, soulagement, etc.). Comme si ce savoir levait les inhibitions du « je ne sais ni lire ni écrire » et les conduites de déni qui l'accompagnent.

L'apprentissage du passage de l'écriture-lecture numérique en écriture-lecture numérale entame largement l'apprentissage alphabétique de la langue. Là, il n'y a ni phrase ni ponctuation : il s'agit d'apprendre l'écriture alphabétique de signes discrets qui nécessite là encore l'articulation à voix haute (*quatre* n'est pas *quate*). C'est être confronté aux non-correspondances entre sons et signes (le sept par exemple), aux difficultés de l'emploi du trait d'union, aux difficultés de l'accord des pluriels. Tout cela nécessite une attention précise et constante à la lettre. C'est l'occasion, au fur et à mesure, d'apprendre l'écriture des lettres, des syllabes, d'acquérir le graphisme nécessaire à cette écriture.

Il s'agit d'apprendre à lire et à écrire sans avoir l'impression de régresser jusqu'au CP. L'apprentissage de la lecture-écriture déjà ici bien entamé se fait alors toujours de manière beaucoup plus facile. L'adolescent est d'emblée confronté à l'abstraction : les signes mathématiques désignent des êtres mathématiques, des idéalités, ils sont sans référence au monde des choses. La langue mathématique ne parle pas du monde des choses, et l'écriture numérale débarrassée d'imaginaire est, d'une certaine manière, totalement dépourvue d'enjeux subjectifs. C'est ce qui permet cette attention absolue à la lettre que l'on pourrait dire sans affects aucun.

Conclusion
Dynamique de la démocratisation

Ce sont d'abord des réformes de structure qui donnent, dans les années 1960, puis dans la décennie 1985-1995, le signal de l'allongement massif des scolarités. L'épuisement de l'efficacité de ces réformes, manifeste à partir de 1973 pour la première explosion scolaire, et à partir de 1995 pour la seconde, tient à ce que les modifications de contenus ou de méthodes qui ont accompagné ce processus d'expansion n'ont pas amélioré (ou, pour le moins, n'ont pas suffisamment amélioré) l'efficacité de l'action pédagogique. La stagnation du niveau des performances des élèves à l'entrée en 6e entre 1987 et 1997 indique de façon particulièrement claire que la massification des effectifs lycéens et étudiants dans la même période a résulté exclusivement d'une politique volontariste qui touche ses limites au milieu des années 1990 : on peut difficilement faire passer au lycée des élèves parvenus en 3e sans être véritablement entrés dans la culture écrite.

L'écart entre le niveau de scolarisation et la réalité des acquisitions cognitives nourrit ce qui fait crise aujourd'hui dans l'école : l'insatisfaction des élèves et des maîtres, le refuge cherché dans l'enseignement privé, le formidable essor du marché du soutien scolaire.[1] Les politiques qui veulent maintenir le collège unique en abandonnant (pour les élèves en difficulté) ses ambitions intellectuelles, ou qui proposent de revenir à une sélection plus précoce, ne répondent pas à la question posée : comment assurer dans la pratique le droit de tous à un parcours scolaire convenable ? Elles nourrissent une seule perspective : la transformation du service public de l'éducation nationale en marché scolaire, transformation que les institutions internationales du monde capitaliste appellent de leurs vœux.

La seule sortie de crise possible passe par la démocratisation scolaire. Encore faut-il, pour la faire vivre, apporter réponse à ces deux questions : que faut-il changer dans l'action scolaire ? Quels peuvent être les acteurs du changement ?

Concernant le « que faire ? », notre troisième partie avance un certain nombre de propositions. Elles doivent comprendre au premier chef, pensons-nous, des réformes de structure instaurant une véritable école commune en lieu et place de l'école unique. Mais pour enclencher la dynamique d'ensemble du changement, le plus urgent est peut-être d'intervenir sur ce qui bloque aujourd'hui, dans le cadre même de l'école unique, le processus de démocratisation : la conduite des apprentissages. Et en ce domaine, comme une accumulation de recherches empiriques l'atteste, priorité doit être donnée à l'élaboration et la mise en œuvre de pédagogies « explicites ».

1. La première entreprise du secteur, Acadomia, a suivi près de 600 000 élèves en 2003-2004. La valeur de l'action a été multipliée par 5 entre 2000 et 2004 (d'après *Le Monde*, 2 mai 2005). Bénéficiant d'un encouragement fiscal, et de l'aide financière de certains comités d'entreprise, le recours exponentiel au marché des cours particuliers est lourd de menaces à la fois pour la démocratie scolaire (il contribuera inévitablement à creuser les écarts entre les élèves bons et moyens et les autres), pour l'enseignement « normal » lui-même (il ne favorise pas l'effort intellectuel consenti en classe par les élèves qui savent qu'ils disposent de ce filet protecteur), pour la qualité des apprentissages (les cours particuliers transmettent essentiellement des « méthodologies » destinées à améliorer les performances à l'examen), pour le service public enfin (il légitime le caractère onéreux de la transmission des savoirs).

La recherche de pédagogies explicites suppose une transformation simultanée des pratiques enseignantes et des dispositifs institutionnels de scolarisation qui les encadrent. La mise en cause de ces dispositifs est particulièrement incontournable là où les systèmes d'apprentissage tels qu'ils sont institutionnellement définis imposent par eux-mêmes une pédagogie non explicite. C'est le cas, on vient de le voir, dans l'enseignement élémentaire du lire-écrire-compter. La mise en œuvre à l'école primaire de pédagogies explicites lui permettrait de jouer son rôle d'école « première », préparant effectivement les élèves aux exigences intellectuelles de l'enseignement secondaire. Un point de blocage essentiel pour l'ensemble du dispositif serait ainsi supprimé, tant les apprentissages « premiers » commandent la suite du parcours ; et la même recherche d'efficacité pédagogique dans le secondaire pourrait du même coup porter tous ses fruits.

Examinons alors la seconde question, celle des forces susceptibles de promouvoir le changement.

Les pouvoirs publics ? Mais, de la réforme Berthoin à la loi Fillon, les responsables ministériels se sont préoccupés d'ajuster au moindre coût les flux scolaires aux besoins immédiats des entreprises bien plus que de démocratiser l'école.

Les experts de la noosphère pédagogique ? Mais ils ont largement contribué à la définition des politiques de l'école unique au point qu'il ne serait pas exagéré, concernant cette dernière, de parler de « gouvernement des experts ». Tout semble se passer, à l'expérience des récentes décennies, comme s'ils ne s'interrogeaient pas vraiment sur les effets réels de leurs recommandations. De fait, leur extériorité à la pratique enseignante (ils sont chercheurs, universitaires, anciens enseignants du secondaire ou du primaire promus formateurs ou inspecteurs), comme leur position de domination institutionnelle (s'agissant des membres de l'inspection), ou celle, symbolique, dont ils jouissent en tant qu'intellectuels de rang supérieur aux professeurs du secondaire, a fortiori à ceux du primaire, ne sont guère de nature à les inciter à contester les conceptions pédagogiques qu'ils ont eux-mêmes promues, et dont ils sont, précisément, des experts.

Mieux vaut se demander à qui la démocratisation scolaire peut paraître désirable, et son absence préjudiciable. Les plus évidemment intéressés à l'affaire sont les milieux populaires, de loin les plus exposés à l'échec des apprentissages et aux scolarités écourtées. Ils ont l'avantage du nombre : près de deux Français sur trois appartiennent à des familles où l'on est ouvriers, employés, petits agriculteurs. Leur handicap essentiel, c'est la faible portée de leurs moyens d'expression et d'intervention. Professionnellement cantonnés à des emplois d'exécution, ils sont l'objet et l'adresse d'une abondante activité discursive, qui ignore le plus souvent ce qu'ils ont à dire : leur propre parole n'a aucune légitimité. Moins encore dans le domaine scolaire, lieu d'une domination culturelle accentuée, dont ils ont une forte tendance à s'exclure. Leur absence aux rencontres entre parents et enseignants est comprise par ces derniers comme le signe d'un intérêt réduit. Leur participation limitée aux associations de parents d'élèves n'aide pas ces dernières, largement animées par des représentants des classes moyennes, à donner la priorité à leurs aspirations spécifiques. L'expression de leur point de vue ne va pas non plus de soi sur la scène syndicale et politique : les organisations salariales ou partisanes qui organisent la défense de leurs intérêts, ou s'en réclament, apparaissent en ce domaine le plus souvent tentées, sachant la technicité des enjeux, de laisser la parole aux experts en pédagogie, ou de reprendre à leur compte le catalogue revendicatif des syndicats enseignants.

On ne saurait certes attendre des organisations populaires qu'elles définissent, de l'extérieur de la pratique enseignante, ce que doivent être les normes de cette pratique. Mais qui, si elles-mêmes ne prennent pas la parole au nom de ceux qui subissent l'échec scolaire, maintiendra cette question grande ouverte, en rappelant sans cesse qu'il y a là un phénomène non seulement insupportable, mais aussi profondément anormal ? Attirer l'attention, maintenir la pression, être à l'initiative de la discussion et susciter la réflexion : on ne voit pas qui, en dehors d'elles, pourrait tenir un tel rôle.

La pression des classes populaires sur l'État et l'institution scolaire est une condition décisive pour que les choses changent. Mais, sur le terrain, la réussite des apprentissages suppose au premier chef la contribution de ceux qui les conduisent. On tient là sans doute la clé de tout processus de démocratisation : la mobilisation convergente du mouvement populaire et des enseignants. Concernant ces derniers, une telle perspective a-t-elle quelque crédibilité ?

Le monde enseignant se trouve dans une situation paradoxale. D'un côté, il constitue un univers social très consistant, marqué par une réelle cohérence identitaire (au moins en chacun de ses pôles primaire/secondaire) et un degré élevé de satisfaction professionnelle. D'un autre côté, si l'on considère le rapport de ses membres au métier, il apparaît beaucoup plus atomisé, marqué par l'incertitude et l'insatisfaction professionnelles : la difficulté inhérente à la conduite des apprentissages pouvant être vécue dans la dénégation, rarement sans doute dans l'indifférence, le plus souvent dans le malaise et l'inquiétude, quand ce n'est pas dans l'angoisse et la culpabilité.

Ce paradoxe tient à l'accomplissement isolé des gestes du métier. La division du travail, ici, n'impose pas la formation d'un collectif de travail : l'établissement scolaire tient davantage de la manufacture, qui juxtapose des travailleurs autonomes, que de l'industrie, qui décompose les métiers. Le pilotage à distance de l'activité des enseignants dans leur classe n'empêche pas, comme toute forme de prescription externe du travail, le développement d'une organisation informelle de l'activité : mais celle-ci tend à se réduire à un bricolage de chacun dans son coin, à l'abri des regards extérieurs.

Les appels ministériels répétés à l'implication des enseignants dans la vie de l'établissement et au travail en équipe, depuis le début des années 1990, ont rencontré un succès mitigé. Les objets proposés à leur activité collective laissent en effet de côté ce qui préoccupe vraiment les enseignants, et reste le cœur du métier : le face-à-face avec les élèves dans la classe. Ce face-à-face fait l'objet d'échanges informels en salle des professeurs ; mais il s'agit alors essentiellement d'évoquer le comportement des élèves. Dans le meilleur des cas, les enseignants d'une même discipline échangent des plans de cours ou quelque procédé pédagogique qui a bien marché ; mais cette pratique est ponctuelle, minoritaire, et concerne surtout ceux qui se sentent le plus assurés de leur maîtrise professionnelle.

Affichant son souci d'une meilleure efficacité de l'activité enseignante, le ministère a cherché à se doter de moyens plus précis de la piloter à distance, par la mise en place des évaluations, la multiplication des consignes, la mise au point et la diffusion de recettes, méthodologies, prêts-à-penser à appliquer tant à l'activité des élèves qu'à celle des enseignants eux-mêmes, la perspective de gratifications financières pour ceux qui s'impliquent le plus dans la vie scolaire, le renforcement des prérogatives des chefs d'établissement. Ce modernisme managérial qui vise à limiter au maximum l'autonomie des enseignants et à les mettre en concurrence renforce la logique d'expertise, de prescription externe des gestes du travail. On ne peut s'étonner qu'il n'ait en rien contribué, jusqu'à présent, à la résorption des inégalités scolaires, pas plus qu'à la réduction de l'incertitude professionnelle des enseignants. Une meilleure efficacité pédagogique des enseignants suppose que ces derniers, à l'encontre de toute logique d'expertise, se réapproprient pleinement leurs conditions de travail.

Bien faire son travail, pour la grande masse des enseignants, c'est d'abord transmettre de façon efficace les connaissances qu'ils ont en charge. Leur principal sujet de préoccupation, ou d'inquiétude, c'est de savoir s'ils s'y prennent de la bonne façon. Leur incertitude à cet égard nourrit inévitablement le discours sur la responsabilité des élèves, qui ne s'intéressent pas, ne travaillent pas assez, ou n'ont pas les moyens. Mais combien d'enseignants arrivent à se convaincre complètement que l'explication des difficultés des élèves par leurs handicaps socioculturels épuise la question, et à éviter tout sentiment de culpabilité, ou pour le moins d'insatisfaction ? Le bonheur professionnel des maîtres serait de n'avoir que de bons élèves : il impliquerait la réussite de tous. La démocratisation scolaire est son véritable horizon.

Le blocage actuel de la situation tient primordialement à l'atomisation du monde enseignant dès qu'il est question des gestes du travail. L'isolement professoral tient quant à lui à la nature de l'activité, mais il est renforcé par une sorte de crispation protectrice elle aussi assez naturelle. Enseigner, c'est exposer son savoir, la qualité de sa parole, son esprit de répartie et l'ensemble de ses compétences interactionnelles, au regard et au jugement de l'autre, alors que cet autre n'est pas soumis à l'exigence d'une performance équivalente, et que le nombre des vis-à-vis – les élèves – ne facilite pas le contrôle de l'interaction. Pour gérer au mieux cette situation, le maître dispose de deux ressources ordinaires : la légitimité conférée par la détention de savoirs que les élèves sont là pour acquérir ; l'autorité que lui délègue et que valide l'institution. Face au groupe-classe, chacun fait usage de ces armes à sa manière, en fonction de ses ressources personnelles. Mais à l'extérieur, ces armes n'en sont plus : exhiber ses façons de faire, ses difficultés et ses échecs devant ses pairs, c'est s'exposer sans disposer des moyens habituels (qui sont déjà loin de toujours suffire !) de négocier l'incertitude de l'interaction pédagogique. Il est assez logique de masquer cette incertitude aux collègues, a fortiori aux parents d'élèves, et l'on comprend que seuls les maîtres les plus assurés de leurs pratiques se risquent à l'échange sur leurs façons de faire.

Ce repliement protecteur n'en est pas moins fortement dommageable pour les intéressés : il renforce l'isolement de chacun face aux prescriptions externes de l'activité, et interdit de constituer le milieu professionnel en moyen d'affrontement collectif aux difficultés du métier. Il est très difficile, isolé, de réfléchir sur sa propre activité : pour cela il faut prendre de la distance, se voir comme autrui vous verrait, ou comme dans un miroir, et pouvoir mettre des mots, échanger sur ces images objectivées. Seule la distance de soi à soi qu'instaure la parole réflexive permet de réaliser la nature de difficultés que l'on pressentait jusque-là sans les sérier précisément ; d'interroger ce qu'elles doivent à des dispositifs institutionnels qui s'étaient jusqu'alors imposés à vous comme naturels et inévitables ; d'identifier ce qui dans votre propre comportement d'enseignant peut contribuer à accroître pour les élèves la difficulté naturelle de tout apprentissage.[2]

Le bonheur professionnel des enseignants apparaît ainsi suspendu à leur capacité à surmonter les obstacles qui s'opposent à la mise en commun de la difficulté d'exercer le métier. Ce bonheur passe, autrement dit, par une restructuration du milieu professionnel qui se donnerait cette mise en commun pour objet central, et stimulerait la prise de distance réflexive par chacun à l'égard des pratiques qu'il développe face aux élèves, favorisant la transmission et l'échange de l'expérience.

La réappropriation par le milieu enseignant des conditions d'exercice du métier ne saurait se limiter à l'examen critique de la façon dont chacun joue sa partition. Elle inclut inévitablement celui des dispositifs institutionnels qui prescrivent de l'extérieur les contenus et les démarches d'enseignement, et typifient les postures pédagogiques. C'est seulement au fil d'un tel processus de réappropriation que peut se constituer la force collective indispensable pour affronter la question des limites actuelles de l'action scolaire, évaluer la pertinence des consignes de l'institution et des recommandations des experts, expérimenter d'autres solutions, valider collectivement les plus efficaces, rompre avec la logique de la prescription externe pour établir un nouveau type de collaboration avec les chercheurs, imposer des modes de formation professionnelle initiale et continue intégrés à cette dynamique.

La perspective d'une alliance entre classes populaires et monde enseignant, seul moteur concevable de la démocratisation scolaire, n'a donc en fin de compte rien d'ini-

2. La démarche qui consiste à filmer les gestes du travail, en l'occurrence des séquences d'enseignement réalisées dans le cadre normal de la classe, pour tendre ensuite ce miroir aux enseignants filmés, puis susciter des entretiens croisés entre enseignants concernés autour des séquences filmées, s'avère très convaincante à cet égard, permettant d'objectiver ce qui inquiétait ou angoissait les protagonistes de l'expérience pour le réduire à un problème intellectuel à résoudre. *Cf.* Malika Litim, Bernard Prot, Jean-Luc Roger et Danielle Ruelland, *Enjeux du travail et « genres » professionnels dans la recomposition en cours des métiers de la fonction publique*, rapport pour le ministère de la Recherche, Laboratoire de psychologie du travail et de l'action, CNAM, 2005.

maginable. D'un côté, les enseignants répondraient mieux qu'aujourd'hui à une exigence sociale légitime d'efficacité professionnelle, ce qui bénéficierait en priorité aux élèves en difficulté. En échange, ils seraient mieux en mesure d'assurer leur capacité d'autogestion collective du métier et d'en imposer la légitimité.

Table des matières

DEUXIÈME PARTIE
LA COURSE AU DIPLÔME… ET APRÈS ?

Troisième partie
La perspective d'une école pour tous

L'école en France

Catalogue La Dispute (extrait)

Éric Agrikoliansky et Isabelle Sommier
(sous la direction de)
Éric Agrikoliansky, Lucie Bargel, Philippe Blanchard,
Dominique Cardon, Tangui Coulouarn, Olivier Fillieule,
Guillaume Garcia, Baptiste Giraud, Boris Gobille, Choukri Hmed,
Florence Johsua, Ariane Jossin, Sandrine Lévêque, Lilian Mathieu,
Daniel Mouchard, Yann Raison Du Cleuziou,
Francine Simon Ekovich, Isabelle Sommier, Maxime Szczepanski,
Aysen Uysal, Karel Yon
Radiographie du mouvement altermondialiste
« Pratiques politiques »
320 p., 23 €, janvier 2005

Michel Arliaud, Henri Eckert (coordonné par)
Michel Arliaud, Catherine Béduwé, Pierre Cam,
Benoît Cart, Thomas Couppié, Laurence Coutrot,
Henri Eckert, Dominique Épiphane, Bernard Fourcade,
Pierre Hallier, Olivier Liaroutzos, Dominique Maillard,
Daniel Martinelli, Georgie Simon, Pierre Simula,
Marie-Hélène Toutin, Charles Turgon
Quand les jeunes entrent dans l'emploi
288 p., 25 €, juin 2002

Michaël Attali (sous la direction de)
Michaël Attali, Tony Chapron,
Philippe Liotard, Jean Saint-Martin
Le Sport et ses valeurs
« Comptoir de la politique »
224 p., 16 €, novembre 2004

Norbert Bandier
Sociologie du surréalisme
416 p., 25 €, septembre 1999

Alain Bertho
L'État de guerre
« Comptoir de la politique »
160 p., 12 €, février 2003

Paul Bouffartigue
Les Cadres
Fin d'un modèle social
256 p., 20 €, mars 2001

Paul Bouffartigue (sous la direction de)
Philippe Alonzo, Sophie Béroud, Alain Bihr, Paul Bouffartigue, Louis Chauvel, Sylvie Contrepois, Sabine Fortino, Roger Martelli, Jean-Paul Molinari, Roland Pfefferkorn, Michel Pinçon, Monique Pinçon-Charlot, Tristan Poullaouec, Jean-Pierre Terrail, Maryse Tripier, Anne-Catherine Wagner
Le Retour des classes sociales
Dominations, inégalités, conflits
« États des lieux »
288 p., 20 €, mai 2004

Alain Brossat
La Démocratie immunitaire
« Comptoir de la politique »
112 p., 10 €, septembre 2003

Marie-Claire Caloz-Tschopp
Les Étrangers aux frontières de l'Europe et le spectre des camps
256 p., 20 €, juin 2004

Patrick Cingolani
La République, les sociologues et la question politique
« Comptoir de la politique »
176 p., 13 €, mars 2003

Yves Clot (sous la direction de)
Jean-Paul Bronckart, Michel Brossard, Yves Clot, Michel Deleau, Bernard Doray, Frédéric François, Janette Friedrich, Milos Kucera, Serge Netchine, Gaby Netchine-Grynberg, Pierre Rabardel, Jean-Yves Rochex, Bernard Schneuwly, Lucien Sève, Stanislav Stech, Gérard Vergnaud
Avec Vygotski
352 p., 25 €, février 2002

Isabelle Coutant
Politiques du squat
Scènes de la vie d'un quartier populaire
Postface de Gérard Mauger
224 p., 15 €, septembre 2000

Thomas Coutrot
Démocratie contre capitalisme
240 p., 20 €, février 2005

Jean-Michel Denis (sous la direction de)
Sophie Béroud, Delphine Brochard, Damien Cartron,
Jean-Michel Denis, Isabelle Francfort, Guy Groux, Nadia Hilal,
Éric Lagneau, Benoit Lepley,
Jean-Marie Pernot, Jean-Emmanuel Ray
Le conflit en grève ?
« États des lieux »
384 p., 26 €, septembre 2005

Michèle Descolonges et Bernard Saincy
Les entreprises seront-elles un jour responsables ?
« Comptoir de la politique », 176 p., 13 €, avril 2004

Dominique Durand
Une histoire de la fonction publique territoriale
320 p., 25 €, novembre 2004

Sylvia Faure
Apprendre par corps
Socio-anthropologie des techniques de danse
288 p., 21 €, septembre 2000

Sylvia Faure et Marie-Carmen Garcia
Culture hip hop, jeunes des cités et politiques publiques
192 p., 17 €, février 2005

Gabriel Fernandez, Franck Gatounes,
Patrick Herbain, Pierre Vallejo
Nous, conducteurs de trains
Préface d'Yves Clot
192 p., 15 €, septembre 2003

Erving Goffman
L'Arrangement des sexes
Édition présentée par Claude Zaidman,
traduction de Hervé Maury
« Le genre du monde », 128 p., 10 €, mars 2002

Sabine Fortino
La Mixité au travail
« Le genre du monde »

240 p., 19 €, avril 2002

Bernard Friot
Et la cotisation sociale créera l'emploi
épuisé

Bernard Friot
Puissances du salariat
Emploi et protection sociale à la française
épuisé

Liêm Hoang-Ngoc
Refermons la parenthèse libérale !
240 p., 20 €, avril 2005

François Jost
L'Empire du Loft
« Des mots sur les images »
160 p., 12 €, avril 2002

Laurent Jullier
Qu'est-ce qu'un bon film ?
256 p., 15 €, décembre 2002

Smaïn Laacher
L'institution scolaire et ses miracles
« Comptoir de la politique »
224 p., 15 €, septembre 2005

Jean-Marc Leveratto
La Mesure de l'Art
Sociologie de la qualité artistiq ue
416 p., 25 €, septembre 2000

Catherine Lévy
Vivre au minimum
Enquête dans l'Europe de la précarité
256 p., 19 €, mai 2003

Jean Lojkine
L'Adieu à la classe moyenne
256 p., 20 €, septembre 2005

Roger Martelli
Le Communisme est un bon parti. Dites-lui Oui !
« Comptoir de la politique »
128 p., 10 €, mars 2003

Olivier Masclet
La Gauche et les cités,
enquête sur un rendez-vous manqué
Préface d'Olivier Schwartz
« Pratiques politiques »
320 p., 22 €, avril 2003

Frédérique Matonti (sous la direction de)
Jean-Louis Briquet, Annie Collovald, Jean-Gabriel Contamin,
Bastien François, Julien Frétel, Rémi Lefèbvre,
Jean-Baptiste Legavre, Frédérique Matonti, Emmanuel Pierru,
Bernard Pudal, Frédéric Sawicki
La démobilisation politique
« Pratiques politiques »
256 p., 21 €, avril 2005

Jean-Claude Métraux
Deuils collectifs et création sociale
Préface de René Kaës, 320 p., 23 €, septembre 2004

Jean-Yves Mollier (sous la direction de)
Alban Cerisier, Roger Chartier, Antoine Compagnon, Christine
Détrez, Philippe Lane, Jean-Yves Mollier, Elisabeth Parinet,
Christophe Pavlidès, Jean Perrot, Ahmed Silem,
Anne Simonin, Yves Surel
Où va le livre ? Édition 2002
épuisé

Gilles Moreau
Le Monde apprenti
288 p., 22 €, septembre 2003

Gilles Moreau (coordination)
Catherine Agulhon, Christian Baudelot, Stéphane Beaud,
Jean-Pierre Briand, Guy Brucy, Pascal Caillaud,
Henri Eckert, Nathalie Frigul, Prisca Kergoat, Fabienne Maillard,
Gilles Moreau, Antoine Prost, André D. Robert, Marc Suteau,
Daniel Tacaille, Lucie Tanguy,
Annie Thébaud-Mony, Vincent Troger
Les Patrons, l'État et la formation des jeunes
256 p., 18 €, septembre 2002

Numa Murard
La Morale de la question sociale
288 p., 20 €, mars 2003

Jérôme-Alexandre Nielsberg et Arnaud Spire
L'idéologie toujours présente
Dialogue entre Eidos et Logos
Préface de Georges Labica, 224 p., 18 €, juin 2004

Jean-Claude Paye
La Fin de l'État de droit
La lutte antiterroriste de l'état d'exception à la dictature
224 p., 18 €, octobre 2004

Dominique Pécaud
Risques et précautions
L'interminable rationalisation du social
320 p., 23 €, février 2005

Évelyne Perrin
Chômeurs et précaires, au cœur de la question sociale
288 p., 21 €, juin 2004

François Ribac
L'Avaleur de rock
320 p., 23 €, octobre 2004

Alain Ruscio
La question coloniale dans l'Humanité (1904-2004)
608 p., 30 €, avril 2005

Louis Sala-Molins
Le livre rouge de Yahvé
256 p., 15 €, février 2004

Lucien Sève
Penser avec Marx aujourd'hui
1. Marx et nous
288 p., 20 €, avril 2004

Danielle Tartakowsky
La Manif en éclats
« Comptoir de la politique », 128 p., 11 €, septembre 2004

Jean-Pierre Terrail
De l'inégalité scolaire
352 p., 23 €, septembre 2002

Jean-Pierre Terrail
École, l'enjeu démocratique
160 p., 11 €, février 2004

Jean-Pierre Terrail (sous la direction de)
Elisabeth Bautier, Danièle Boizon-Fradet, Serge Boulot,
Dominique Glasman, Annette Jobert, Alain Léger, Catherine Marry,
Jean-Yves Rochex, Roxane Silberman, Jean-Pierre Terrail
La Scolarisation de la France
Critique de l'état des lieux
« États des lieux »
épuisé

Jean Vigreux et Serge Wolikow (dir.)
Maurice Agulhon, Maurice Carrez, Vincent Chambarlhac,
Alexandre Courban, Michel Dreyfus, Antonio Elorza,
Frédérick Genevée, André Gounot, Bruno Groppo,
Claudio Ingerflom, Roland Lew, Mikhail Narinski,
Claude Pennetier, Michel Pinault, Bernard Pudal,
Emmanuel Ranc, Stéphane Sirot, Jean-Charles Szurek,
Antony Todorov, Gilles Vergnon, Jean Vigreux,
Nicolas Werth, Serge Wolikow
Cultures communistes au XXe siècle
Entre guerre et modernité
Postface de Maurice Agulhon, 320 p., 22 €, août 2003

Sandrine Vincent
Le Jouet et ses usages sociaux
224 p., 18 €, novembre 2001

Lev S. Vygotski
Psychologie de l'art
traduction de Françoise Sève
384 p., 27 €, mai 2005

Lev S. Vygotski
Pensée et Langage
Troisième édition, traduit du russe par Françoise Sève.
544 p., 35 €, novembre 1997

Lev S. Vygotski
Conscience, inconscient, émotions
Traductions de Françoise Sève et Gabriel Fernandez,
précédé de « Vygotski, la conscience comme liaison » d'Yves Clot.
176 p., 12 €, novembre 2003

Philippe Zarifian
L'Échelle du monde
Globalisation, altermondialisme, mondialité
« Comptoir de la politique »
192 p., 14 €, octobre 2004

Philippe Zarifian
À quoi sert le travail ?
« Comptoir de la politique »
192 p., 13 €, février 2003

Achevé d'imprimer en août 2005
sur système Variquik
par l'imprimerie SAGIM-CANALE
à Courtry
(France)

Dépot légal : août 2005
N° d'impression : 8719